北京的山

我对北京的天气有一个判断标准——站在办公室窗前眺望西山——如果能清晰看到青青的山影，天气一准晴好明朗，阳光灿烂。否则，必是忧郁的阴天，或者糟糕的雾霾天，或者也无风雨也无晴的说不清楚的天气。

办公室在十层楼上。单位在东城区和平里东街十八号。距西山少说也有三十公里吧，或者更远也说不准。

对于自然来说，理寓于气，气囿于形。何谓理乎？在我看来，理就是自然法则，就是谁也抗拒不了的天道。而理的根本是生态。也可以说，理不是单独存在的，生态涵养着理。何谓形呢？——山峙水流之行也。山之所以峙，水之所以流，气使然

也，而其中有理存焉。气成形，理亦赋焉也。

山，乃群峰并起之形。可以肯定，山是个象形字了，前看，后看，横看，竖看，怎么看都是山。北京三面环山，西面，北面，东北面，群山连绵，如屏如壁。掰着指头数数，至少我能叫出名字的有香山、蟒山、妙峰山、百花山、玉泉山、云峰山、万寿山、八达岭、凤凰岭等等。北京的山，不蛮霸，不紊乱，走势清晰，归脉明确。一脉曰太行山，一脉曰燕山。两脉相交拥抱处构成一个山湾——北京城就是含在湾里的珠子。不过，这个珠子的个头有点大。

北京之南，无山。南面是一马平川的华北大平原。北京之东，衔津冀与渤海相接，太平洋上掀起的滔天巨浪，可以直接影响北京的天气。我言之的山及山的轮廓，晴朗之日出现在视野中的——通常称其为北京西山。

西山，乃北京西部群山之总称。

从北京作为金元的都城开始，历经多个朝代，西山便不可避免地与中国的命运紧紧相连。一些重大历史事件里，总是隐隐约约有西山的影子。越是靠近它，越是能感觉到它的气息非同寻常；越是了解它，越是能感悟到它的精神和灵魂的存在。

山生万物，也生云雨。北京有二百多条河流，有一百多条就源于西山。河在山中，纵横交错，闪巧转身，坚定向前。八方之水，汇聚峡谷底部，两边各起峰峦。干从中出，枝从旁来，过峡

穿帐。

如果说，山是崇高厚重之所在，那么，水就是体现静动虚实之物了。水善而不争，却能容天纳地。但无论怎样，水是有根的，水之根，非它。——山也。

然而，永定河的根更远一些。

北京最大的河，当然是永定河了。之前，此河叫治水、浴水、湿水、桑干河。河水看似平静，其实是有脾气有性格的，它以洪灾的形式发作，洪灾泛滥导致冲积扇肆意扩展，无规则无逻辑。这条野性的河，生生把北京的西山切割出了峡谷，切割出了河道，经海河，头也不回地流入大海。康熙三十七年（一六九八），清政府大规模疏浚河道，加固河堤。康熙将其名字改为——永定河。永定河的源头不在北京境内，而是在山西管涔山。二〇一九年七月间，我曾到过管涔山，探访过源头，那里满山满岭都是油松和落叶松。森林里，有野鸡、褐马鸡、黑琴鸡乱窜，也有狍子、野猪、猞猁、金钱豹出没其间。山顶终年积雪，崖壁冰层夏季不融。岩洞里，寒气刺骨，洞口有冷飕飕的风割面。

其实，管涔山与北京西山同属一脉。

灵山是北京的山的最高峰——二千三百零三米。山顶云雾缭绕，山腰奇石成堆，山脚草木葳蕤。然而，灵山算不得北京的名山。北京之名山当推香山、玉泉山和万寿山了。从空中俯瞰，此三山恰好在三点一线上。三山皆不奇崛，也不险要，但

却有故事有传奇。

说起北京的山，头一个说起的必是香山。此山，如龙之来也，渐次隆起，合气连形。数个支脉聚合陡然升高，聚成一峰，继而，分支劈岭，峰峦叠翠。香山主峰“鬼见愁”，南北两面均有侧岭向东延伸，如同两臂环抱着主峰。主峰峰顶有一块巨大的乳峰石，形状像香炉，晨昏之际，云雾缭绕。远望如同香炉里升腾的袅袅烟雾，故名香山。登上“鬼见愁”向下俯瞰，大有“万山突而止，两崖南北抱”的感觉。

事实上，香山的香，原本为花香之意。“香山，杏花香，香山也。”古时，香山的山杏漫山遍野，每年四月杏花盛开时节，清香四溢。有文字记载：“杏树可有十万株，此香山第一胜处也。”明代诗云：“寺入香山古道斜，琳宫一半白云遮。回廊小院流春水，万壑千崖种杏花。”就今天来看，香山上树种似乎还是以山杏居多。可是，因之杜牧“霜叶红于二月花”的诗句，红叶的盛名却压过了杏花。

杜牧到过香山吗？未必。一说，杜牧写的是秦岭终南山，一说，杜牧写的是长沙岳麓山，似乎没有确切证据证明写的就是香山，不过，这又有什么关系呢？——也正是受这句诗的影响，上大学期间，我与同学登过一次香山，是去香山观赏红叶的。印象中，是沿着一条羊肠小道攀爬而上的。大汗淋漓，气喘吁吁。书包里揣着面包和香肠，未到山顶就都进到了肚里。分量没减轻，

只不过面包和香肠所在空间发生了变化。正是香山最美的季节，可谓“万山红遍，层林尽染”。据说，呈现红色的树叶主要是黄栌，气温越低，叶片越红。然而，我当时的感觉是，赏红叶需远观，不可近看。若是近前细看，那种美感和意境也就没有了。香山因红叶闻名遐迩，历代文人赞美红叶的诗词歌赋又为香山注入了文化内涵。其实，香山主峰“鬼见愁”海拔不过五百七十五米。这对于那些见惯了崇山峻岭的人来说，几乎算不得什么。

然而，香山的高度不是问题。比山高的是山上的木，比山上的木高的是山上的人。

一九四九年三月二十三日，毛泽东离开西柏坡。三月二十五日在西苑机场阅兵后，于夜幕中悄悄来到香山。在香山东麓向阳的山坡上，有一排古朴的红窗白墙的清代风格建筑及一处幽静的院落。——这就是双清别墅了。双清别墅有三间平房，房前有一座六角亭。三间平房就是毛泽东工作和生活的地方。三间平房中间是会议室，墙面上悬挂着巨幅作战地图。图上有用红铅笔标出的箭头和圈出的地名位置。会议室东侧是毛泽东的办公室。办公桌上置放着老式电话、砚台、笔筒、铅笔、毛笔、稿纸、报纸、书籍等。会议室西侧是卧室，一张木板床占据了卧室的大部分。床边的衣架上，挂着打着补丁的灰色中山装和衬裤。一双粗布拖鞋整齐地摆放在床底。细看就会发现，那双粗布拖鞋前端，每只都磨出了小洞洞。

此时，在院落的六角亭边，毛泽东正在专注地读报纸。手中的报纸上“南京解放”四个大字赫然醒目。这是刚刚出版的当天的《人民日报》号外，专门报道南京解放的消息。咔嚓一声，摄影家徐肖冰拍下了那具有历史意义的瞬间。

毛泽东在双清别墅里运筹帷幄，签署了一道一道电令，指挥百万大军横渡长江南下，向全国进军。至九月之前的那段时间，双清别墅的灯光常常彻夜不熄。在橘黄色的灯光下，毛泽东写出了《别了，司徒雷登》《论人民民主专政》等名篇。在这里，毛泽东还与张澜、李济深、沈钧儒、黄炎培、陈叔通、何香凝、柳亚子等民主人士，共商建国大计。建国方略中，包括国旗、国歌、国徽，当然也包括造林绿化问题。

双清别墅庭院里有一株古树，常有喜鹊光顾，偶尔喳喳叫上几声。处理电文或者写作累了，毛泽东就走到庭院里，在古树下转上几圈，或者三圈，或者五圈，然后，尽情地进行几下深呼吸。延安时期，毛泽东就多次强调要大力植树造林。一九四二年十月，他在一个报告上写道：“发动群众种柳树、沙柳、柠条，其枝叶可供骆驼及羊子吃，亦是解决牧草一法。同时可供燃料，群众是欢迎的。政府的任务是调剂树种，劝令种植。”一九四四年，他对陕甘宁边区政府提出要求：“每户种活一百株树。”一九四四年五月，在延安大学开学典礼上，他讲话说：“要帮助老百姓订一个计划，十年内把历史遗留给我们的秃山都植上树。”此时，毛泽东抬头看了看那株古树聚气巢云的树冠，然后

抚摸着斑斑驳驳的树干，若有所思。那是一株古银杏，树龄已有八百余年了。

一九四九年八月二十三日，毛泽东离开香山，搬入中南海菊香书屋。也许，在香山的日子里，毛泽东得到了那株古银杏的某种启示，开国不久，毛泽东发出号召——“植树造林，绿化祖国”。虽然，在双清别墅毛泽东居住仅有五个月的时间，但那些载入历史的日日夜夜，使得香山成为见证伟大之所以伟大背后故事的名山。

翻过一山，又是一山。——玉泉山。

玉泉山位于北京西山东麓，诸多泉水汇聚此地，并腾迸而出，潴为瓮山泊（昆明湖）。名字是怎么来的呢？——“土纹隐起，作苍龙鳞，沙痕石隙，随地皆泉，水清而碧，澄洁似玉，故名玉泉。”此水系地质断裂带深层涌出的矿泉水，水量丰沛，四季喷涌，岁岁不歇。玉泉泉眼至瓮山泊落差一米有余。玉泉山，因玉泉而名。

乾隆来玉泉山调研，在玉泉池畔观察良久，见之鉴形万象，莫可拟极，断定此水必是奇水。旁边清内务府的人，当然看出了乾隆的心思，便派人验证水质，并用银斗称重，玉泉水每银斗重一两。春夏秋冬，早晨中午傍晚子夜，各个不同的时辰称重，均无明显差别。

清代，评定水好的标准就一个字——轻。轻则清，清则甘，

甘则美，美则强身健体，延年益寿。

我没有见过银斗是什么样子，但觉得这个量器挺有趣的。可是，中国之大，会不会还有比玉泉水更轻的水呢？我能想到这一点，乾隆能想不到吗？当然他能想到，他早就想到了——他派人遍访华夏名泉，均取水样用银斗称重。都什么情况呢？——济南珍珠泉水重一两二钱；镇江金山中泠泉水重一两三钱；无锡惠山寺石泉水一两四钱；苏州虎丘寺石泉水一两四钱；杭州龙井泉水一两四钱。还有更多，就不一一列举了吧。看看，一比较就清楚了，玉泉水最轻。水轻，意味着不含重金属。水轻，意味着水质干净，没有杂质，没有多余的东西。水轻，意味着没有毒物，饮之，食之，用之，安全，可靠，放心。

玉泉水被乾隆定为清宫专用御水。每天天刚蒙蒙亮，就有一支毛驴车队载着皮囊，载着木桶，从紫禁城出发，去玉泉山运水了。紫禁城里，分布着七十二口水井，口口水旺。可是，乾隆从不饮用，他只喝玉泉水。即便乘船沿运河下江南出巡，也不忘随船带上足够几个月饮用的玉泉水。

水好，灌溉滋养的作物也一定是美物了。

享有盛名的“京西稻”就是用玉泉水浇灌的。据说，此稻是乾隆下江南时带回的“紫金箍”稻种，在玉泉山脚下的海淀区北坞、六郎庄及翠湖湿地一带试种，面积一万亩，所产稻米专供皇宫里御用，故“京西稻”又被称为“贡米”。“京西稻”粒粒饱

满，蒸出的米饭，米粒丰腴，白中泛青，晶莹剔透，黏而不糯，香气独特。有道是，一家煮饭半街香呀！

至今，在京西玉泉山脚下的北坞公园里还存有几片稻田，年年种稻岁岁丰产。显然，这里种的“京西稻”倒不在于能收获多少稻米，而在于供人们参观旅游，追忆“京西稻”的荣耀与辉煌。可是，我一直隐隐地有个疑问，今天浇灌“京西稻”所用之水，还是玉泉水吗？

三山，已翻过两山，最后一山——万寿山，其倒影已映在水中了。

万寿山，就是我们能远远看到的——颐和园里的那座山。山体魁大，凹似瓮形，早年间被称为瓮山。瓮山前脸儿的湖泊——瓮山泊，被郭守敬进一步开凿，即成了昆明湖。之前，瓮山泊，又称“西湖”。明人游记述之：“见西湖明如半月，又如积雪未消，柳堤一带，不知里数，袅袅濯濯。”瓮山泊东岸有长堤十里，是清淤疏浚掘出的河泥修筑而成。它北起青龙桥，南至麦庄桥，因在京城西面，被称为西堤。西堤中间位置建有一座龙王庙，也就是今天昆明湖南湖岛上的龙王堂。瓮山泊所蓄之水，既有玉泉山的泉水，也有白浮泉的泉水。有水口与高粱河相通，水流入玉渊潭、什刹海、中南海，再流经金水河，咕咕向东便与通惠河连在一起了。

水，使得北京城充溢着灵气，荡漾着活力。

“山泽通气”——从生态学的角度来看，山与水是自然的共同体。水，温润而泽；山，坚刚不屈。山，无水不静；水，无山不动。水为阴，山为阳，一阴一阳谓之道。道，无偏颇，与时间同在。我想，这里的道，就是一种涵养，一种平衡，一种生态吧。然而，当我们的欲望升腾与扩张的时候，也就常常背离了道，焦虑与困惑也会如影随形。

新中国成立之前，北京西山除了寺庙、古刹、囿园、皇家行宫等处尚有些古树外，植被遭到严重破坏，山林已是伤痕累累，残破不堪。海淀区园林绿化局局长王志伟告诉我，西山脚下的圆明园是在一片湿地上建起来的。那里原来是万泉河流域形成的一片沼泽。当地村民，多数是种水稻和捕鱼的好把式。占地五千亩的圆明园宫殿楼阁怎样在大片的湿地上建起来呢？弄不好，建筑物就会晃晃悠悠漂在水面上。工匠们把目光投向了西山的森林。——砍伐柏树，制作柏木钉。然后，把柏木钉打入湿地，给建筑物创造一个坚实的基础。——大概类似于现代建筑物的水泥钢筋桩基吧。西山柏树，木质坚硬，油性大，可千年不腐。柏木钉直径二至三寸，长度六到八尺，小头削成四棱尖。上百万根柏木钉打入湿地底部，形成密密麻麻的钉阵。上面再铺设筑基，如此，建筑物便稳如泰山了。

然而，历经一百五十年修建的圆明园竣工时，西山的柏树已经所剩无多了。

山生翠绿 也生云雨

西山有个炭厂村，村里人祖祖辈辈以烧炭为生。明清时期，这里就是供应京城皇宫取暖的木炭基地。炭厂村四周有四十余口炭窑，每日黑烟弥漫，烧炭不歇。烧炭所需木柴原料均是西山出产的硬木。抗日战争时期，日寇为围剿西山八路军和抗日组织，十三次放火焚烧炭厂村一带山林，使得山体一片灰烬，满目疮痍。加之，门头沟一带煤矿和石灰石矿长期超采，挖断了水脉，导致永定河水量严重减少，甚至出现了断流。地下水也严重下降，西山的地下暗流奄奄一息，玉泉山上的“玉泉垂虹”盛景，也已经成为遥远的记忆了。

林出了问题，山出了问题，水必然出问题。

北京园林绿化局的朋友施海告诉我，建国初期，西山森林覆盖率低得可怜，可怜得不好意思说出口了。

经过近七十年的保护与修复，如今，北京西山森林覆盖率高到什么程度呢？他不无得意地舒了一口气，说，——高到无处造林了。打个比方吧，一群猴子从香山到玉泉山再到万寿山，无须地面行走，只需荡着森林里空中的枝条就可悠悠哉哉过去了。哈。

北京西山造林始于一九五二年。

西山是石质山地，造林难度相当之大。必须用镐和钢钎凿坑，凿得石片上直冒火星。一个人一天最多凿两个坑。那时树苗都是裸根，种下去成活率非常低。后来就有人发明了每棵小

苗上包一个土坨，连土坨一起种下去，再浇水，树的成活率就上来了。

起初，解放军是造林的主力。解放军按师团在西山安营扎寨。工兵创造了爆破造林法（用炸药定点爆破，炸出坑穴），造林的效率就高多了。仅用四年时间，解放军就在西山造林七万余亩。当时，中直机关、北京高校、科研院所及社会力量也参与了西山造林。一九六二年，北京西山试验林场成立，有八百余名知青成了林场工人。从此，西山绿化进入一个新的阶段——由义务植树转为专业队造林。

一代接着一代干，造林不止，绿化不休。

几代人硬是用青春和汗水，改变了西山。

年轮是时间的影像，也是岁月的印痕。当年种下去的筷子一般大的小苗，如今都已长成了大树。西山人工森林中，最常见的树就是油松、柏树、栎树、黄栌和元宝枫。也可以说这五种树构成了西山森林群落的主体。黄栌和元宝枫是彩叶树。时令一过霜降，黄栌和元宝枫的叶子红得如同火焰一般。油松，生猛强势。它的神态和举止都异常神奇，异常另类。它是森林中当然的王，无可争议地掌控着森林生态系统，掌控着这片竞争激烈的空间。有油松的地方，阳光和水分就难有其他植物的份了。北京西山的气候和石缝里的土壤最适合油松生长了，它占据着森林中最显著的位置，在风的鼓动下，制造出一波又一波汹涌澎湃的松涛。从

油松树下走过，松脂和菌类合谋生发出的气息，令人想入非非。松果也饱满，个头大。一不小心，被风从树上摇下来，恰好砸在贼头贼脑的松鼠背上，生疼生疼。

柏树，挺拔清秀，树形如塔。叶子极其浓密，优雅细腻。所有的叶子都紧致有序，规规矩矩，远远看去，柏树呈现着一种雕塑般的美。柏树也是常绿树种。它抗性极强。能吸收二氧化碳、氯化氢、氯气等有毒气体，净化空气。至于它的木质特性，圆明园的造园工匠们已经有所认识，圆明园建筑下面的柏木钉足以说明一切。不必再说了吧。但柏树的药用价值，却被我们忽略了。——柏根、柏叶、柏皮、柏籽皆可入药，能杀菌、止咳、祛湿、补心、安神。柏树是慢性子，不急不躁，也不游手好闲，无所事事，浪费时间。它的使命，就是努力向上，接近阳光。

栎树，也叫橡子树、柞树。叶子经霜后，呈金黄色。早年间，栎木是制作木车轮的上等木料。也是烧木炭的佳品。炭厂村为皇家烧制的木炭多半用的是栎木。栎的果实生有一个壳，那个壳像是古时的量器——斗。果实被称为橡实或者橡子。野猪尤为喜欢食用橡实。深秋时节，如果发现栎树下的腐殖层或者土壤有被野生动物翻拱过的痕迹，不用觉得奇怪，那一定是野猪干的。

忽然想起梁希先生说过的名句——“无山不绿，有水皆清，四时花香，万壑鸟鸣。把河山装成锦绣，把国土绘成丹青。”是的，在人的努力下，在时间和空间的并置中，西山及其森林重现了生机。

图书在版编目（CIP）数据

北京的山 / 李青松 著.-- 北京：
研究出版社, 2022.2
SBN 978-7-5199-1217-8

Ⅰ. ①北… Ⅱ. ①李… Ⅲ. ①山—介绍—
北京 Ⅳ. ①K928.3

中国版本图书馆 CIP 数据核字 (2022) 第 034606 号

出 品 人：赵卜慧
责任编辑：张 琨
助理编辑：于孟溪

北京的山
李青松 著
研究出版社 出版发行
（100006 北京市东城区华腾灯市口商务楼五层）
北京汇瑞嘉合文化发展有限公司 新华书店经销
2022 年 2 月第 1 版 2022 年 2 月第 1 次印刷
开本：880 毫米 ×1230 毫米 1/16 印张：28.5
字数：300 千字
ISBN 978-7-5199-1217-8 定价：68.00 元
电话 010-64217619 64217612（发行中心）

北京的山

李青松 著

中国出版集团
研究出版社

北京的山

天地大美

人与自然

经典人物

树木果实

万物有灵

目录

CONTENTS

天地大美

也是在香山东麓，离双清别墅不远，是另一处著名的建筑——香山饭店。若干年前，著名设计师贝聿铭在设计改造香山饭店时，遇到了棘手问题——那棵古树迎客松（油松）该怎么办？为了保全它，贝聿铭几易设计图纸，把四层楼改为两层，并毅然决然从图纸上抹掉了三十个房间。贝聿铭的用意，起初曾使一些人不可理解。这不是巨大的浪费吗？三十个酒店房间，意味着巨额房费每年白白损失掉了。然而，贝聿铭嘴角动了动，只是微笑。待到工程施工完成之后，当人们看到，古色古香的香山饭店，与绿色华盖似的迎客松相拥相抱，建筑与自然形成一个完美的整体时，无不为眼前的奇妙胜景发出由衷的赞叹了。

春去春又来。三天前，我看到一则消息，心里生出一种暖意。北京今后几年的森林改造，将重点考虑树种结构问题了——加大蜜源类食源类树种营造比例。比如，构树呀，火棘呀，荆条呀，槐树呀，核桃呀，板栗呀，悬铃木呀，柿子树呀，文冠果呀，等等，这些开花时间长，蜜源充足，果子结得多挂树日子久的树种，为鸟类、蜜蜂、松鼠和各种野生动物提供更多的食物。

什么是伦理？什么是文明？此时不会有人回答我，山也不会回答，但是，山一定知道。——山里的喜鹊一定知道；山里的蜜蜂一定知道；山里的松鼠一定知道。

山，意味着什么？山，代表着某种高度；山，代表着某种思想；山，代表着某种品格和精神。也许，每个人的心中都有一座

山，或者泰山，或者黄山，或者华山，或者井冈山，或者长白山，或者武夷山，或者喜马拉雅山，或者故乡的某座无名小山。总之，我们置身于山中时，山也置于我们心中了。

山，不以形媚人，却以理释道。

人世的兴亡盛衰，成败荣辱，聚散分合，恩义情仇，或平常，或曲折，或悲壮，或豪迈，最终都将化作尘埃。然而，山还在那里。山，从不言说，只以四时行焉，只以草木荣枯暗喻自然法则的不可抗拒。

北京的山与北京城是怎样的关系？北京的山与北京人的现代生活有着怎样的联系？这些问题——我哪里能说清楚呢？也许，我们应该像山那样思考了。

历史，饱含着人类以往的全部荣耀与苦难。在一定意义上说，北京的山是历史的发生地，也是历史的见证者。山，是观察历史的坐标。它以万变而不变之法观察世事之变化万端。山，使不可见的历史事件在空间的动感中显现出来。当然，我们还不能说，我们与山的距离有多远，我们离文明的差距就有多大。然而，又怎能说我们对待山的态度，我们对于山的理解，不是度量现代文明的尺子呢？

这一天，恰好是个周日。清晨，屋外的窗台上就有两只喜鹊昂首翘尾喳喳喳地叫个不停。喜鹊是从山里飞来的吗？有什么事情提醒我吗？我有多久未置身山中了？之于我，山

是不是渐渐生疏了？此时此刻，我做出一个重要决定。什么重要决定呢？

——走，去看看山。

万掌山木屋

起呀——！——起呀——！

在鸟语中，我睁开眼睛，禁不住笑了。

起呀——！起呀——！此鸟何鸟？我哪里能叫出名字呢。唉，万掌山的早晨是被鸟语唤醒的呀。我推开窗子，淡淡的晨雾裹挟着森林里特有的芳香，还有脆灵灵的鸟语扑面涌入木屋。我尽情地舒展了一下双臂，然后进行了一个长长的深呼吸。——新的一天就这样开始了。

我是深夜入住木屋的。连日赶路相当疲惫，一进木屋便倒头酣然入睡。那一刻我需要床。床是解除困顿最好的东西。直到这时，鸟语的提醒，我才意识到应该用心打量一番木屋及木屋周围的一切了。这是一座松木结构的本色木屋，长七八米，阔五六米，格调淳朴，野性而实用，隐隐弥漫着松脂的气息。墙面、地板、衣柜、衣架、椅子及屋内陈设均是松木制品。木屋里没有地毯，没有沙发，没有媚俗的塑料用品，更没有与自然本质及其简约风格背道而驰的奢华。置身木屋，时间变得慵懒而散漫，甚至让人忽略了时间的存在。

站在窗前放眼望去，我所在的木屋对面，就是蓊蓊郁郁的思茅松林。突然，一条银色的尾巴在我的视野中一闪，接着，三跳两跳，就隐入了森林。那片森林层层叠叠，丰沛而深厚。在云雾缠绕中，恍若仙境一般。我不确定我所面对的事物，哪一件更令人惊叹不已——是与森林缠绵的云雾，还是隐藏在它下面的秘密？

我分明看到，那些铁臂般的树枝，伸向不同的方向，把速度和时间完美地结合在一起，在与其他植物的合作与冲突，妥协与抗争中，构建了一个属于森林自己的奇妙世界。

起呀——！起呀——！高高低低的鸟语，清脆悦耳。

木屋门前，是一条小溪，汩汩流淌，欢唱不疲。溪里有大脑袋的小蝌蚪摆着尾巴，也有无名的浮游生物戏水上下窜动。偶尔，三五只蜜蜂飞来，落在水草上，先是濯面沐爪，然后翘起臀部痛饮一番。——难道万掌山的溪水是甜的吗？

万掌山，一山生出数山，仿佛美人手掌相叠，灵动旋转，翩翩舞之。其名，也是由此而得吧？万掌山林场场长陈文解告诉我，早年间，万掌山不过是一个名不见经传的林场，人们以伐木为业。由于长期过度采伐，导致森林资源枯竭，经济陷入危困。二十世纪九十年代，万掌山林场彻底告别了伐木时代，转入生态保护和生态修复新时期。伐木人成了种树人——一年又一年，种树不止，造林不歇。最初种植的思茅松，如今已长成参天大树，聚气巢云。

若干年前，亚太森林组织培训基地落户于此，万掌山渐渐闻名遐迩了。亚太森林组织为万掌山及万掌山人带来了新的思维和新的理念。思茅松林下种植石斛、白芨和金线莲，有效利用了林地空间，并尽可能创造出了最大效益。石斛是一种兰科植物，腐殖层上，与蘑菇及其菌类相伴相生的鼓槌石斛、铁皮石斛、金钗石斛，大大提升了森林的生态价值和经济价值。

万掌山，有森林二十八万亩（万掌山位于云南普洱境内，有天然次生林，也有人工林），除了思茅松居于森林主体地位外，奇木奇果奇花奇草亦分布多多。森林里，思茅松是当然的顶级群落；次之是莿栲、红木荷、红梗润楠、窄序崖豆树、格木、桃花心木等阔叶群落；再次之，是灌木、草本植物和凋落物及腐殖层。森林里充满生命的律动，灰叶猴、水鹿、黑麂、野猪、白鹇、彩鹮、圆鼻巨蜥等野生动物出没其间。森林，并非单指那些乔木灌木。那些跳跃的生命，那些飞翔的翅膀，那些我们的眼睛看不到的微生物，以及隐藏在腐殖层里的细小的生命个体，也都是森林群落重要组成部分。

在木屋里，就森林的整体性问题，我与亚太森林组织秘书长鲁德交谈时，他说，从生态学角度来说，森林整体大于个体相加之总和。森林体系是一条链子，并且是自然的链子，在任何情况下，只要一个环节上出现断裂，就会使整个链条发生混乱。生态系统的稳定和平衡，是确保森林秩序和生物链条，在动态中不发生混乱现象的控制器。

起呀——！起呀——！

鸟语之声时不时冲断我们的谈话——我们相视一笑，话题继续——“如果说一切动物，包括人，是一个生命共同体的话，那就没有哪个物种能够只是为了它单独的利益而存在。”——这位长期从事世界森林研究的国际组织官员说。是的，在森林中，单独的树可能失去自己完美生长的某些机会，但是它们会彼此相助以保证继续生存的条件。森林腐殖层得到保持和荫蔽，其肥力所需要的微生物、真菌不会枯竭，也不会被冲走，更不会自行消失。一片森林就是一个相互依存的组织，一个可靠坚韧的整体。

森林的完整性体现在，每一个缝隙都被适得其所的生物占据着，在周而复始的生物演化过程中，没有任何东西是无用的。每一片腐烂的叶子、树枝或者须根都会有独特的作用，且都会聚集在森林的整体中，而不是游离于整体之外。

万掌山木屋

在万掌山森林中，有许多倒木、朽木静静横躺在林地上，但是，万掌山人并不清理它们，而是任由它们日晒雨淋，任由岁月剥蚀。一年两年，九年十年，二十年三十年，没人去动。此时，我看不到倒木和朽木下的细节，但我知道，细节里一定是另一个喧腾的世界——那是鸟类、松鼠及其他小动物的栖息地——在那里它们躲风避雨，繁衍后代。虽然我看不到细节，但却能感受到森林整体影子的存在，某种生态思想和理念的存在。

森林可能是不完美的，正是由于缺憾的存在，从而能够在其任何部位，或者整体上接受竞争性的改进和完善。也许，这种不完美只留置了有限的空位，这就进一步增加了生物冲突的可能性。空隙很快就会被强势的植物填满，处在边缘的高大乔木，也会借机把树冠延伸过来，从低矮植物的头顶夺走阳光。

然而，一切和谐均来自冲突。

冲突必然导致失衡。而失衡，与其说是森林由于某种原因而引起的一种急剧的散乱变异，不如说是森林在选择过程中所需要的一种方式。森林有其多样化的结构和复杂性——没有巨大的复杂性，就不可能形成生态系统，就不可能创造生命，就不可能创造传奇。

起呀——！起呀——！

木屋外的鸟语时断时续，但我始终未见到那只鸟的身影。也许是一只，也许是若干只。

我忽然就想起了梭罗的木屋，想起了瓦尔登湖。

此时此刻，我是在逃避什么？还是在寻找什么？——在这个洗心润肺的早晨，我自己也说不清了。

在瓦尔登湖岸边的木屋里，梭罗生活了两年零两个月零两天，并写出了影响世界的《瓦尔登湖》。我见过梭罗的多幅小照。给人感觉他是个不合时宜的人——从来没有穿过笔挺的西装，卷曲的黄色头发，乱蓬蓬的，鸟巢一般盖在一双睿智的眼睛之上。他用自己的行动静静地埋葬了四个字：穷奢极欲。

梭罗没有到过中国，没有到过万掌山。我去过美国，却没能造访他的木屋，甚是遗憾。不过，那座全世界的人都知晓的木屋，早已不是当初的木屋了。可是，那又有什么关系呢？要知道，从那座木屋里产生的思想至今还在影响着我们。

梭罗说，人只有从物欲的泥淖中挣脱出来，才能保持尊严，获得自由。他还说，人要忠于自己，遵从自己心灵的召唤，恪守理性、品德与良知，为此应不惜付出一切代价。生命十分宝贵，不应只为了谋生而无意义地浪费掉。人不应过多地追求妨碍人类进步的奢侈品，应该向生命本质的深层迈进。简单生活本身并不是目的。在梭罗看来，人的发展绝不是越来越多地占有物质财富，而是精神生活的充实和丰富，是人格的提升。

毕竟，万掌山的木屋不同于梭罗的木屋，无论是外观、建筑材料，还是里面的设施以及舒适度。然而，谁又能说它们的本质不同呢？

起呀——！起呀——！

叫着叫着，木屋周围就静了，就沉寂了。可是，仅仅一会儿，那叫声又响起来了——起呀——！起呀——！

在万掌山，木屋既是现实的居舍，也是一个符号，一种象征。它代表着人对森林的一种新的认识和理解。也代表着人对自然的敬畏和尊重。人与自然的关系，不是对抗和征服，而是一种回归和融入。万掌山木屋提醒我们——自然是生命的共同体，人也归属其中。

起呀——！起呀——！

起呀——！起呀——！

山里人家

深圳大鹏湾滨海山区。我们要去造访一户山里人家。

我们是沿着一条崎岖的山间小路进山的。路边是野芭茅、野芭蕉、荔枝、龙眼、柚子，还有被农人忘了收割的挺立着的甘蔗。

走着走着，小路一分为二，一条向左，一条向右。该走哪条呢？——左！左左！带路的人不在前面，却在后面传来喊声。其实，这座山就在畲吓村的后面，野草野果灌木乔木横生，间或，有几块农田，种着红薯、白菜、南瓜、萝卜、芋头。田垄上插了许多旗子，有红旗子，有蓝旗子，有白旗子。旗子懒洋洋的，无精打采，只是偶尔摇动一两下，就静了。一打问，旗子是防野猪防野鸟的。野猪恐惧红色，看到红旗子就会远远躲开了。蓝旗子是防鸟的，有些鸟对蓝色敏感。然而，林子里照旧有鸟鸣深深浅浅，空中也有翅膀划过。白旗子吓什么动物呢？不得而知。我张了张嘴巴，想问问，可还是闭上了。

那户山里人家悬在山腰，很是有些苍古之气，给人一种恍若隔世的感觉。这是一户守山人家，是为八年前买下这座山的老板守山。

守山人叫焦水生。这座山有多少亩？多大面积呢？我问焦水生。不知道。——他说。他真的不知道具体有多少面积，也从来没有丈量过，但知道这座山的四至和疆界在哪里。当初老板让他看守这座山时，带他走了一圈，却没有跟他交代清楚多大面积，只是说了一句山上有多少棵果树。不过，焦水生心里清楚，他的职责是守山巡山，确保那些果树不被人偷砍。

黄昏中，老板神色慌张地接了一个电话后就急匆匆地下山了。那是他见老板的最后一面，已经八年了，老板再也没有出现过。此间，他也没有拿到老板发的一分钱工资。但是，他说，他既然已经答应了给老板看守这座山，就要看守下去。他相信，老板总有一天会回来。

人，应该信守承诺。焦水生这么认为。他，尽职尽责，每天坚持巡山，风雨不误。八年过去了，山上的小树长成了大树，山上的果树没少一棵，山上的生态越来越好。

虽然老板没了踪影，没人给发工资，但日子总要过下去。焦水生除了巡山外，在荔枝林里还养了几十只鸡，靠卖鸡蛋养家。后来就越养越多，现在居然养了七百余只。那些鸡在荔枝林里散养，吃虫，吃草芽，吃花蕊，吃露珠。还养了七十只鹅，五十只火鸡。狗呢，有七只大狗，五只小狗。大狗很少叫，小狗整天汪汪汪叫个不停。

大狗是防贼的，有一点动静就警觉地竖起耳朵，呼呼冲上去。小狗汪汪叫着，胡乱在后面跟着追，跌跌撞撞。

焦水生，言语不多，朴实厚道。一九七六年出生。老家在茂名。中专毕业，学的是计算机专业。起初，在一家企业做技术员，后因一个老乡在深圳一家酒楼做大厨，就投靠他来深圳打工了。媳妇范月月，随后不久也跟过来了。范月月已经生了两个娃娃，大娃是男娃，二娃是女娃。我们一个也没见到，水生说，娃娃们都到山下的小学校上学去了。男娃十一岁，读小学四年级了。女娃七岁半，读小学二年级。墙上贴着数个镶着金边的奖状。看来，两个娃娃的学习都很用功，成绩很好。

居舍有点简陋，是依傍崖壁而建的简易住房。建筑材料就地取材，诸如石板、木头和竹竿，还有芭蕉叶、芭茅草等，都是出自山上原生态的自然之物。焦水生只是按照一定的生存需要和审美要求，把它们组合成了可以居住的空间而已。算不上高雅浪漫，但能遮风挡雨，安顿家人。

焦水生会多种手艺。不但精通计算机技术，修电脑修电器，还会做木匠和瓦匠的活儿。更让人想不到的是，他居然还是一个骟匠——就是乡间那种劁猪劁羊劁驴的能人——也叫阉匠。一只手漫不经心地捏来捏去，找准雄性的睾丸部位，顷刻间，刀光一闪，那东西就被割掉了。然后，往流血的伤口上抹一把灶灰（有止血消炎作用），就算妥了。手脚麻利，功夫了得。

墙是土坯墙，墙面毛毛草草的，凹凸不平。墙上的木橛还露着白茬呢，木橛上挂着各种工具和农具。我能叫出名称的有，锛凿斧锯，瓦刀卷尺电钻，还有镰刀锄头叉子，几乎应有尽有。

外面屋顶上嵌着一块一块白亮白亮的太阳能板，把阳光蓄积起来，就成了电。于是，在这深山里，也就有了电灯，有了电视，有了电脑，有了网络。于是，这户孤独的山里人家，与外面的世界也就连在了一起。

一丛翠竹下，停着两辆车。一辆是两轮摩托车，一辆是三轮农用车。山路如此崎岖狭窄，这三轮农用车是怎么开到山上来的呢？——正当我疑惑地看着车轮轮纹里的泥巴和草屑时，车底下，簌簌地蹿出几只橘黄色的鸡，抖抖翅膀，咕咕咕地叫着飞到树上去了。

崖壁旁有一口水窖，青苔爬满窖壁。窖台上置着一个白铁盆，安静地倾听着鸟鸣和水声。盆里是刚刚洗过的小白菜，绿莹莹，水灵灵。一根竹管把山上的竹根水引下来，哗哗哗，通过竹管流进水窖里的水，四季不断，终年不歇。我近前，用瓢舀了一瓢清水，咕嘟咕嘟，痛饮之。甘洌，清凉，解渴。

崖壁下共有三口灶，大中小依次排列，烧的是木柴。灶上热气腾腾，飘着肉香。我们来时，焦水生正在做铁锅烧大鹅。额头上汗津津的水生用锅铲正翻动着锅里的鹅块。也放了些干辣椒，也放了些木姜子，也放了些啤酒。水生媳妇范月月正往灶口里添柴。灶口里的火霍霍燃着，火的舌头猛舔着锅底，欢乐无比。范月月不时瞥一眼锅里的鹅肉，再瞥一眼挥动锅铲的丈夫，满脸幸福。

中午，我们在焦水生家里吃了一顿农家饭。三荤一素：铁锅烧鹅块、砂锅炖土鸡、干煸山羊肉、清炒苦菜。主食：铁锅焖米饭。水生还搬出一坛自己酿造的老酒，酒坛里面泡着的是老蜂巢。他说，已经泡了三年了。此酒，舒筋活血，祛风湿，喝了解乏。

吃吧吃吧！我用筷子夹起一块带骨头的鹅块，放进嘴里。嗯，肉紧实，有嚼头，——香。很快，我的碟子里堆起了几块鹅骨头。一碗土鸡汤也很快见底了。水生媳妇范月月见之，又为我盛了一碗。干煸山羊肉欠些火候，嚼不动。水生歉意地把它端下去，又倒进铁锅里，加猛火二次爆炒，可还是不行。我说，无碍。鹅块和鸡汤已经足够好吃了。

一只细尾巴小狗，在餐桌旁边摇着尾巴，看着我们用餐，嘴角流着口水。我趁人不注意，悄悄丢给它一块鹅骨头。那小狗机灵得很，叼起来就溜到角落里享用去了。

临走时，当地朋友悄悄把水生拉到一边，主动结了餐费，并有意多结了一些。水生说什么也不肯，但拗不过当地朋友，还是收下了。共花了多少呢？这话不好问，也不便问。水生拎出一篮子火鸡蛋说是送给我们的。火鸡蛋比一般的鸡蛋要大，绿皮，一头大一头小，有点漫画的意味。范月月数了数，一共九枚。于是，转身进屋又拿出三枚，说这是给娃留着吃的，九枚少了点，再加三枚。

我们不免有些感动。

焦水生告诉我，他最大的愿望就是盼着老板早日回来，把欠他的工钱尽快给了。攒够钱后，他要在城区买一套房子，把两个娃娃都培养成大学生。水生媳妇范月月站在旁边，看一眼丈夫，看一眼火鸡蛋，满脸涨红。她执意让我们把那一篮子火鸡蛋带上。然而，出于某种考虑，火鸡蛋我们终究还是没有带下山。

人在哪里，哪里就有生活的逻辑和意义。

我深深地为他们祝福！

也许，他们没有寄望于自己能够改变世界。但从那坚韧、真诚、善良的眼神里，我看得出，他们从来就没有因为自己不能改变世界，而放弃改变自己的生活。

管涔山

汾河源

管涔之山，汾水出焉。

汾河源头在管涔山上，具体在管涔山上哪个山头？哪条沟里？我们要用自己的眼睛亲眼看看。我们翻山越岭，奔波不歇，向北，向北，还是向北，去寻找汾河源头。其实，也不用我们找了，前人早就替我们找好了——源头在管涔山脚下雷鸣寺。

转过山脚，忽地一下，视野阔了，眼界宽了，前面是一块川地。先看到的是一个蓝色牌子，上书“汾河润三晋，源头在管涝”十个大字，接着突地出现一个大水塘，塘里的水汩汩地涌动着，泛着翡翠般的绿色。

水塘东边是一崖壁，陡峭峻朗。我们沿崖壁下端缓步前行，来到一处紧贴崖壁而建的寺庙——这就是雷鸣寺了。近前观之，只见寺庙前一金字塔般的玻璃罩子罩住一物，那物还能是什么？不用问，一准就是泉眼了。

“为何罩住？”

当地朋友管涔山林区管理局局长常志勇说：“不罩不行啊！游客总向泉眼投硬币，天长日久，硬币堆积成了一座小山，快把泉眼堵死了。没有办法，只好把泉眼罩起来了。确实有点不太雅观。”

常志勇无奈地摇摇头。“不过，”他说，“这还不是真正的源头呢。”

“啊？使出了障眼法吗？”我们疑惑地看着他。“此处还有玄机？——你是故意吊大家胃口呀！”常志勇吧唧吧唧嘴巴，没言语，笑了。一干人也都笑了。

吱呀一声，常志勇推开一道门。哇——！眼前是一口井，井里的泉水咕嘟咕嘟冒着。准确地说，这是一口井泉。井口上架着一个辘轳，井绳蛇一样缠绕在辘轳上，绳子的一端系着一个小木桶。

常志勇娴熟地摇着辘轳，三下两下，四五六七下，就提出了一桶泉水。他示意我喝，我看看他，看看桶里的水，还等什么呢，撸起袖子，俯下身去，双手端着桶沿，嘴贴在桶沿的豁口处就猛地喝了一口。——呀，甘甜爽润，清冽无比呢！

早年间，汾河一度是漕运的重要水路。繁盛喧嚣。那时，管涔山林区的木材出山，主要靠放排。成批成批的木头在水边扎成排，推到汾河里流送，一路漂流到太原，再上岸运送到各地。放眼望去，河面上的木排连着木排，首尾相距几公里，排工的号子喊声连天。

当时，“万筏下河汾”的场面甚是壮观。

管涔山森林涵养的水源造就了汾河，汾河的荣耀和辉煌，自然就是管涔山森林的荣耀和辉煌了。

缪尔说：“那种认为，有了水才有森林的观点是错误的。实际上，正相反，是有了森林才涵养了水源。”是的，森林之根系布满大地，纵横交错，形成网状的巨大海绵。将云彩施与的甘霖储藏起来，化作咕咕清泉，造就了溪流，造就了汾河。

然而，二十世纪九十年代初期，由于森林过度砍伐和煤矿滥采导致管涔山生态遭到严重破坏。水系紊乱了，地下水位下降了，汾河几乎断流。

这些年，管涔山林区的天然林保护工程和退耕还林工程取得明显成效，生态系统趋于稳定，水源涵养情况喜人。——汾河源头的水量变化指数，能够说明一切。

常志勇对我说：“从汾河源头监测数据来看，源头水量比二十年前明显增大。”

是啊，时间可以愈合伤口，时间也可以使生态重现生机。

当然，美好的事物从来不是等来的，时间里更有人的努力。

褐马鸡

它，绝对是中国的特产野生动物——因为除了中国，地球上其他国家压根就一只也没有。而中国，除了管涔山、黑茶山、太岳山和中条山等狭长区域，其他地方也难见其踪影。

褐马鸡——国家一级重点保护野生动物。保护规格堪比大熊猫。

在古籍中，褐马鸡曰之“鹖”。《禽经》里，称其为“毅鸟也，毅而不知死”，也就是说褐马鸡有“斗死不怯”之习性。——这真是奇怪的鸟，相争相斗时，没有输赢，只有一死。

古时候，帝王常常用它的羽翎做成“鹖冠”奖赏给打仗有功的武将。当然，不是帝王自己亲手做，而是“有关部门”做好后，搞个仪式，经帝王之手给武将亲自戴在头上。雄赳赳，气昂昂，威武凛然。

褐马鸡白天在林下觅食，沙棘果、橡子果等是它的最爱。它也能飞翔，但飞翔不是它的特长，距离超过一千米一准累得掉下来。飞一两百米刚刚好。它夜宿于树上，双爪紧紧抓住树枝，依然睡得很香。

它不会做巢。即便是巢，也无非是在树下腐殖层或落叶层上胡乱刨出一个坑，就算是巢了。而这也只是为了产蛋和孵蛋用，并不是完整意义的家。我们该怎样理解这种奇怪的鸟呢？它的天敌很多，黄鼬、黑鼬还有各种猛禽都可以把它和它的蛋吃掉。

可以说，它的生存格外艰难，时时处处都存在可能丧命的危险。

然而，褐马鸡并非温顺、乖巧的鸟。

褐马鸡脾气暴烈，生性好斗，具有同类相残的本性。如有一鸟受伤流血，群鸟不是同情它，照顾它，呵护它，而是围殴攻之，并置之死地，不留活口。为何对流血的同类如此残忍呢？不得而知。据说，鲸鱼也有此类现象。

我在管涔山时，看见一个保护区鸟舍里有一铁笼，问之用途。当地朋友告诉我，铁笼是救助受伤褐马鸡的“安全屋”。褐马鸡争斗时，如有受伤流血者，饲养员便将其急置于笼中，与众鸟隔离，避险，确保安全。

褐马鸡是山西省省鸟，晋人皆知，非晋人知道的也不少。在管涔山、黑茶山、关帝山等林区，行人在路上常见走失的鸟雏，拾之，送救助站，每年都有多起，已经不是新闻了。

汽车在山间公路行驶时，见褐马鸡横过马路，司机便停车观之，为其让路。

山西省林草局副局长尹福建告诉我，褐马鸡是管涔山林区标志性野生动物。这些年，褐马鸡数量呈逐年上升趋势。过去不足一千只，现在经红外线设备监测，种群数量应在两千八百只左右。

我说："也许，这里是地球上，褐马鸡种群最大的一支了。"

"嗯，差不多。还没听说哪里比这里更多。"

"对，其他地方只是零星的小群。"

尹福建说："褐马鸡的生境要求非常苛刻，种群数量增多，意味着管涔山的生态系统越来越好了，生物多样性越来越丰富了。"

我问："褐马鸡到底有什么价值呢？""就像大熊猫一样，大熊猫有什么价值呢？恐怕真是一下难说清楚。"尹福建沉思片刻说，"褐马鸡从不发生鸡瘟，这是科学至今无法解释的。"

"它的遗传基因一定很特殊吧？"

管涔山国家森林公园

“是啊！科学家们正在对它进行研究，也许这需要很长时间。”尹福建说，“我们能做的就是先把物种保护下来，待科学发展到一定程度，褐马鸡身上更多的价值，自然会被发现。”

三棵树

管涔山林区，最常见的树就是油松、云杉、落叶松。也可以说这三种树构成了管涔山森林群落的主体。油松，生猛强势，甚至有些霸道，从不谦让。它的神态和举止都异常神奇，异常另类。它是森林中当然的王，无可争议地掌控着这片土地，这片竞争激烈的空间。

有它的地方，阳光和水分就难有其他植物的份了。管涔山的气候和土壤最适合油松生长了，它占据着森林中最显著的位置，在风的鼓动下，制造出一波又一波汹涌澎湃的松涛。

从油松树下走过，松脂和菌类合谋生发出的气息，令人想入非非。

松果也饱满，个头大。一不小心，被风从树上摇下来，恰好砸在贼头贼脑的松鼠背上，生疼生疼。

云杉，挺拔清秀，呈灰绿色，树形如塔，有谦谦君子之风度。不管是独株，抑或是多株，还是群落，都保持着应有的自律和节制，绝不任性。它具有一种恍若隔世的奇异气质，默默无言，沉静稳健。

它的树枝分生出无数鲜嫩的枝丛，一丝丝，一束束，相拥相抱，带给人无尽的遐想。叶子极其浓密，优雅细腻。所有的叶子都紧致有序，规规矩矩，形成一种仪仗队的样态。它的下垂的枝条，严严实实地包裹着树身，一直包裹到地面。它的根，向地下尽可能远的地方延伸，牢牢地抓住大地。

是的，根深才能叶茂。远远看去，云杉呈现一种雕塑般的美。当金色的花粉成熟时，它们将整个树身染成金黄。花粉幽香的气味，在林间弥漫，久久不散。

而落叶松呢，则是一种智慧的树。它冬天落叶，光秃秃的，单株看，不怎么好看，但却保存了营养和体能。春天来了，它就快速披上绿装，噌噌生长，从不游手好闲，无所事事，浪费时间。它的使命，就是努力向上，去接近阳光。

天池

长白山有个天池，天山有个天池，管涔山——也有个天池。据我观察，凡有天池的山，必是通天的，也是通海的。

此话怎讲?

通天则意味着高，高则意味着寒。青藏高原有积雪吧？天山有积雪吧？长白山有积雪吧？哪怕是五月六月，甚至七八月。

管涔山也不例外。五六月间，遥望群山之巅也能看到积雪。

通海是怎么回事呢？通海是反向的，是往下的。管涔山怎么会通着海呢？准确地说，不是管涔山通着海，而是管涔山上的天池通着海。其实，管涔山上的天池并不大——“周五里，水不测深浅，阳旱不耗，阴霖不滥。”这段文字是康熙年间一位叫黄图昌的知县写下的，有点意思。天池的水到底有多深呢？历朝历代没有人能探测出来。

天池为何不涸？为何不溢？总该有原因的呀，如果找不出原因，只有一种可能了——天池底下有秘密。

是的，天池底下有秘密。它“潜通桑干河”。证据何在？黄知县讲了个故事。他说，昔人赶着一辆木轮牛车出门，路上遇到一股狂风，一下把车掀翻了。车轱辘掉下来，咕噜噜滚到天池里。几天后，车轱辘居然从桑干河上漂出来了。

有人不信，说怎么会呢？于是，眉头一皱，计上心来。“拿鱼来！拿鱼来！”就把七条鱼用细绳穿上金珠放进天池里，可是，没几天，就有人在桑干河里发现了七条穿着金珠的鱼。奇也！不信的人终于信了。

由此断定，天池池底通着桑干河呢。而桑干河通着海河，海河通着大海。如此如此，管涔山的天池通着大海，不就找到逻辑关系了吗？

其实，地球上没有孤立的事物，万物都是联系的。生态是个整体，有一条看不见的线连着呢。

巨木

远古时代，管涔山就生长茂密的原始森林——可谓林木恒茂，古木参天。北魏时，平城（大同）曾为国都。伐管涔山巨木，兴建楼烦宫。隋时，隋炀帝杨广虽广种“隋柳”，却也伐了不少管涔山的巨木，在汾河腹地建造数十里离宫殿宇，供避暑游猎之用。盛唐，造阿房宫，长安近山已无巨木，求之岚胜间（管涔山一带）。万工举斧以入，千寻百围，声震连峦，林填层豁。这里出产的巨木被大量运往长安。

柳宗元《晋问》曰：“晋北之山有异材，梓匠工师为宫室求大木者，天下皆归焉。”

当时，哪些著名的建筑用的是管涔山产的巨木呢？——除了阿房宫，还有丛台宫、长乐宫、未央宫、昭阳宫等等。宋时，造玉清宫、应照宫，又大量砍伐管涔山森林。

至北宋末年，管涔山森林锐减。

山西应县木塔是建筑史的奇迹。木塔高六十七米，耗用巨木（均为落叶松巨木）一万立方米以上。整体建筑全部是木结构，没有用一根金属铆钉。管涔山民谚“砍尽黄花梁，修起应县塔”——黄花梁乃管涔山中之山，民谚道出了应县木塔的木材来源。民国初期，管涔山森林面积不足三十七万亩。山中巨木几乎净尽。

然而，斧锯之声从未停歇。

铁路业兴起，也吞噬了大量森林。北洋政府，修平汉铁路和正太铁路时，采运管涔山木材十五万根，做枕木。此后，阎锡山修建同蒲铁路及其支线，所用五十万根枕木，也是产自管涔山林区。

那时，木材市场异常活跃。管涔山林区的武宁县城及东寨镇就有木行三十余家，木商云集，包山采伐，批买批卖。很多木材销往大同、张家口、绥远、察哈尔等地。日军侵占山西后，更是不放过管涔山的森林。开设四三木材加工厂、木器制造厂。组建采伐队，还铺设了从东寨到武宁的三十公里窄轨轻便铁路，专门用小火车运输木材。对管涔山森林资源进行大肆掠夺。盗走木材四万五千立方米。许多山头，几乎砍伐殆尽。

管涔山，曾一次一次惨遭屠戮。

然而，管涔山，一次一次又不可思议地恢复了生机。

一个人与管涔山

在管涔山林区，老一辈人常跟我讲起一个人——周恭。听他们周书记周书记地叫着，讲述着那些往昔的故事，从话语里和眼神中，我明显感觉到，管涔山人对他是怀着崇敬的，尽管他已故去几十年了。

周恭出生于管涔山。抗日战争时期，曾任管涔山游击队队长，设埋伏，端炮楼，打得鬼子屁滚尿流。他有勇有谋，屡立战功。一九四九年三月，宁武县城解放。周恭出任宁武县首任县长。后调到省城太原工作。想想看，以这样的资历，顺风顺水，官职本可以做得更大，但那不是他内心的追求。

一九五八年，他放弃了省城的工作和舒适的生活，依然回到管涔山，出任林区党委书记。以山为家，以林为伴，以绿为荣，以苦为乐。他是管涔山的“活地图”。他翻山岭，钻密林，涉湿地，攀悬崖，进林场，住农家，一年又一年，他跑遍了管涔山林区的山山水水，沟沟坎坎。他熟悉那些云杉、油松，落叶松的群落世界。喜欢闻松脂的气味，喜欢倾听鸟的歌唱。

然而，光有情怀是不够的。因为，周恭面对的都是棘手的问题。周恭接手的管涔山林区虽然千疮百孔，但一切问题的背后都是人的问题。林区要发展，人才是关键。周恭在秋千沟林场创办了林区第一所林业技术学校，培养的首批一百余名毕业生，成了林区各个林场技术骨干。

之前，林区的通信相当落后，还是那种“鸡毛信”的通信方式，这怎么行呢？周恭经过踏查，决定架设林区电话线，电线杆子就地取材，一下就架设了一百三十公里。汾源、荷叶坪、大石洞、芦芽山、杜家村、北沟滩、接官亭、羊圈沟、深山坞、怀道、店坪、轩岗等经营所和林场都通了电话，彻底告别了原始的凭借脚力送“鸡毛信”的通信方式。

早年间，管涔山林区木材运输，一直沿用畜运、冰运、水运等古老的运材手段。就拿冰运来说吧，伐木工清早从东寨出发，沿着冰河要走三十里才能到达马家庄采伐区。再把伐倒的木头一根一根沿冰河运到东寨贮木场，往返一次就得需要六小时，效率极低。日军侵占管涔山时期，虽有一段窄轨铁路，但日军投降后基本就废弃了。修林区公路，不仅是运输木材的需要，也是林区森林防火的需要。经过勘察设计，林区公路很快开修了。

那时，修公路没有专业施工队，全是林区干部职工自己义务劳动。周恭也撸起袖子，挥动镐头，带头参加义务劳动。公路在一寸一寸向前延伸着，林区的交通在一天一天改变着。整整用了七年时间，林区相继筑通了八条干线公路，十三条防火公路，总长度达到两百多公里。

那些公路，虽然已经疲惫不堪，伤痕累累，但年年修修补补，至今还在发挥着作用。

是的，它们见证了林区的荣耀与辉煌。——它们本身就是林区的荣耀与辉煌。

在周恭掌管管涔山林区期间，森林资源不但没有减少，反而长大于消，由建国初期三十万亩，增加到六十万亩——这在那个年代，简直就是传奇。

他创造的“轻勤抚育法”得到林业部充分肯定，并在全国林区推广。管涔山的主要树种是云杉和落叶松。这些林木密度大，根系浅，层次分明。过去的采伐规程，是按照林木百分之二十五的比例进行采伐。周恭发现，这种采伐方式不妥。由于冬季雪大，作业时间长，此种采伐法会造成很多中幼树木风倒雪折，损坏资源。如果改进采伐方式，按林木百分之五的比例采伐，五年至七年轮回一次，就会减轻强度，缩短时间，也不会对下层中幼龄树木造成伤害。此法被命名为“轻勤抚育法”，广受赞誉。在那个时代，他凭一颗善心，尽最大努力，保护了那些树。

周恭说：“森林不是为了一时所需，更要考虑长远。青山常在，才能永续利用。”

周恭已经离世几十年，但管涔人依然时时想起他。

今天，当我们置身管涔山百万亩林海时，一个人与一座山的故事，也深藏在我们心中了。

封禁

管涔山，史称燕京山，管子山。具体方位在哪里？——北承阴山余脉，南接吕梁云中，西抵黄河东岸，东衔洪涛侧翼。志书上是这样描述的："群峰逶迤，重峦叠嶂，绵延腾骧，气势磅礴。"

管涔山，雄踞于晋西北黄土高原东部，跨涉宁武、神池、五寨、岢岚、原平、静乐六个县市。主峰芦芽山——高二千七百七十二米。管涔山的生态地位极为重要，它是"五河之源"。它与汾河的关系，就不多说了。另外四条河则是——北出塞外的桑干河，向东流去的滹沱河，向西注入黄河的岚漪河和朱家川河。

它面积多大？都有什么东西呢？

管涔山纵横四万平方公里，森林资源得天独厚，被誉为"华北落叶松的故乡""云杉之都"和"华北绿色明珠"。有褐马鸡、金钱豹、金雕、黑鹳、大鸨、原麝等珍稀野生动物。它是华北地区野生动物的天堂，也是不可复制的物种基因库，更是北京的西部生态屏障。

生态学家认为，生态系统的自然演变是生物进化的自然过程。森林按其自身的生物、生态学特征有自然萌生、发展、衰亡和再生的规律，而这种自然演替是通过种群间的竞争，在自然淘汰中实现的。

封禁是保护森林最有效的手段。然而，不是所有的地方都可以封育，封育是需要一定立地条件和一定时间的。而管涔山是最适合通过封育手段修复生态，再造森林的山区。

哪里长什么乔木，哪里长什么灌木，哪里长什么草——大自然最清楚不过了。减少人为的干扰或者压根就不去干扰，大自然会按照自己的方式长出该长的东西，只要给它时间。

“千年草籽，万年鱼子”——这是对自然法则万古不变的生动描述。共和国第一任林业部部长梁希说：“封育是一种最经济的办法。”什么是经济？经济就是以最少的投入，去获取最大的效益。他还说：“封育要实行三禁，即禁樵采，禁放牧，禁垦荒。”

管涔山的首次封育始于何时呢？我猫腰撅腚地在典籍史料中，细细找寻，终于找到一些有价值的信息。管涔山首次封禁应该是在宋朝。宋真宗年间，管涔山不得伐木，不得开垦，实行封禁。这就使得森林迅速得到更新，以致“山林富饶”，成为“材用之薮”。

明朝万历三年（一五七五年），由于推行“植树防戎”政策，管涔山北麓黄花梁一带，官树繁茂。明朝对山场的管理也十分严格，实行保甲制度，流民编成保甲，分立界限，责成看守界内林木。自盗者照例问罪，纵人盗而不举者一体连罪。

清代顺治年间，巨商图谋伐取管涔山林木。一个叫李文焕的朝廷官员上书皇帝，“以有限山木，一经斧斤，不过一二年间，山穷木尽，商窜税无”。由此，建议封禁，不得伐取。建议被顺治皇帝批准，诏告天下。从而，管涔山得以休养生息若干年。为了纪念李文焕之功德，管涔山民间，特立了一块石碑，曰之——“民山碑”。

最大规模的封禁——应该是二〇〇八年“天保工程”的实施。管涔山林区构筑了三道森林保护的防线。一线护林员，二线管护站，三线巡逻队。他们尽职尽责，日夜守护着管涔山的森林，守护着这颗绿色明珠。

经过二十余年的努力，管涔山封禁取得明显成效，森林面积由建国初期的不足三十一万亩，达到一百二十六万亩。

啧啧，相当于一九四九年之前的四倍呀。

森林之美

地球正面临着两个可怕的危机——其一，气候濒临崩溃；其二，生态濒临崩溃。

怎样才能避免危机呢？怎样才能防止崩溃发生呢？专家说，光靠技术手段无法解决气候变化问题，何况，一个问题解决之后，另一个问题又会产生。最可靠的方法，就是保护和恢复森林，特别是天然林。修复了自然，也就治愈了自然。

我们司空见惯的事物，我们习以为常的生活，需要重新思考和定位了。

管涔山森林有着别样的美。无论此前我走过多少路，去过多少北方或者南方的林区，也不能代替管涔山带给我的别样感觉，那种倾心和迷醉。

是的，管涔山的森林之美，曾经令我惊叹。

想起缪尔的一段话，他说："森林不仅仅是河流的源泉，它还是生命的源泉。森林作为用材林，它们的价值并不大，然而作为鸟和蜜蜂的牧场，作为灌溉农田的水源涵养地，作为人们可以迅速避开灰尘、热浪和焦虑，并且可以深呼吸的地方，它们的价值是不可估量的。"

缪尔还说："我用尽浑身解数来展示森林的美丽、壮观和万能的用途，就是要号召人们来保护它们，在保护的同时，来欣赏它们，享受它们，使它们得到可持续的合理利用，并将它们深藏心中。"

告别世俗的欲望和喧嚣，置身管涔山，尽情地深呼吸吧。

森林及其森林创造的美，会洗净你的忧愁和烦恼，让你躁动的心平静下来。

——因为，此时此刻，我的感觉就是这样。

蓝莓谷

我有个朋友，叫大潘。喜欢耕作，喜欢农事。

前些年，发达了的大潘在辽东的一座山谷里种了两千亩蓝莓。那座山谷在金狐岭与龙山之间，名曰：蓝莓谷。头发有些卷曲的大潘，曾在美国留学多年，对蓝莓一往情深，做事风格也很浪漫呢。不想，蓝莓挂果后，大潘怎么也浪漫不起来了，因为麻烦来了。不是被贼人惦记上了，而是被贼鸟盯上了。喜鹊、野鸽子、野鸡、呱呱鸡轮番来蓝莓园里偷食蓝莓。派人天天巡护，敲脸盆、敲铜锣、放鞭炮，弄得那些野兔、松鼠、猞猁、狗獾倒是惶惶然，但对那些贼鸟，却不起多大作用。它们飞去飞来，悄无声息。呀呀，真是讨厌极了。

起初，大潘还扎了些稻草人，手里挥着彩色布条，动作僵硬地立在蓝莓园里，吓唬鸟。结果，三天就被贼鸟们识破了。偷食，照旧。有人出主意，说贼鸟怕鹰，鹰是贼鸟的天敌，鹰一叫，贼鸟就被吓跑了。于是，大潘就用录音机录制了鹰叫的声音，用喇叭一遍一遍地播放。果然，贼鸟们一听到鹰叫，吓得腿都直哆嗦，见草丛、蒿丛、灌木丛就钻进去，哪怕半截屁股露在外面也不顾了，半天不敢出来。蹲在蓝莓园里的大潘，见此情形，嘿嘿直乐。这招儿管用了一段时间。后来，贼鸟们还是发现了问题——光是日日听鹰叫，也未见鹰来呀？胆子大的贼鸟就试探着出来，呀哈，也没有什么危险呀！偷食，照旧。又有人出主意了，说架拦网吧，把蓝莓园四周用网围起来，用拦网粘贼鸟。天罗地网，来偷食蓝莓的贼鸟，定叫它有来无回。也有人说，投毒药吧，这招儿狠，让那些贼鸟也付出点代价，长长记性。主意倒都是管用的主意，可这样会危及那些鸟们的生命啊！大潘考虑了两天两夜，最后摇了摇头。

大潘被贼鸟们折腾得疲惫不堪，可狠招儿就是不忍心出手。好心的朋友给他发去短信："你总是心太软，心太软，独自一个人流泪到天亮。"木屋里的大潘看了一眼那条短信，又看了一眼窗外的蓝莓谷，没言语。

唉，可怜的大潘呀！头几年挂果的蓝莓基本都喂鸟了。甚至，饱食蓝莓后的贼鸟们拉出来的屎，一粒一粒，也都是蓝色的呢。这不是叫板吗？大潘气得够呛，眼看着自己的蓝莓梦就要破灭了。

贼鸟的偷食问题没解决呢，野猪也来凑热闹了。每当蓝莓成熟季节，附近山林里的野猪，时不时下山拱食蓝莓，弄得狼藉一片。这些嘴巴尖尖，面相粗鄙的丑家伙，比精明的贼鸟们更具有破坏力。为了使那些蓝莓免遭野猪的祸害，大潘不得不在蓝莓园旁边种了几亩地瓜。因为同蓝莓比起来，野猪更喜欢拱食地瓜。那东西脆生生，甜丝丝，有嚼头，味道也不错，嚼着过瘾，嘎吱嘎吱！从此，野猪不再光顾蓝莓园了。

不过，日久天长，大潘也还是发现了两个秘密。其一，那些贼鸟们吃的更多的是蓝莓树上的虫子，贼鸟经常作乱的蓝莓园从不发生虫害；其二，野猪并非经常下山捣乱，而一旦下山拱食地瓜，天必要下雨，比电视上的天气预报还准呢！

渐渐地，大潘与那些贼鸟们及野猪之间似乎达成了一种默契。蓝莓园里的虫子全归鸟吃，而蓝莓果三成归鸟吃，七成归大潘收获。贼鸟们想贪嘴多吃，都已经不可能了。因为忽然有一天，蓝莓谷的上空真的来了鹰。不守规矩的贼鸟，必被鹰擒之。鹰，成了蓝莓谷的王。哈哈，大潘无为而治，每年买农药的钱也省下了。防虫治虫的事情就全由鸟们去打理了。而发现野猪下山拱食地瓜呢，他就赶紧把山上的水沟水渠疏通了，大雨来时，雨水全都从容地淌进水塘，一点儿不浪费。待天旱时，水塘里的水汲上来，正好浇灌蓝莓。水费省了不说，也不用费劲巴力去远处运水了。

故事并未停歇，一切刚刚开始。

在这里，自然的行为和界限常常被跨越，有时甚至反转过来。野鸡与喜鹊之间也会发生打斗，野兔被喜鹊追得到处乱窜，松鼠常跑到喜鹊的巢里睡觉，猞猁被狗獾逼得倒着爬树，蚂蚁竟然成了狗獾的美食。

湛蓝的天空下，蓝莓谷充满着生命的律动。自然法则与经济法则在这里相互叠加，并且生出许许多多的意外和惊喜。

是呀，时间会改变很多事情。蓝莓谷有了自己的逻辑，在繁杂中秩序井然，逐渐形成了稳定的生态系统。大潘的脸上重新挂满了笑容，在蓝莓园里劳作时，还偶尔用英语哼上几句《蓝莓之夜》的主题曲：

I don't know how to begin

我不知道如何开始

Cause the story has been told before

因为故事早已被诉说

I will sing along I suppose

我想我会继续歌唱

I guess it's just how it goes

我猜这只是它继续的方式

啧啧，我的朋友大潘还是那么浪漫啊！本来嘛，蓝莓拒绝一切与美与善无关的事物。

如今，大潘的蓝莓是辽东一带品质最好的。个儿大，甜口儿，白霜厚，粒粒饱满。蓝莓谷闻名遐迩了。

太行山林区笔记

▲

金钱豹

施耐庵为何把林冲唤作豹子头呢?——因为他是东京八十万禁军教头吗?还是另有原因?不得而知。

在太行山林区,无法不谈论豹子。

豹子头,小而圆,耳短,耳背黑色,耳尖黄色,基部也是黄色,并有稀疏的小黑点。背部的图案,就像古代的铜钱,故名金钱豹。

在古代，金钱豹也被唤作“程”。程就是节制、克制的意思。古诗中有“饿狼食不足，饿豹食有余”的句子，说的就是豹子有节制，不贪食的属性。即便在食物充足的情况下，豹子也只吃七分饱，避免自己因饱食而昏迷倦慵，从而保持舒展的体形和迅疾的奔跑速度。

金钱豹是所有野生动物中奔跑速度最快的——每小时可达一百二十公里。豹尾刚劲灵活，是捕猎时的武器，也是奔跑时的转向舵和控制器，从而平衡身体，不至于因奔跑速度太快，而导致侧翻或者摔倒。

金钱豹时刻处在警觉状态，行踪极具隐蔽性，慢走时脚步轻柔，脚爪像树叶在地上摩挲。它常在交叉的路口兜圈子，布下迷阵，让追踪者不知它的去向。

金钱豹造型珠宝摆件，也被珠宝界所推崇。因为金钱豹既是力量的化身，也是财富的象征。北京朝阳区大屯附近有一地名——豹房。我从所住的小区去亚运村图书城必经这里的公交站牌。后来，我翻阅古书才知晓，明代时北京确有驯养豹子的场所曰之豹房。养豹子的军士配有“豹牌”。“豹牌”正面铸有豹图，背面铸有二十七字：随驾养豹官军勇士，悬带此牌。无牌者依律论罪，借者及借与者罪同。我还无意中看到古书中的一幅《狩猎出行图》——在一匹马上的骑手身后，蹲伏着一只警惕张望的豹子，似乎一有动静，它就从马上一跃而下，雷霆出击。

画《最后的晚餐》的达·芬奇对豹子的眼睛有一段描述，他说，豹子在猎食时常用自己的美来吸引猎物，而将凛冽的目光妩媚地低垂，使对方由于喜悦而忘记被捕杀的危险。如此看来，豹皮的斑点斑纹不光是为了隐蔽，可能更是为了示美了。

世界上每一只金钱豹都有自己独特的斑点斑纹图案，就像人的指纹各不相同一样。

金钱豹的爬树本领超强，欻欻欻，攀爬大树如履平地。擒获猎物后，便叼着把猎物拖到树上，卡在树枝上，悬挂着，悠荡悠荡的。那棵树就成了它的食物储藏室。猎不到猎物的时候，就回来享用。

金钱豹是生态系统稳定的标志性动物。在一定程度上，它代表着生态的质量。

太行山是金钱豹的主要分布区，而太行山里的和顺县是金钱豹的核心分布区。这里的树种主要有油松、落叶松、白桦树、山桃、山杏、油瓶子、锦鸡儿等。登临山巅，极目远眺，茫茫林海无边无际。和顺，风调雨顺，万事顺遂之意。和顺真是个好地方，不旱不涝，不寒不热，年平均气温不超过七度，无霜期一百二十天，无蚊虫滋扰，无恶风侵害。以保护金钱豹为主要对象的铁桥山自然保护区，也主要在和顺境内。和顺虽然是贫困县，但和顺人对自然却怀有敬畏之心，鲜有盗猎情况发生。

从生态学的角度来说，中国的广大地域都应该有金钱豹的栖息活动，可为何独独太行山的铁桥山保护区及其和顺县的山林成了金钱豹最理想的栖息地呢？就此问题，我曾专门向山西省林草局副局长尹福建讨教。

尹福建语气缓缓地说：“无非三个方面的原因吧。”我瞪大眼睛听着，他望着太行山起伏的山影，继续说道：“其一，保护区有广袤的森林，方圆上百平方公里范围内少有人为活动。保护区尽职尽责，管护员巡山到位，有效清理了毁林开矿、毁林开垦现象。其二，天然林保护成效显现，生态系统稳定，狍子、野猪、山羊、野兔等野生动物日渐增多，金钱豹食物充足。其三，很重要的一条，就是这里几十年来从未发生过森林火灾，森林安宁，家园安全。”

是的，近些年，在保护区监测点，用红外线相机拍摄到的金钱豹觅食照片已经不是什么新闻了。当然，金钱豹也常常干出一些惹是生非的勾当。据保护区猫科动物专家樊德青说，金钱豹吃牛现象时有发生，每年都有三十多头小牛被金钱豹吃掉。吃人的案例倒是没发生一起。金钱豹一般不主动伤害人，通常情况下，远远就避开了。

“铁桥山保护区里有多少只金钱豹？”

樊德青说：“十三只。”

我说：“金钱豹的外形和斑点都差不多，怎么区别呢？”

“主要通过看斑纹来识别。”原来，动物学家区别金钱豹的方法，也是识别斑纹。

“哦——”

“我们给每只金钱豹都编了号。九只雄豹，四只雌豹。豹王的特征我们也掌握。”

“豹王有什么特征？”

“它的体形较大，重量超过一百五十斤。耳朵上有撕裂的豁口。”

“好嘛！争夺王位时的场面一定很惨烈。”

野猪

野猪的名声不怎么好。

这几年，太行山区的野猪多得成灾。野猪下山拱红薯拱玉米拱黄豆是常有的事。起初，在太行山林区走动时，看到与森林边缘相接的农田四周，都用红布围起来，我有些疑惑，便问：“用红布把农田围起来干吗？”

太行山林管局局长武玉斌告诉我：“那是防野猪危害的，野猪对红颜色的东西敏感，轻易不敢接近。”

“哦！原来是这样。”

不过，野猪也并非一无是处。它在森林里拱食的特性，客观上为树木松土透气，改良了土壤，促进了树木的生长。太行山林区有多少野猪尚无确切数据，但保护区护林员通过红外线相机监测到的野猪活动情况每天多多。野猪的嗅觉相当好。苗圃里刚刚播下的油松种子，在有月光的晚上生生被它一垄一垄地拱出来，咯吱咯吱，咀嚼殆尽。次日清晨，及至护林员赶来时，饱食后的三只大野猪晃动着尾巴，带领着四只小野猪已经从容地消失在了山林里。

野猪面相粗鄙，极其贪吃。野猪是一种杂食性动物，吃野果吃树根草根，也吃粮食，也吃虫子。

为防野猪危害，保护区的专家们伤透了脑筋。尝试了各种各样的办法似乎都不太管用。他们还发明了一种太阳能警报器，用细线布设在农田四周，只要野猪一触碰，警报器就嗷嗷嗷地尖叫起来，吓得野猪迅速逃窜。但这一办法，也就管用二十天。野猪适应了警报器的叫声后，照旧干坏事。

山民指着护林员的鼻子说：“你们一天到晚总讲保护野生动物，是野猪重要，还是人重要？”

“野猪重要，人也重要。”

“猪跟人一样重要，人不是成猪了吗？”

面对山民的斥责谩骂，护林员哭笑不得。

野兔

在太行山林区，除了野猪外，另一个多得成灾的就是野兔了。大白天就能看到它们噌噌跳跃的身影。当地朋友说，白天看到的是一只，晚上就能见到一群。许多油松、柠条、山杏的幼树都被兔子啃了。它们专门啃根部和根部以上的部位，经野兔啃过的幼树就很难活了。

光是和顺县，遭野兔啃噬的幼树就不是个小数。

野兔一度令太行山林区人既喜且忧。喜的是，野兔多，说明生态正在恢复；忧的是，退耕还林的树被野兔大量啃食，会导致新的生态失衡。

不仅仅是和顺县，兔灾几乎成了中国西部的共性问题。有报道说，宁夏、内蒙古、甘肃黄河两岸及山区一带野兔泛滥，不仅对新栽的树苗和种的草带来威胁，也对田里的青苗带来极大危害。

有专家已研制出了几种药剂，涂在树根或根以上部位，用不了三天，兔子就会大批死亡。然而，这种药剂会把其他野生动物也一同毒死的——这等于是解决了一个问题，又生出了另一个问题。再说，服毒后的野兔大批死亡，横尸荒野，容易产生疫情。于是，又有人提出建议，应训练一批细狗，或者引入猎隼，追捕野兔。

野兔，这个富有传奇色彩的动物，以警觉和善于逃遁苟存于自然界，黄土高原的颜色就是它的颜色。野兔的繁殖能力是惊人的。

一八五九年，二十四只野兔被一个农民从英格兰带到澳大利亚。但谁也没有想到，这些野兔在此后竟给澳大利亚的农业带来灭顶之灾。野兔繁衍能力强，一生就是二十多只，不到一百年的时间，这个澳大利亚的“客人”数量呈几何级数增长，达到数亿只之巨。一时间，野兔的存在甚至影响了澳大利亚羊的生存。

某年某月某日，意大利米兰机场展开了一项围捕野兔的行动——原因是数量众多的野兔咬坏了机场电缆，并在飞机跑道下面打洞，给机场的正常运营造成严重威胁。机场被迫于早上五点到八点关闭，十二趟航班延误，六趟航班重新拟定起飞时间表。在为期三小时的捕猎行动中，两百名志愿者组成四公里的“人墙”，对机场内的野兔进行拉网式围捕，并把它们安置到安全的地方。超过五十只野兔被捕获。据说，逃匿的野兔亦不在少数。

如今，在太行山林区新造林地里，会看到幼树树干都穿上了乳白色的“筒裤”，那是专门防止啃啮的塑料制品，用来抵挡野兔的牙齿。我问了一下价钱，一个“筒裤”两元钱左右。看来，野兔的牙齿无形中增加了造林的成本呢！尹福建说，其实，解决兔害最根本的方法，不是把野兔都杀死，而是增加生物多样性，乔木灌木和草都长起来了，生物链建立起来了，豹子啊鹰啊狼啊狐狸啊也就多起来了，这样，自然就会遏制野兔的数量，使其不再成灾。

——是呀，大自然的事情还是要靠大自然自己解决吧。

岽

在太行山林区，识得一个字——岽。估计很多人跟我一样不识这个字。怎么读呢？谁都会查字典，就不用我说怎么读了吧。那天，在太行山林管局一个林场的走廊里，墙上悬挂的一幅照片引起我的注意——照片上的画面是层层叠叠的古建筑，给人一种乡风浑厚、淳朴的感觉。细看照片说明，只有三个字：大岽村。

当地朋友胡晋焘告诉我，大岽村是建在一块巨石山上的村庄，房舍全是由石头垒砌而成。远看，整个村庄群山环绕，围合封闭，松柏罩头，清泉绕村。一年四季，流水潺潺，鸟语啾啾。

村口有一棵大槐树，树干三个人合抱不拢，树龄至少五百年了。其实，岽字跟山跟水都有关系。太行山人把山上流下的水叫作宋，或曰三叠瀑布。想想看，如果这里的生态糟糕的话，或许，现实中的宋早就消失了。近年，退耕还林改变了当地生态状况，山美了，水旺了。当地人清楚，生态是大宋村的根本。

生态涵养了水源，也涵养了民风。

大宋村人用自己有滋有味的幸福生活，生动诠释了绿水青山就是金山银山的道理。随着来村里的游客越来越多，大宋村，闻名遐迩了。

我没头没脑地问了一句："金钱豹光顾过大宋村吗？"

"这个——"

胡晋焘瞥了我一眼，没有回答，却笑了。

哈拉哈河

向西向西向西。偏北偏北偏北。

拐拐拐。向北向北向北。偏西偏西偏西。

——哈拉哈河。

初始右岸石壁如屏，石片棱棱怒起，一路崖壁参差，水倾之底处平阔，其势散缓，汩汩滔滔，流霞映彩。至急流处，水流汹涌，浪如喷雪。用徐霞客的话说：“观之，狂喜过望。”遗憾的是，徐霞客没来过这里，徐霞客说的是别处的河。

别处的河不同于此处的河。哈拉哈河的水头——源自大兴安岭蛤蟆沟林场的摩天岭。它汇集了苏呼河和古尔班河等支流，全长蜿蜒三百九十九公里。说长不长，说短不短。

哈拉哈，不是哈哈哈。哈拉哈——蒙古语，屏障之意。哈拉哈河的河水坚韧、寡言、无畏，能清除一切阻塞它的东西。即便是岩石，即便是倒木，即便是泥沙。在阿尔山林区，哈拉哈河有两条，地上一条，地下一条。地上的是我们能够看得见的，清澈平缓，鱼翔浅底。地下的，是我们看不见的却能感觉到的，神秘莫测，沉默不语。它布局巧妙，层次分明。那些蓄水的湖泊，比如达尔滨湖、杜鹃湖、仙鹤湖、鹿鸣湖、天池、乌苏浪子湖也是哈拉哈河的另一种存在形式。久旱不涸，久雨不溢。地上河的河水突然上涨和下降，都是地下河的暗劲儿呈现的异象。

地球母腹，广阔而丰盈，正是靠着火与水的平衡，才得以生生不息。从里往外看，地球是火球；从外往里看，地球是水球。没有火，就没有水。要认识这一点，就必须认识另一点。

火山是地球自我减轻和释放能量的有效手段，可以防止内部窒息，也可以防止因能量过度而导致痉挛。地球的内部永远在活动着，吐故与纳新，毁灭与创造，没有片刻停顿。古希腊人认为，火山是地球母腹的口，自然而不可少。如同昆虫嘟嘟放屁的气门，如同贝壳双扇微张的嘴。或者是用于呼吸的，或者是用于排泄的，如果堵上，就会把它们憋死。如果地球瞬间痉挛，那就是发生地震了。那些憋在地球腹部里的水蒸气压缩成了“球”，那就麻烦了。因为，它要找一个出口减压，就会在地下剧烈地运行，甚至发出呜呜呜的震耳欲聋的轰鸣声。引发地震，引发海啸，引发火山喷发。

就空间而言，过满，或者过空，都是问题。空虚和丰沛之间有一个奇妙的度，地球自己知道，地球自己能够平衡。火山熔岩喷发的时候，那股巨大的力量，造就了地下的河，却将火山岩和砾石覆盖在河面上。其上生长着白桦、赤桦、黑桦、红柳、青杨、榛子、蓝莓等乔木和灌木，曰之石塘林。这些植物的根紧紧抓住火山岩，并排除强酸去腐蚀它，把它变成土。砾石在一旁冷漠地观望着，却无路可以逃遁。因为苔藓已经抛出千千万万根绳索把砾石缚住，不能移步，不能叫喊，只能束手就擒。那些植物就是在火山岩的废墟里长出来。植物吞噬了废墟，吞噬了废墟底下的肉和骨头，吞噬了能够成为它能量的一切。且长势巨旺，饱满强壮。渐渐地，它们就成了这片世界的主角。

啾啾啾！啾啾啾！

石塘林里有鸟在穿梭忙碌，寻虫觅食。

也许，世界不是在某一时刻创造的，而是在可变的运动中慢慢创造出来的。

偶尔，也飞起两只花尾榛鸡，落到哈拉哈河的对岸去了。

花尾榛鸡是学名，俗名叫飞龙。在阿尔山林区，说花尾榛鸡没几个人知道，可一说飞龙，人人皆知。花尾榛鸡似雉而小，黑眼珠，赤眉纹，利爪，短腿。体长盈尺，羽色清灰，间或有黑褐色横纹。远观，如同桦树皮，不易被发现。起飞时需助跑，一飞二三十米，不能高翔。

因之肉的味道极美，清代，花尾榛鸡被列为“岁贡鸟”。康熙、乾隆均喜欢喝飞龙汤，当然，更喜食飞龙肉了。据说，满汉全席是断断不可少了飞龙汤的。飞龙汤一端上来，报菜名的太监的声调也跟着提高了不少。俱往矣，今天的国宴以及家庭餐桌上是断不可以有飞龙汤了。因为，在二十世纪九十年代，花尾榛鸡就被列入国家重点保护野生动物名录中。这就意味着，花尾榛鸡是受刚性的法律保护的野生动物。

花尾榛鸡性情温和，潜踪蹑迹，寂静无声。它大部分时间都是栖息在树上。也许，在它看来，唯有树上是最安全的吧。

觅食时，一般不发出叫声，可一到发情季节则鸣叫不止——克克克克！——克克克克！——克克克克！节奏简明，声如金属响器。鸣叫时，也伸脖子，也俯首，也振翅，也翘尾，使出各种本领，向对方传递爱的信号。

花尾榛鸡喜欢在松林中觅食，落叶松和白桦树的混交林中也常光顾。其食物是昆虫、松子、榛果、忍冬果、蓝莓果及桦树的花序和芽苞。食物匮乏的日子里，也食乌拉草的草籽。它的巢有些简陋粗鄙——树下落叶中挖一个土坑，再衔来一些松针、乌拉草、树皮屑和羽毛，垫在坑底，就算是巢了。粗鄙潦草。繁殖期一过，巢就废弃了。

阿尔山林区的冬季，意味着寒冷和冰雪。

花尾榛鸡往往选择林间雪地开阔的地方过夜。厚厚的积雪就是厚厚的棉被。它一头扎进深雪里，然后用尖嘴捅开一个小口，用来呼吸。有微微的气息排除口外，结成薄薄的霜。在这里，霜与雪很难区别。霜，落在雪里，霜也就成了雪。而花尾榛鸡尾巴的羽毛刚好堵住入口，严严实实，顺便也堵住了入口里的秘密。悄无声息，极其隐蔽。

然而，危险无处不在。它还是经常遭受那些夜间出来觅食动物的袭击。猫头鹰、紫貂、青鼬、猞猁、狐狸都是它的天敌。防不胜防啊！

对岸的森林一望无际，森林固定着哈拉哈河两岸的山体。阻止任性的沟壑随意改变方向，防止浅根的植被剥离山体。森林也在不断地修复残破的地表，缝缀撕裂的生态，拼接断折的筋骨。

森林犹如强大的呼吸器官，吸附了飘浮的物质，释放着氧气，净化着空气。洗心润肺。在这里，生命可以尽情地呼吸。

——深呼吸。

森林里充满生命的律动。

这里没有老虎，没有豹子，没有巨蟒，却有黑熊。黑熊常在哈拉哈河岸边出没，寻找食物。黑熊是杂食性动物，吃坚果、浆果、草根、蘑菇、木耳、鸟蛋、蜂蜜，也吃老鼠、蚂蚁、蚯蚓、蜜蜂、蜥蜴、草蛇。它喜欢翻腾森林里的石头、倒木，那些东西的底下往往有它要吃的美食。

忽地一下，石头掀开，小生灵们四处乱跑，慌不择路。它用爪子拍打着，啪！啪！啪！一些被它拍死，一些被它拍晕。

嘴里嚼着倒霉的老鼠，咯吱咯吱咯吱。

它好像永远吃不饱，缪尔曾写过一段话，来形容黑熊的胃口。他写道："它把食物撕碎，悉数吞到不可思议的肚子里，那些食物就好像被丢进了一团火，消失了。"——这是一种怎样的消化能力啊！

黑熊的武器是它的前爪。一掌掴去，再一掌掴去，必使对方非死即残。早年间，哈拉哈河岸边每年都发生几起勘探队员、伐木人或者猎人、采山货人被黑熊用爪子拍伤或者致死的事情。一个勘探队员在野外作业时，就曾遭到黑熊的袭击。当时，哈拉哈河岸边要建森林小铁路，他与队友正在测量地形。突然，林子里冲出一只黑熊，一掌掴来，把他拍晕，并把他坐到屁股底下。队友傻眼了，抡起测量工具就同黑熊搏斗。幸亏其他队友也及时赶来，才把黑熊赶走。结果，那名被黑熊掴了一掌的勘探队员，鼻梁骨塌陷，七根肋骨骨折，一只眼睛失明，头永远歪向一边。

黑熊也常深更半夜光顾伐木人的工棚，专门到厨房里找吃的。头一天剩下的高粱米饭、窝头全都成了它的夜宵。当然，它可不是优雅的君子。它还把角落里的米袋子面袋子抓破，吃得满嘴满脸都是面粉。碗橱也被它掀翻，碗筷散落一地，一片狼藉。

有时，黑熊也到哈拉哈河的浅滩上溜达，眼睛却不时瞟一瞟河里。它可不是漫无目的地瞎溜达，而是鼻子嗅到了河里的鱼正在靠近岸边的腥味。时机来了，它会果断出爪，十有八九不会走空。

黑熊在树洞或灌丛里睡觉时，如果有人搅扰了它的美梦，它往往会吼叫着发起攻击。立起身子，舞动利爪，狂抓乱咬。——此种行为，与其说是因为受惊而自卫，不如说是因侵扰而愤怒。后果，不堪设想。

当然，黑熊也有被反制的时候。一只狍子从灌木丛里闪出来，一般情况下，黑熊是不予理睬的。可这天，它居然丢下石头下面翻出来的美味，撒腿就追赶那只狍子。前面是一个水塘，黑熊生生把那只胆战心惊的狍子赶进了水塘里。黑熊身强力壮，但却生来笨拙。哪知狍子在水面上奔跑时突然返身，用前蹄狠狠向黑熊两只眼睛刨去，黑熊惨叫一声，两只前爪乱扑腾，在水里打着旋，水花四溅。

顷刻间，狍子早已无影无踪，逃之夭夭了。

黑熊用力抖了抖脑袋上的水珠，也只好踉踉跄跄离开水塘，悻悻而去。

松鼠是森林里的精灵。

它那漂亮的尾巴飘飘然，轻巧灵活，光亮闪闪，妩媚动人。一会儿在身后，如同拖着一朵云，在林间蹿来蹿去，活力无限；一会儿在身上，尾巴紧紧贴着后背，直立而坐，用前足当手，把食物送到嘴里；一会儿纵立伸直，停在树梢上，警觉地观察四周的动静；一会儿又优雅地卷起，翘过头顶，脑袋在尾巴的遮蔽之下，闭目养神。

它脚爪尖细，行动迅疾，身影转瞬即逝。从一棵树到另一棵树，从一根倒木到另一根倒木，从一个树洞到另一个树洞。它生性胆小，机警敏捷，时刻小心翼翼。它是爬树的能手，脚爪欻欻欻，像带着电一样，上上下下，时而跳跃，时而采摘，时而抓挠，总之，它一刻也停不下来，挖着，啃着，咬着，嚼着，总是在折腾。它是快乐幸福的。秋天，它将橡子果、松果、榛子果收集起来，藏在洞穴里，藏在倒木底下，藏在崖壁罅隙间，藏着藏着，自己也忘记藏在哪里了。无奈，冬天饥肠辘辘时，只得用前爪挖开积雪寻找食物。将积雪下挖出的坚果，一颗一颗带到树桩上，然后咬开，一点一点抠出里面的果仁。很快，树桩下，满是它扔掉的果壳苞片。几只喜鹊飞来，欢天喜地。喳喳喳！喳喳喳！喜鹊看见了果壳苞片里有东西在蠕动。

林学家说：“松鼠是播种能手。森林里，假如没有松鼠，树木的再生情况就会少之又少。”

松鼠本性惧水，但哈拉哈河两岸的松鼠泅水本领超强。从此岸到彼岸，抑或从彼岸到此岸，松鼠就抱着一块桦树皮跳进河里，用尾巴当桨，左右！——左右!——左右!顷刻间就划到对岸。有风的日子，它就御风而渡。尾巴直立水面上，分明就是风帆呀，挺着挺着挺着，一摆一摆一摆，甚是有趣。

哪里河段宽，哪里河段窄，哪里河段水流急，哪里河段水流缓，松鼠清清楚楚。在哈拉哈河的狭窄河段，松鼠过河就更不是问题了。它只需在此岸的高大落叶松上抓住一根长长的松枝，荡来荡去，荡来荡去，然后将自己用力一抛，嗖的一声，一个弧线就抛到了对岸的树上。

松鼠虽然多疑，但领地意识极强，对于擅自闯入自己领地的同类冒失鬼，必驱之。如果对方飞扬跋扈不愿离开，打斗一番也在所难免。那是一场你死我活的打斗，枯叶乱飞，断枝横跌，叫声悚然。

入夜，山的翅膀合拢成寂静。森林，在黑暗中生长。

后半夜，月亮的牙齿咬碎了石头，哗哗哗！碎石落下来，惊醒了时间。

时间可以向前，时间也可以倒转。难以想象，哈拉哈河当初的一切都是液态，还有燃烧物，以及一片火海。火山岩和砾石表面呈现出大大小小的石臼和蜂窝。在石臼里，在蜂窝里，分明闪烁着躁动、发酵、渗透、磨蚀、膨胀、喷发等充满力量的词汇，这些词汇也许超越了矿物的范畴，无所不为，甚至不可为也为之。——可以想象火山喷发时的场面是何等壮观啊！俯身捡回几块扁扁的布满蜂窝的砾石，拿回家做搓澡石吧，一定很耐用。火山石仿佛还在散发着硫黄的气味，空气像葡萄酒一样醉人。

站在高处望去，一切都骤然变了。

在粗大的蒙古栎和挺立的落叶松中间，闪着亮光的白桦，沿着山坡缓缓的斜面，一直延伸到河边。

在一处水流平缓的河段，只见几个渔人正在用拉网打鱼。网到的鱼多半是鳙鱼、嘎鱼、黑鱼，也有狗鱼、双嘴鱼、尖嘴鱼、鲇鱼、江鳕、鸭鱼、白鱼。岸上开阔地带，立着一排一排的用木杆做成的晒鱼的架子，上面摆放着大大小小的鱼坯子。当然，如果运气好的话，网到了鲤鱼，是舍不得做鱼坯子的。

搬来几块火山岩，就架起了一口铁锅。找来一些枯树枝，用茅草点燃，木柴就噼噼啪啪地燃起来，一缕青烟，就袅袅升腾了。慢慢地，青烟也飘进了林子里，林梢上就像罩住了一张网。不经意间，那张网却被树枝划破了——变成了一团棉絮，既不像雾，也不像云。

瞧，铁锅里的内容可不是虚头巴脑的，仅仅流于形式，而是务实的大块儿的鱼肉，野性、豪横、蛮霸、磅礴。咕嘟咕嘟咕嘟！

酒。度数很高，有六十多度，是纯正的“高粱烧”烈酒。白酒在当时是林区劳动保护用品。不喝酒不行啊！当时，木材运输主要靠流送——就是河水里放排，伐木人大部分时间在水里作业，喝酒才能祛湿，才能舒筋活血。

苏呼河蜿蜒曲折，全长十八公里，向南注入哈拉哈河。每年春天冰雪融化，桃花水“闹汛”之时，就开始木材流送了。流送是按工铺分段投放木材，每次要控制投放的数量，不然投放过多会堵塞河道。沿岸各铺的工人在水里用小扳钩调整木材走向，使其不“打横”，避免造成“插堆”。然而，各工铺投放木材量很难统一把握，每年总是有几次“插堆”淤堵河道的事故发生。怎么办呢？也是有备用方案的——事先在上游修了一道木障拦河坝，里面蓄满水，在那里静静候着呢。打开闸口，坝里憋着的水汹涌而出。猛烈的冲击力，一下就把“插堆”淤堵的木材冲开了，河道重新恢复了通畅。

苏呼河的头道沟、二道沟、三道沟都设立了采伐铺。采伐铺得有个名字呀，是叫一铺、二铺、三铺吗？——不是。是按照队长的名字起的。邓林生回忆说，头道沟的采伐铺有郭长明铺、李木春铺、孙石头铺；二道沟的采伐铺有宋木林铺、杨云桥铺、董永刚铺；三道沟的采伐铺有万学山铺、刘长江铺、包金荣铺。铺下设组，有伐木组、造材组、打枝组、归楞组、流送组。伐木工具是快马子锯，也叫大肚子锯，也叫二人夺。伐木作业时两人对坐拉，嚓——！嚓——！嚓——！嚓——！锯末子从锯口吐出来，弥漫着木脂的香味。随着一声："顺山倒啦——！"轰的一声巨响，大树就躺在了地上。砸断的灌木、枯枝、枯草、枯叶四处喷溅。

接着，就开始打枝，造材了。锯掉梢头，锯掉枝杈，锯掉疤瘌疖子，就是通直可用的木材了。河岸上选平坦的场地，作为楞场，把造好的木材，集中到这里归楞，准备流送。从各采伐铺把木材运到河边楞场，主要是靠马爬犁。——这一工序也叫"倒套子"。

爬犁论张，不论辆。

每张爬犁由两匹马拉。林区冬季气温在零下四十几度，赶爬犁的人身穿羊皮袄，头戴狗皮帽子，脚穿棉靰鞡，也叫毡疙瘩，浑身上下包裹得还算严实。长鞭一甩，嘎——！

"嘚驾！——！"马爬犁载着滚圆的木材，在雪地里在冰面上就欢欢地跑起来了。

一张马爬犁一般运三五根木材，来来回回地跑，马跑得汗气腾腾。马鬃上眉梢上挂满了霜，鼻孔喷出一团一团的热气。爬犁是用柞木做成的。柞木结实，性子稳定，不易劈裂。爬犁脚的底部镶上铁条，在雪里或者冰上跑起来就轻快无比了。

那时候，伐木人的生产作业还是有一些行话的。比如："磨骨头"就是用肩杠抬木头装车，"小套房"就是集材的意思，"大套房"就是运材的意思。"上楂子"是指从伐木、打枝、造材，到归楞的多道工序的统称。而“下楂子”则是指顺着河道水运流送的过程。

楞场又分山楞、中楞、大楞。

山上伐倒的木头，简单集中到一起，叫山楞；把山楞的木材再集中运到路边，归成楞堆，叫中楞；把中楞的木材，用马爬犁运到苏呼河两岸归成楞垛，以备流送，称为大楞。据说，苏呼河大楞场，一个冬天要贮存木材达到三万立方米。

在阿尔山林区，像苏呼河那样的饱满丰盈的大楞场有若干个。楞场里木材堆积如山，一楞连着一楞，楞垛铺到天边。大楞场的木头，最后又通过苏呼河进入哈拉哈河流送到阿尔山林务分局伊尔施贮木场。再经过检尺、打码、编号、造册，这些木材就成了国家计划供应的物资了。在伊尔施经统一调配，装上汽车和火车运往全国各地。

在那个年代，贮木场相当于林区的“金库”。

林区人吃的喝的用的，全都来自贮木场里的木头。故此，林区的经济又被称为“大木头”经济。

哈拉哈河的上游除了苏呼河，还有大黑沟、小南沟、金江沟水系，在伊尔施都汇集到一起。河面宽阔，河水澎湃，流送的木排首尾相连，蜿蜒数里，盖满河面，甚是壮观。

至今，哈拉哈河流经伊尔施的南北两岸，还有用水泥制作的大墩子遗迹立在那里，这就是木材流送的终点站了。上下两根钢丝绳横穿河面，河中间用若干木头三脚架固定，钢丝绳的两端分别系在水泥墩子上，用锁头锁牢。再沿着两根钢丝绳排列木板，用铆钉固定住，防止被河水冲掉。如此这般，就形成了一道拦截木材的屏障。

木材截住后，就出河，用绞盘机往上拉，每次拉一捆，一捆三五根。拉上岸后还要归楞，抬木工就大显身手了。一一，二二，三三，四四，六六，要根据木头大小及其长短，确定几个人上手来抬。所用的工具有抬杠、扳钩、肩杠、把门子、压角子、小刨钩、油丝绳等。

一一就是两人一组，用一副掐钩，一副肩杠；二二就是四人一组，用两副掐钩，两副肩杠；三三就是六人一组，两副掐钩，一副把门子，三副肩杠；四四呢，就是太长太粗太重的木材要八个人一组，前面一副把门子，后面一副把门子，中间两副掐钩，四副肩杠。六六呢，就不说了吧。——反正那是更大更粗更长的木头，要十二个人上肩了。

如果是直接装火车的话，就在地面与火车厢之间还要搭跳板，有两节跳，有三节跳。抬木头时，动作要协调统一，步调一致，否则就会出差错，甚至发生危险。于是，喊号文化就在贮木场，就在抬木头的行进中产生了。领头人（杠子头）喊号，其他人接号。以号为令，便于抬木头行走时迈步整齐，使所抬的木头悠起来，从而平分压力，运走木头。在号子的节奏中，同时弯腰、挂钩、起肩，运行，上跳，置木。

每首号子的领号声调特别重要。号声的大小、高低、粗细、强弱都决定着其他抬木人的劲头，步伐步态，甚至运送距离和时间的掌握，都是靠号子控制的。抬木是一种齐心协力的劳动形式，号子的作用就是用韵律来调节人的步伐，使大家“走在号子上”。

抬木号子是一种调律，多种内容的艺术。也就是说韵律是固定不变的，至于内容的变化，则要看领号人触景生情，临场即时作词的能力和水平。

领号：弯腰挂呀——！

接号：嘿呦——！嘿呦——！

领号：撑腰起呀——！

接号：嘿呦——！嘿呦——！

领号：齐步走啊——！

接号：嘿呦——！嘿呦——！

领号：脚下留神呀——！

接号：嘿呦——！嘿呦——！

领号：上大岭呀——！

接号：嘿呦——！嘿呦——！

领号：加油上啊——！

接号：嘿呦——！嘿呦——！

人在重压下发声，这是一种生理需要，也是一种重体力劳动过程中寻求快乐的精神需要。

有数据记载，阿尔山林务分局建国初期流送木材产量是——一九五〇年，两万八千一百三十立方米；一九五一年，两千九百立方米；一九五二年，三万零八百一十立方米；一九五三年，三千一百立方米。

一九五四年，林区头一条森铁修通了，森林小火车取代了水运流送。之后，哈拉哈河上的木材流送场面，便渐渐淡出林区人的视野。不过，那些老一辈伐木人，总要在傍晚黄昏时分，来河边走走。他们望着空荡荡的哈拉哈河河口，总有一种说不出来的怅然的感觉。

喧嚣远去，哈拉哈河静静地流着，仿佛什么都没有发生过。然而，晚霞中，两岸的水泥墩子遗迹，以及几节锈迹斑斑的钢丝绳，还是那么真实地倒映在水里，若隐若现。

倒影是图景的回声，回声则是声音的图景。

“在森林里，最可靠的东西只有斧子和锯。”——这是早年间，阿尔山林区流传的一句话。然而，经过半个世纪的砍伐之后，斧子和锯也靠不住了。光荣消歇。哈拉哈河沉默不语。也许，沉默也是一种忧伤。

若干年前，阿尔山林区就告别了伐木时代，进入了全面禁伐时期。作为一个时代的标志物，斧子入库了，锯子入库了。伐木人变成了种树人和护林人。

哈拉哈河似乎有话要说，然而，它没有说。

黎明睁开了眼睛，在无奈和困惑中，林区人开始认真而理智地审视自己既熟悉又陌生的森林了。

森林是什么？——一个声音说：“森林是一个生态系统概念，绝不仅仅是我们所看到的那些树。”是的，在森林群落中包含着许多生物群体，它们各自占有一定的空间和时间格局，通过生存竞争，吸收阳光和水分，相生相克，捕食与被捕食，寄生与被寄生，既相互依赖，又相互制约，构成了一个稳定平衡的生态系统。

最早把森林视为生态系统的，是德国林学家穆勒。穆勒说：“森林是个有机体，其稳定性与严格的连续性是森林的自然本质。”不应把森林看成是木材制造厂，而应视为是土地、植物和动物的融合，是持久的生命共同体。它是河流的源泉，也是生命的源泉。

人类在反思自身与森林的关系中，不断调整着自身对森林的认识和行为。

穆勒还说："如果说我们不再需要用干燥木材供人取暖，那么我们就更需要这些绿意盎然、青枝滴翠的森林来温暖人的内心。"

森林具有三个层次：遗传多样性，物种多样性和生态系统多样性。森林包含了区域中生物种类的组合、生物与环境间相互作用过程，以及经受干扰后的演变过程最为完整的记录。正如气候顶极类型提供的当地植被完整的演变历史那样。这些生态过程，是从人为干预下生长时间较短的人工植被中无法获得的。或许，天然林和人工林是完全不同的两回事。

森林就是森林。森林里没有多余的东西，更没有废物。即使森林中那些枯朽的老树也不是废物。只有父母儿孙的生存，而没有爷爷奶奶的存在，并不能算得上是一个完整的人类社会，而森林，同样是一个老中青幼联结着的群体，正因为有枯朽老树的存在，才意味着一座森林的生长有着不同寻常的历史，才构成了完整的自然生态系统。

何况，在哈拉哈河两岸的森林里，枯朽的空筒老树，还是紫貂、青鼬、艾虎、花鼠、灰鼠、鼯鼠等兽类和原生蜜蜂栖居的巢穴。大空筒树是黑熊蹲仓冬眠的极好场所。猞猁也常常借助于大树窟窿而栖身。

森林的奥秘，也许就藏在那些枯朽老树的树洞里。森林有自己的秩序和逻辑。当一种现象超过某种确定的界限，森林就会调整内部的结构关系，重新确定秩序。——这就是森林法则。

阿尔山林区朋友张晓超说：“天然林的自我恢复能力超出我们的想象。”他说：“保护天然林最好的办法就是封山育林。在天然林采伐迹地上，只要原生树木的根系没有被毁垦，只要封山育林的措施科学、得当，给它们充分的喘息时间，天然林就可以恢复创伤，郁闭成林，达到森林群落的完好状态。”

春去春又来。

正是凭借美的力量，灵魂得以存活，并且生生不息。

林区大禁伐后，寂静取代了喧嚣。而那些能量积蓄已久的根，在哈拉哈河的滋润下睁开新绿的眼睛，并用力拱出地面，占据着一方属于自己的空间。

哈拉哈河上起雾了，渐渐地，雾吞噬了森林。

然而，终究还是森林吞噬了雾。

哈拉哈河向西奔流。向西向西向西。

据说，一二一九年，成吉思汗率领四十万蒙古铁骑西征欧亚出发之前，就是在哈拉哈河下游一带厉兵秣马，蓄势待发。至今，当年成吉思汗拴马的柱石，在哈拉哈河畔还可以找到。高盈丈，合抱粗，风骨凛然。它孤傲的影子，每日与遥远的苍穹对望。虽然历经岁月的剥蚀，可是，它仍神一般矗立在那里。其实，即便它倒下了，即便它风化成了一堆土，那也无关紧要，因为它早已经矗立在人的心里。

“旌旗蔽空尘涨天，壮士如虹气千丈”——成吉思汗的蒙古铁骑所向披靡，摧其坚，夺其魁，解其体，向西向西向西，直至欧洲多瑙河。成吉思汗建立起一个庞大的帝国，打通了东西方交流之路，缩短了地球的距离，对世界产生深远影响。也许，正是哈拉哈河的火与水，哈拉哈河的坚韧、寡言与无畏，唤醒了成吉思汗的雄心和胆略。

可是，起初，成吉思汗西征的本意，并非为了占领和征服，而是简单的两个字——复仇。

此前，成吉思汗派往西域的一支四百八十人的商队，全部被西域人处死，货物被洗劫一空。“汗闻报，惊怒而泣。登一山巅，免冠，解带置项后，跪地求天，助其复仇，断食祈祷，三日夜始下山，亲征之。”

呼麦呜呜，长调响起。蹄声和鼓声激荡着草原，疾风掠过的地方，总有山丹丹花狂野地开放。然而，一切都化作了远古的烟尘，随风飘逝。

哈拉哈河依然在流，哈拉哈河依然是哈拉哈河。说长不长，说短不短。比起自然来，人类的风风雨雨，功过是非，不过是哈拉哈河里的几朵浪花而已。也许，文明是可以取代的，然而，自然是永远不可征服的。

哈拉哈河，向西向西向西，在阿尔山林区三角山北部流出国境，进入蒙古国，拐拐拐，向北向北向北，偏西偏西偏西，流入贝尔湖，歇口气，稳稳神，流出，继续向北，最后经乌尔逊河，汇入达赉湖。至此，才算画上了句号。这是一条多么有归属意识的河呀——流出去，是为了流回来。是的，它居然义无反顾地流回来了。

有多少河，滚滚滔滔，一去不返啊！

哈拉哈河——这条从地球母腹中流出来的河，可能已经奔涌了一百万年。它，不同于别处的河流。别处的河流，无论怎样蜿蜒曲折，无论怎样澎湃汹涌，最终，都要流向大海。而哈拉哈河的终点——达赉湖并不通着大海。这一现象，不是一天两天，不是数月数年，不是几个世纪，也不是数千年数万年。哈拉哈河，从来处来，到去处去。方向从来没有改变，目标从来没有改变。

它，节制而深沉，稳健而自省，从不张扬，从不炫耀，从不喋喋不休地讲述。长期以来，它的意义，它的功用，它在生态系统中扮演的角色被我们忽略了，以至于我们很少有人知晓它的名字。它，在动态中平衡着其流域的生态系统，在平衡中控制着生物与生物之间的关系。

它是无可替代的。

从地球来看，哈拉哈河是一个单独运行的生态系统吗？

不，地球是个整体，地球是个球。正如喜马拉雅山上一颗雨滴，同印度洋上的一场风暴也有联系一样，其实，哈拉哈河与地球的整个生态系统也存在微妙的关系。终点，并不意味着停滞和完结，而是孕育着新生和开始。也许，空间是可以留置万物的，而时间则是在舍弃万物的同时又创造了万物。哈拉哈河并置了空间和时间。周而复始，循环往复，永不停歇。

万物即自然。

哈拉哈河的自我净化，自我修复能力是惊人的。它的创造力更是无须证明——它涵养着其流域的森林、草原、湿地、滩涂和荒野；它滋润着其流域的时令、生命、情感、灵魂和精神。

哈拉哈河，承载着时间和传奇，奔流不息。

翠湖湿地

翠湖是一片水域。

翠湖是一片湿地。

然而，在老北京人的记忆中，海淀没有湿地的说法，也没有这个诗意的名字——翠湖。有关海淀的老照片，只有园囿、稻田、水塘、泥滩、涝洼地和纵横交错的沟渠。何谓海淀？——水域广大谓之海，水之所聚谓之淀。海淀，一定是因水而得名了。

无水贫水缺水是问题，水溢水沣水满亦是问题。物无美恶，多则成灾。

早年间，因防水患，海淀上庄建闸控制水乱发脾气。不想，水的暴脾气摁住了，竟然憋出了一座水库——上庄水库。上游农地均成了水田。稻花芳香，蛙声一片。至二十世纪八十年代，又在宋庄加了一道拦河闸，解决了排水、行洪和灌溉问题，却又意外生出了一派沼泽景观——曰之什么呢？总得起个名字吧？各路高人，七嘴八舌，争吵了十年，末了，有人脱口而出——翠湖！

于是，时间开始了。

二〇〇三年的某个上午——翠湖的时间开始了。

历史在翠湖的底部，所有的秘密都沉积在底部的泥里。

对于翠湖而言，历史是个湿漉漉的话题。

我多次来翠湖，就是想搞清楚，城市中的湿地是如何与现代化脚步并存的呢？它与人的关系到底处于一种怎样的状态？

翠湖没有让我失望。

翠湖的景象是如此的慷慨而又令人迷醉，我甚至分不清楚水域与天空的疆界到底在哪里？——天生水耶？水置天乎？

湿地是城市的肾。湿地的土壤孔隙可张可弛，可缩可闭，能蓄水，也能济水。能解旱情，也能透水，排涝。没有湿地的城市，是不会呼吸的城市，没有湿地的城市，是没有生命力的城市。——这话听起来有点大，也有点远。但是，湿地生态系统的独特功能，对于保持城市活力所起的作用，以往我们可能真的有意无意忽略了。

湿地表面平静，内心深处却骚动不安。时不时就诱发降雨，保持自己的湿度，也调节了局部小气候。湿地上的水草，抗毒性能超强，可以大量吸收二氧化碳，滞尘除菌。因而，湿地不但可以净化空气，而且可以增加碳汇。——湿地土壤和泥炭层固碳作用不容小觑。

翠湖用自己的故事，讲述了生态伦理和道德应该有怎样的内涵。翠湖用自己的故事，诠释了湿地对于现代城市来说具有怎样的意义。

湿地就是湿地。

然而，翠湖不是传统意义上的湿地，它是另一种湿地。

嘎嘎嘎。嘎嘎嘎。

翠湖的黎明，在雁语中睁开眼睛。

翠湖的主角是由这样一些词汇构成的——湖水、芦苇、菖蒲、水葱、荷花、浮萍、狐尾藻；鸿雁、天鹅、野鸭、鹈鹕、翠鸟、黑水鸡等等。在这里，野生植物和野生动物种群的兴旺并不完全依赖于自然逻辑的无限延伸。在特定的时间和空间里，有时候，自然的逻辑是反转的。

每年春天，鸿雁从天空的深处飞来，嘎嘎嘎叫着，有时排着整齐的雁阵，有时侧翔滑行，有时干脆抖着翅膀哗啦一下落叶一

荷叶下的秘密

般就落下来了。它们一群一群地飞来，一群一群地飞走，似乎与翠湖有着某种神秘的约定，如约而至，如意而去。

翠湖的泥滩上和浅水区域长满了野草，菖蒲最茂盛，它饱满的秆子里呈絮状的内腔，到底能存储多少水，没人说得清楚。鸿雁整日在菖蒲丛里觅食。鸿雁喜欢食用鲜嫩的芦芽、初生的水草、含苞的花蕾，以及那些在菖蒲秆子上啃咬的虫子。虫子很肥，吃肥虫的鸿雁，也很肥，漫步水边，倒是水显得瘦了。

丢溜溜——！偶尔，也有鹰的叫声撕破天空。可我连它的影子也没看见，但我能感到它威力的存在。鸿雁及其他鸟们是时刻警惕着的，水里的鱼也不敢有半点差池，因为疏忽的代价就是丧命。

鹰的影子终究还是没有出现，翠湖的一切照旧。鸿雁多为集群活动，不过，它们也有意见不统一的时候，也争论，也叫喊，也抱怨，叽叽咕咕，嘎鲁嘎鲁。然而，一番吵闹之后，群体拆分，各自分散觅食去了。

黄昏时分，时间开始分裂，阴影重叠。

天空中投落的影子缀着雁语。翠湖的白天将以一种方式终结，夜晚也将以另一种方式开始。

并非人人喜欢鸿雁。

有人也讨厌这些贪嘴的东西。

翠湖附近有个常乐村，村民种了一些水稻，每年五月初，秧苗总是莫名其妙地被“掐尖”（秧苗最嫩的部分被吃掉）。村民偷偷观察，发现是一群鸿雁干的。那群鸿雁三四十只，十几分钟就能把几亩秧苗洗劫了。村民气愤，知道野生动物国家保护，也不能猎捕，就给翠湖湿地管理处打电话，要求赔偿。按说，村民的要求也合理，虽说鸿雁不是翠湖养的野生动物，是迁徙途经的候鸟，但法律规定得很清楚，野生动物给村民农作物造成损害，国家是要进行赔偿的。好啊，那就找出依据吧，定损赔偿吧。——可是，查遍国家赔偿的野生动物名录，居然不包括雁鸭类。有兽类，有猛禽，但找遍字缝也没有找到鸿雁呀。

事情变得尴尬了。

翠湖的人来给村民做出说明，并帮助村民想办法防范。田头扎了几个稻草人，也把几面红旗插在稻田里，仅仅管用两天，第三天就不灵了，就被鸿雁识破了，照吃。于是，就想别的办法——用扩音器播放老鹰的叫声，也是两天，也不管用了。

用什么办法防止鸿雁啄食村民的秧苗呢？翠湖的人也犯难了。

或许，一切美的事物，都存在某种瑕疵和缺憾。

然而，事物的逆向反转和意料之外的倒置状态，并非说明世界本身是荒谬的，倒是恰恰印证了世界固有的本质——差异性、复杂性和多样性是随时存在的。

八月的某日，我在翠湖湿地管理处办公区就看到一只鸿雁带着两只小鸿雁在苹果树下觅食。秋天，苹果熟了，就有从树上掉下来的果子。三五枚，六七枚。鸿雁与小鸿雁琢食掉落地上的苹果，小鸿雁嘴巴没那么大，鸿雁就先啄几口，弄开一个口子，小鸿雁再一下一下啄食那里面的果肉。鸿雁自己也不吃，就抬头四下里打量，观察情况。

办公区域的人，脚步匆匆，各忙各自的事情，似乎也没有人理睬它们。人与野生动物，各不相扰，共生共存。

忽然，我想起了利奥波德说过的一句话——

“是的，自然界有两样东西能够改变我们的生活方式。一个是恐惧之物，我们最大可能地躲避它；另一个是所爱之物，我们尽最大努力去尊崇它的品质。”

翠湖，有一种坚韧的否定力量。

对个体的否定，对单一的否定，对孤独的否定。翠湖湿地从来就不是静态的，它是活的，无数的物种和物质在其中互通有无，十分繁忙。——在这里，生态的整体性大于个体相加之总和。

事实上，保护自然的目的，不是单一保护某种动物，某种植物，而是要保护自然的生物多样性。修复自然生态系统，除了考虑生物数量够不够多，还要考虑它们之间的关系是不是构成了稳定的链条。片面地重视生物的数量，而忽略了它们的功能，并非保护的初衷。

翠湖里鱼类很多，白条、鲤鱼、鳙鱼、鲢鱼、嘎鱼、鲇鱼、草鱼等等，其中个头最大的是黑鱼。翠湖管理处副主任刘颖杰告诉我，在翠湖，曾经捕到过接近一米长的黑鱼。它从一个水塘转移到另一个水塘，自己可以翻越堤岸滑过去。它身上自带黏液，自己铺路，自己滑行。黑鱼是吃鱼的鱼，黑鱼多，说明翠湖的野生鱼类数量也多，食物丰富，否则黑鱼早就绝迹了。黑鱼常常潜伏在湖底，潜踪蹑迹，很少露面。

鱼多，鸟类自然就多。

平时，鸟类不用巢，各自觅食，相安无事。白天，四散而去，傍晚回翠湖过夜。可是，繁殖季节一到，要涉及抱窝孵蛋，这就需要巢穴了。翠湖有个鸟岛，面积并不大，能容纳的鸟类也是有限的。岛上有鸬鹚巢位一百二十个，苍鹭和白鹭的巢位有五百多个。巢位数量是怎么来的呢？是人为分配的吗？不是。是它们自己争夺来的。——这也体现了自然法则的精神。

一般而言，一巢二鸟。只有强势者，才能占领。然而，鸟的数量总是多于鸟巢。鸟巢不够用怎么办？还能怎么办？——必然导致战争了。

争夺巢位的战争，几乎每年都要爆发一次。

争夺巢位，不是鸟类个体需要，而是种群繁衍的需要。在这里，鸟有了巢位，就有了繁育后代的可能。翠湖有白鹭三百多只，苍鹭八百多只，鸬鹚五百多只。苍鹭也好，白鹭也罢，总之，天下的鹭是一家。一旦战争爆发，苍鹭与白鹭便联合起来，共同对抗鸬鹚，激战场面异常壮观。

空中厮杀，哀鸣不已，羽毛乱飞。

有观测记录显示，厮杀时间超过五十分钟，至多不少。败者，无立足之地，只得惶惶然落草逃往别处。

冬天，意味着寒冷和冰雪。

然而，也有例外。因之翠湖有一片水域不结冰，食物充足，便吸引了上千只鸟来此越冬。

翠湖，一片祥和。

可是，忽然某天夜里翠湖却发生了恐怖事件——

在翠湖的鸟岛上出现了三十多只鸿雁和野鸭的尸体——真相不明。不是冻死的，不是饿死的，也不是病残致死的。

事件不止一起。一连两周，翠湖的鸟类每天夜里都有被咬死的情况发生。翠湖管护员们神情紧张。对现场进行认真勘查，分析鸿雁和野鸭被咬的部位，发现是被凶猛动物咬死的。冬天是翠湖鸟岛最热闹的时候，因为别处基本处于冰封状态，只有此处的水面是没有结冰的，于是各种越冬的鸟类就都集中到这里，抱团取暖，抵御寒冷。

系列恐怖事件出现后，翠湖的鸟岛上看不到一只鸟了，一片肃杀凄凉。

翠湖管理处鸟类专家彭涛在鸟岛上蹲守了几天几夜，也没有发现凶手的踪影。开始，他怀疑是貉干的。成语一丘之貉的貉，名声不怎么好听。貉在翠湖干坏事是有前科的，曾有野鸭、黑骨鸡等鸟类，被它咬死吃掉的事情发生。彭涛像一个猎人一样每天寻找，一连找了五天也没有结果，后来终于在红外相机的帮助下，凶手现身了——不是貉，而是一只豹猫。

豹猫目光炯炯，动作快如闪电。

豹猫，因身上的斑点像古代的铜钱，又被称为钱猫。

豹猫毛色呈褐色，头部有白色的条纹从鼻子一直延伸到两眼间。耳大而尖，耳后黑色，带有白斑点。常夜间行走，凌晨捕猎。攀爬本领超强，在树上跳跃灵敏自如。善游泳，喜欢在靠近湖边或者湿地水域之处活动和觅食。

豹猫不是豹也不是猫，豹猫既像豹又像猫。它是一种山区野生动物，凶狠异常。它怎么窜到翠湖来了呢？

翠湖与北京西山（凤凰岭、阳台山）的距离至少有十公里，它怎么会来到这里？是怎么来的呢？那年冬天，西山大雪封山，食物匮乏，估计是豹猫找不到吃的了，就下山一路向东，窜到了翠湖作案。

要不要捕猎这只豹猫？翠湖管理处经过认真研究认为，这只豹猫虽然屠杀了几百只鸟类，但捕杀它是没有依据的，也不符合生态保护的宗旨。任由它在翠湖横行霸道吧，好像它又不是湿地生活的野生动物，惹是生非会搞乱了翠湖的生态秩序，导致翠湖生态系统失衡，适当采取措施加以驱赶是必要的 ，但不能伤害它。

可是，怎么驱赶呢？一时也没有拿出可行的措施。时间很快就过去了二十余天，慢慢地，鸟岛上又开始喧哗吵闹了，鸿雁、野鸭又回来了。那只豹猫也不见了踪影。

那只豹猫去了哪里？是回西山了？是去别处了？还是被它的天敌剿杀了？一连串的问题，没有答案，各个角落的红外相机也没有监测到任何蛛丝马迹。

其实，文明并不排斥野性。

对北京来说，翠湖意味着什么？

我们已经隐隐约约感觉到，地球的生命力指数和栖息地承载力正在每日下降，下降速度之快，超出我们的想象。地球的生物完整性也在下降，地球的生态系统可能正在退化。当地球变得如此糟糕之时，没有什么比保护已经存在的事物更为重要的事情了。不要认为科学与技术有无限的可能性，对自然的蔑视和蛮横常常会带来灾难性的后果。

在一定意义上说，对于翠湖的保护和修复，就是以人的最大的努力避免生态发生灾难性后果。

翠湖，存在于一个社会与另一个社会之间。翠湖，也存在于一种道德秩序与另一种道德秩序之间。

深秋寒凉的早晨，湖面上升起的雾气，闪着亮亮的光。每一粒露水都像是结晶了，安静地蛰伏或者栖息在草叶上。翠湖并非完全意义上的荒野沼泽，虽然它的人工痕迹已经渐渐被自然取代。但是，它好像从来就没有与文明世界完全分离。翠湖本身，与北京生态系统就是一个完整的整体。

在翠湖，将食物网的底部连接在一起的是浮游植物——这种植物状的生命能够被微小的浮游动物吞噬，而浮游动物又为鱼类和甲壳类动物提供了食物。

食物链的关系并不那么简单，捕食与被捕食之间不是严格的线性关系，有些鱼类也以自己的同类为食。小的鱼，也可能捕食大的猎物，有些大鱼不喜欢捕食小鱼，而是喜欢甲壳类鱼类和昆虫。我们通常的认知，可能被眼前发生的生态故事迅速瓦解。

在翠湖，动与静，我不知道哪一种状态更令人惊心动魄。芦苇丛中，一只苍鹭衔起一只泥鳅，然后，就静止不动了。突然，苍鹭用翅膀拍打着朝霞，朝霞的碎片便纷纷落入水里，扑通扑通，青蛙吓得瞪大眼睛，立时就噤声了。

翠湖否定孤独，可这里却偏偏存在极致的孤独。

在翠湖，我每次看到的苍鹭，都是苦寒的孤独身影。孤独中，苍鹭有时对天长啸，它的内心一定有什么痛苦的事情需要表达。它的叫声尖锐，却带着沙哑，好像喉管的内腔里有沙粒阻塞，咽不下去，吐不出来，只好痛苦地哀鸣。

它的腿很长，有点像高跷，就那么缩着脖子站立着，身体保持一个姿势——“颈项弯曲，沿着胸和腹弯着，头和喙在高耸过胸的双肩之间。”它的捕猎技法并不复杂，也不高明，只有一个字——等。为此，它必须忍受长时间的孤苦和饥饿，等的结果，通常是能等到食物的。但是概率与结果之间也存在巨大差异。可能的事情没有发生，不可能的事情却发生了。没有等到食物，或许等到的是最悲惨的结局——饿死。

它的性格很倔强，它从来不食人丢弃给它的食物，不是因为矜持，羞涩，不好意思，是骨子里充满忧郁和痛苦——这不是它等来的食物——是人可怜它送给它的食物。在它看来，等与送有着本质的不同，它宁愿饿死，也绝不取食与自己取食原则相悖的食物。唉，苍鹭的一生注定以悲剧收场了。

民间，管苍鹭叫“长脖老等”——没错，它的常态就是缩着脖子等待。有时我甚至在想，它会不会等得时间长了，脖子僵住了，或者是，自己也忘记等什么了呢？独处静等，不争不辩，不动声色。在一个安静的位置，遵从自己内心的需要。

布封说：“苍鹭向我们呈现出痛苦、不安和贫困的形象。它的全部活动方式只有埋伏，在同一个地方度过几个小时，也可以几天纹丝不动，甚至叫人怀疑它是不是一个活物。”

苍鹭，是翠湖的思想者，以沉默不争的态度，与自己的灵魂对话。沉默，可能是心寒，也可能是无奈。

苍鹭到底看清了什么？

何谓生命？何谓生态？

置身翠湖湿地，面对所看到的一切，这些问题已经用不着我一一回答了。

在翠湖，我深切地感受到了——湿地最重要的特征，就是它的内部所具有的强悍的自我更新能力。

翠湖哺育和滋养着万千生命。它是慷慨的，也是脆弱的；它是温情的，也是危险的。文明与野性交织，蛮荒与传奇并存。在时间的延续中，翠湖自身已经形成了一个稳定的生态系统。

翠湖有自己的原则。

当然，经济上的可行性决定了什么可以做，什么可以不做。经济后面的力量是资本，而资本决定着土地使用的方向。以经济利益的动机为出发点的保护，注定失败。——这是从来如此，而且也将总会如此。当资本的运行能带来高额利润时，保护主义被证明是无用的，甚至成了发展的障碍。

无论怎样，现代化是人类通往未来美好生活的必然选择，事实上，我们正走在这条路上。尽管如此，我们还是对它所表现出来的种种蛮横和任性说不。

在翠湖，不是一切都可以畅行无阻。在这里，对土地的生态理解是第一位的。“限制”和“控制”等一些冷面的词汇与翠湖坚定地站在一起，并且绝不妥协。

湿地是充盈着水的土地。土地并不仅仅是土壤，它还是能量的载体，更是土壤、植物、动物以及微生物和细菌等成分流动的集合。食物链是能量向上运动的通道，生物个体的死亡和衰败则使它又回到土壤。能量储存在土壤里，也储藏在水中，在生命运动过程中，某些能量消散在衰败之中，某些能量靠从水里和空中吸收而得到补充。

翠湖创造了生命，也为光顾此地的生命补充能量。

我让翠湖鸟类专家闫亮亮概括一下翠湖的生态意义，她脱口而出：“翠湖是留鸟的栖息地，是候鸟的中转站。”我说：“这好像是书面用语，能不能用你自己话说？”她笑了，说：“我得想一想。”

我也笑了。说：“想不出来也不要紧。”

是的，湿地是如此复杂，以至于我们可能永远也不能充分了解它的活动情况。自然是生命的共同体，人也归属其中。很多历史事件，至今还都只是从人类活动的角度去认识，而事实上，是人与自然相互作用的结果。自然的特征及其影响，决定了生活在土地上的人的思维方式、行为习惯以及道德伦理。

翠湖，距天安门直线距离仅有三十公里。翠湖，是一处可以让北京人尽情深呼吸的地方。

翠湖，作为自然科普教育基地，北京人在这里理解和感悟到了许多不一样的东西。

翠湖每周只开放三天。

翠湖不卖门票，翠湖拒绝一切商业活动。

——周一、周三和周六。提前十五日网上预约，周一和周三接受团体预约，周六只接受个人预约。周一三百人，周三三百人，周六一百五十人。周一和周三上午一百五十人，下午一百五十人。周六只有上午开放，个人一百五十人，不接受团体。预约往往几秒，名额就被抢没了。

尽管游客有意见，但也能理解，并且能够体谅。

并非翠湖傲慢。这是翠湖保护的需要，也是翠湖管理的需要。翠湖分三个区域——封育保护区、封闭区、开放区。封育保护区和封闭区，是绝对禁止游客进入的。周一、周三和周六游客可以进入的只有开放区。

在翠湖观鸟的绝佳位置，建有一座钢木结构的观鸟塔，共三层，塔高九米二。每层一次可容五人观鸟拍鸟。观鸟塔掩映在翠柳丛中，木本色，格调自然，与远处的山影融为一体。

翠湖不是自然湿地，它是通过生态保护和生态修复形成的湿地。它的水是上庄水库的补水和人工再生水。它为再生水的利用提供了范例，也为人工再造自然提供了可能。

废水残水，也可以成为好水。

涝洼泥滩，也能生成秀美的画卷。

嘎嘎嘎。嘎嘎嘎。一群鸿雁从翠湖湿地腾空而起，拍打着翅膀，列出雁阵，雁语婉转地向南飞去。湛蓝的天空，因雁阵划过而灵动了许多。

嘎嘎嘎。嘎嘎嘎。

哦——！

这里是北京，这里是海淀，这里是翠湖。

祁连山下的草原

远处的祁连山，抛出硬朗粗犷的弧线，在弧线与弧线交叉的缝隙间，野牦牛的两只犄角微微晃动几下，便把草原上起起伏伏的弧线扯断了。弧线隐没处，出现了野牦牛巨大的头，继而，出现了寒光闪亮的野牦牛的眼睛。

野牦牛的身体是黝黑的，身上的长毛被强劲的风狠狠地撕开，腹部的长毛几乎可以垂地。远看，就像披着一件巨大的蓑衣。它的眼睛孤傲冷峻，似乎可以蔑视一切。它的犄角坚硬无比，能将惹怒它的动物戳得非死即伤。但野牦牛最厉害的武器还不是它的犄角，而是舌头。它的舌头上长满尖刺，任何东西经它舔之，必碎裂成粉。藏人用晒干的野牦牛的舌头当梳子，梳马鬃梳马尾，也梳马背。——马，舒坦着呢。

动物学家夏勒说，野牦牛才是青藏高原的象征符号。雪豹不是，羚羊不是，旱獭不是。是的，大块头的野牦牛伟岸雄壮，表面看起来有些鲁莽，实际上，它相当谨慎，本能地拒绝人的靠近。哪怕是善意的靠近，甚至是讨好。

通常，野牦牛活动于三千米至六千米的高原上，虽是食草动物，却比食肉动物还要强悍。野牦牛食量惊人，以粗劣的草，有刺的灌木为食。高寒荒漠的针茅、苔草、莎草、蒿草从不弃之。不知道它吃不吃大象喜欢吃的甘蔗，吃不吃大象喜欢吃的香蕉，但它肯定不吃肉，不管是多么鲜美的肉。

也独处，也聚群。不过，野牦牛聚群一定是为了护犊。小牛犊哺乳期常有狼打主意，野牦牛便七八头聚在一起，头朝外，围成一圈，将牛犊护在圈里，用犄角对抗狼的袭击，直到将其赶走。

野牦牛皮厚且硬，胜过铠甲，长矛刺不透，子弹也很难打穿。二十世纪三十年代，瑞典探险家斯文·赫定，曾在高原上遇到一只野牦牛。他向野牦牛连续开了七枪，可那只野牦牛抖抖长毛，毫不理会地照旧在荒原上漫步。当他开第八枪的时候，激怒了野牦牛——“牛角挑起地上的沙子，尾巴狠狠地抽打空气，血红色的眼睛疯狂地翻滚。”

藏民也常用野牦牛皮做案板，在上面剁肉，剁骨头。藏书中，有用野牦牛皮做鼓面的记载。擂之，声如响雷。闻之，悚人惊悸。

地球上，大块头野生动物，似乎均难逃灭绝的厄运。恐龙灭绝了，猛犸象灭绝了。总之，大，意味着生存的艰难。然而，专家研究发现，也不尽然，大块头不是问题的全部，繁殖率低，才是根本原因。比如大熊猫，比如华南虎，比如北极熊，比如长颈鹿。

然而，青藏高原正在发生着的悄悄变化，已是不争的事实了——冰川退缩，物候改变，湖泊水位上涨，降雨量增加，绿色的面积似乎在一寸一寸扩张着。这一切，对野牦牛来说，悲耶？忧耶？喜耶？

在青海草原行走的日子里，我想要搞清的是这样一些问题——牧民、牲畜及以野牦牛为代表的野生动物是怎样适应和调整相互关系的？今天的草原生态系统到底处在一种怎样的状态呢？

举目望去：围栏—草原—围栏。

闭目凝思：围栏—草原—围栏。

或许，传统意义的草原已经成为遥远的故事和传说了。我的心情颇有些复杂。

草原生态问题的本质是人的问题。人的问题，比人还多。

无数案例证明，人类活动给野生动物带来的影响不都是正面的——道路、围栏、管线等设施，在一定程度上阻隔了野生动物的移动和觅食，甚至是被孤立，从而使得它们遗传交流的机会大大减少。也许，这就是文明和现代化的悖论——对于野牦牛及其他野生动物来说，它们不需要高速路，不需要围栏，不需要石油和天然气管线。它们需要的是自由自在的草原，需要的是可口的草，可以痛饮的水和尽情呼吸的清新空气。

不断延伸的路网、围栏和管线，将野生动物栖息的草原空间不断切割成碎片，加之牦牛群、马群、牛群、羊群的数量与日俱增，野牦牛及其他野生动物种群几乎难觅属于自己的安宁角落了。生态既是空间的分布，也是时间的积累。当空间遍布问题，当时间徘徊于空间之外，当问题取代了空间，草原生态系统的完整性就会面临坍塌的危险了。

撇开路网和管线不说，近年来，草原围栏遭受声讨的声音不绝于耳。然而，青海省林草局巡视员徐生旺说，围栏也不都是负面的。从经济学角度看，还是有积极意义的，至少它明晰了产权，控制了过度放牧，降低了牲畜对草原生态系统的危害。

过去，青海草原围栏的标准是，十米长立一个桩（材料有水泥的，有木头的，也有三角铁的），两个桩之间构成一个单元。围栏高度是一米二，每个单元纬线八条，经线二十条。最

祁连山下的野牦牛

上面一层往往加一道刺丝。一般野生动物是很难跳过去的，常有岩羊、羚羊、野兔试图跳过去，结果被刺丝刺破肚皮，难以挣脱，就被挂在了围栏上。食肉野生动物对食草野生动物发起攻击时，由于围栏的阻隔，使得它们无法逃跑，只能乖乖被擒的情况时有发生。

也有例外。

当我真正面对草原围栏时，才知晓，对于野牦牛、马鹿等体形高大的野生动物来说，围栏根本不起作用。它们略略跳跃一下，就可以跨过去。即便跨不过去，猛力一撞也就把围栏撞倒了。特别是野牦牛，无论多么坚固的围栏也拦不住它，它的犄角可不是可有可无的摆设，破坏能力极强呢。

在争议和质疑中，草原管理部门已经认识到了围栏的一些负面问题，若干年前就有计划分批次地开始对围栏进行改造了。门源县林草局副局长王菊庆说，主要是降低了围栏的高度，由过去的一米二，降至一米，甚至不足一米，最上层那道刺丝也去掉了。这样呢，牛羊照旧跳不过去，但是岩羊、羚羊、狐狸、狼、野兔等野生动物就可以轻松跳过去了。草原上偶尔会出现有趣的场景：人—牲畜—野生动物和谐共生。也许这样描述还略有些抽象，换一种表述吧——具体到一块草场围栏里，常有七八十头牦牛、四五十只岩羊混在一起吃草，互不相扰。而牧民呢，就眯着眼睛远远地看着，也不去驱赶。

然而，问题也来了。这些年，草原上的狼明显多起来了，青海湖边的甘子河乡每年都有几百只羊被狼吃掉，甚至有时狼也攻击人了。经上级有关部门批准，甘子河乡曾多次组织猎手捕杀，但终究收效甚微。当地一位官员抱怨说：“狼的捕食活动一般是在凌晨，而公安部门规定，枪支出库时间是早晨八点半，入库时间是晚上六点，白天出去打狼怎么可能打到狼呢？”

保险公司也叫苦不迭，仅仅一个乡每年因狼患给牧民赔偿保险费就在二十万元以上。但狼患实际情况更严重——牧民无奈地说，保险公司规定，狼吃羊要留下七成的尸体才能赔偿。可是狼吃羊，往往是几只狼一起出动，一只羊被吃得只剩下几根骨头，有时候，甚至连骨头都叼走了，哪里还能找到尸首呢？唉，自认倒霉吧。

不过，也有牧民认为，狼吃羊不是什么坏事。狼的牙齿上是有毒的，此毒既能致病，也能治病，还可以驱邪消灾。狼毒能够预防羊群里的各种疾病的发生。早先，羊群发生了疫情，牧民就把羊群赶到狼洞附近，引狼出洞，让狼咬羊。羊被狼咬过之后，狼毒就能有效阻止疫情的传播。狼也吃老鼠、旱獭、鼢鼠等野生动物，故而，有狼出没的草原，从不发生鼠疫。草原上流传着两句话——其一，“草好的年景，狼不吃羊；草不好的年景，狼才吃羊”。其二，“没有狼就没有健康的羊”。——这两句话中透着朴素的哲理，也道出了狼在草原生态系统中所起的平衡作用。

瞧瞧，狼与草原的关系就是这么奇妙！

刚刚下过一场小雨，草原上弥漫着青草的鲜味。

在门源县苏吉滩乡苏吉湾村村委会，我遇到来办事的藏族牧民洛桑（汉名唤作贾东珠）。洛桑脸上透着明显的高原红，汉话说得还算流利。我说：“八〇后吧？”

洛桑挠挠脑袋，认真地回答：“我不是八〇后，我是一九八〇年出生的。”闻之，我们在场的人都笑了。

洛桑似乎意识到什么，用左手不断地拨弄头发，自己也笑了。拨弄头发时，左手手指上的两枚戒指闪着亮亮的光。我问：“你戴两枚戒指是什么意思？”

他说：“一枚是金的，一枚是银的。”

“怎么个头那么大？”

他下意识地用右手捂住左手上两枚戒指，一脸害羞的样子，不回答，只是嘿嘿笑个不停。

洛桑家里六口人，父母，妻子，还有两个女儿。妻子也是藏族，名叫阿优毛。他与她是经人介绍认识的，花了六千元彩礼，他把她娶到了家。我唯恐把名字搞错，就把笔递给洛桑，洛桑接过笔，在一张纸片上一笔一画地写下了“阿优毛”三个字。阿优毛，在藏语里是什么意思呢？我却忘问了。洛桑只读了五年小学，就跟着阿爸放牧了。洛桑告诉我，小时候，在山里他经常看到野牦牛的头骨，两只巨大的犄角之间可以坐上三个人。洛桑家里养了一百四十头牦牛，一百只羊，六头奶牛。每年卖牲畜的收入在三十万元左右。草好的年景，收入就多些；草差的年景，就少些。

我故意说：“多多养牲畜，收入不就更好吗？”

洛桑说："不行，政府有规定，五百亩草场养牦牛不能超过二百五十头。超过数量就要罚款。"

我说："政府的人不会一头一头数你的牲畜吧？"

"不会，但每年两次给牲畜打的疫苗，是政府按牲畜头数免费提供的。数字假不了，如果假了牧民拿不到疫苗，发生疫情，吃亏的是我们牧民自己。"

"呃——"

洛桑家里有六间瓦房，四间仓房。一辆四轮农用车，一辆夏利轿车。

我问："家里有多少草场呢？"

洛桑："一千亩，冬牧场五百亩，夏牧场五百亩。秋天的时候，要转场——冬牧场在山下，夏牧场在山上。"

"冬牧场和夏牧场是按照什么划分的？"

"主要是按照地形和水草情况划分。冬季牧场避风向阳，气候温和；夏季牧场阴凉避暑，少有蚊蝇叮扰。冬不吃夏草，夏不吃冬草——这是我们严格遵守的祖训。"

"呃，转场的目的是什么？是因为牲畜没草吃了吗？"

"不是，季节一到必须转场。——还不是为了保护草原嘛！夏季，牲畜转移到夏牧场放牧，冬牧场就静下来了，没有一头牲畜，牧草就不受干扰地充分生长。冬季，转到冬牧场，让夏牧场休养生息。”

我问他：“你放牧是骑马吗？”

他说：“开车。”说着，他用手指了指那辆银灰色的夏利。我很惊讶，该怎么定义今天的牧民呢？还真是不好说呢，我只知道如今的牧民已不是传统意义上的牧民了。

每天早晨，洛桑起床后第一件事就是打开圈门，把牦牛和羊赶到草场上，然后清理牛圈里的牛粪。牛粪不是垃圾，不是垢物，不是草原上多余的东西，它是牧民的燃料。其火焰是蓝色的，煮奶茶，煮手抓肉，有一种浓郁的烟火气息。升腾的烟，驱蚊蝇，驱寄生虫。在洛桑家后面的牛圈旁边码了一垛牛粪饼。为防止雨天被雨淋了，就用塑料布苫起来了。

牛粪燃过后，就成了灰了。牛粪灰，细细如面。其实，牛粪灰也是草——被火烧过的草——灰是草的另一种存在形式。累了，乏了，牦牛就倒仰在灰上，四脚朝天，滚动身体。左一下，右一下，左一下，右一下，滚起一片灰尘。滚毕，牦牛站起来，身体用力抖几抖，尾巴用力甩几甩，身上的灰尘就掉了。

牦牛为何喜欢在灰堆里打滚呢？

洛桑说，牛粪灰有止痒、消炎之功效。牦牛在灰堆上打滚，可以驱除体表和毛发里的寄生虫。小孩子发烧咳嗽，就让小孩子也在灰堆里，滚几滚，居然也能神奇地退烧止咳。

唉，牛粪与牛粪灰真是好东西呀！

说到牧民忧心的事，让我意外的倒不是草原问题，而是吃水问题。怎么可能呢？青海是“三江之源”，是“中华水塔”呀！然而，在它的一些角落，牧民确确实实缺水吃。

洛桑居住的苏吉湾村没有一口水井，牧民吃水是从祁连山深处引来的泉水。每户出资两千五百元，村里架设了一条二十五公里长的塑料管线，蜿蜒曲折地把泉水引到村里。每家每户又接通了支线水管，把泉水各自引到自家的水缸里。夏天还好些，冬天就难说了——泉眼干涸，就断水了。断水怎么办呢？就开车去很远很远的老虎沟运水。老虎沟，是距离苏吉湾村几十公里外的一条河。冬天结冰很厚，用冰镩凿开冰层，舀出冰层下面的水，装到桶里再用农用车拉回村里。

对于苏吉湾村的牧民来说，水，异常珍贵。

在洛桑家里，我掀开水缸盖子，看到水缸底部只有浅浅一层水了。拿起舀子，本想舀出一口，喝下去，却又作罢了。

临别时，我向洛桑问了最后一个问题：“每晚睡觉前，你手指上的两枚戒指是摘下来，还是一直戴着？”

一副窘态的洛桑看看我，挠挠脑袋不作回答。

哈哈哈！在场的人都笑了。

次日，在青海湖岸边的草原上，我还结识了另一位叫昂青的蒙古族牧民。他出生于一九七二年，黑红的脸膛，结实的臂膀，一看就是一个勤劳朴实的人。

我一跨进他家的门槛，迎面见到的就是一幅挂在墙壁上的成吉思汗画像。那幅画像是绘制在牦牛皮上的，栩栩如生，很是传神。我开玩笑说："我是来走亲戚的，我姥姥家是蒙古族呢。"小时候，我在内蒙古东部生活过若干年，会几句简单的蒙语。于是，我用蒙语问候昂青："塔赛音拜努?"（家里都好吧？）

昂青一边回答"赛音！赛音！塔赛音拜努！"（好！好！家里都好！）一边伸出手，与我伸出的手紧紧握在一起。

我："博力车日乌苏赛努？"（牧场里的草长得怎么样？雨水丰沛吧？）

昂青："赛音，赛音，呼日宝喏额勒博格。"（好，好，入夏以来雨水充足。）

昂青，在蒙古语里，就是猎人的意思。早年间，牧民家里都有猎枪，后来都被政府收缴了。昂青告诉我，放牧不是牧民的工作，而是牧民的生活。他家有两千亩牧场，冬牧场九百亩，夏牧场一千一百亩。牧场都进行了围栏。围栏的成本一米二十元左右，包括木桩、铁丝等材料费，也包括雇人安装劳务费等。如果是自己动手安装呢，劳务费就省下了。那样的话，围栏一米只消七元钱就够了。他家养了一百多头牦牛，一百多只羊。经济收入还算不错。

在青海，牦牛被称为“高原之舟”。

牦牛是由野牦牛驯化而来，经历了漫长的历史。对牦牛的赞誉至少应该有这些词汇——力气大，耐寒冷，善爬山，能载物，御风雪。牦牛产的肉、奶、骨、皮、毛、绒等，为牧民提供了基本的生活所需。牦牛还是牧民不可或缺的最便捷，最靠得住的运输工具。

一个牧民的财富有多少，主要看家里养了多少头牦牛。

一头牦牛散养三年，第四年进栏育肥，出栏时一头牦牛能卖一万三千元。去掉成本，一头牦牛净赚三千元。牦牛主要销往重庆、四川那边。牦牛肉涮火锅深受渝人川人青睐。

昂青总共有三处住所——常住的是村里的瓦房；前些年在海晏县城买了一套两居室的楼房，进城办事就不用住旅店了；山里的牧场还有一处蒙古包，夏季放牧就住在蒙古包里。

说话间，昂青的女儿端出奶茶招待我们，桌上还备了炒米、奶皮、奶酪、糍粑、牦牛肉干。当我问及野牦牛的一些情况时，昂青说，他小时候，家里养过三头野牦牛。我问道，野牦牛有哪些特征呢？昂青说，野牦牛的特征还是很明显的，一眼就可以看出来。其一，嘴巴宽；其二，鼻孔大；其三，眼睛圆；其四，尾巴散状明显；其五，性格生猛，野性十足。

我问昂青："你见过野牦牛的舌头吗？"

昂青笑了，说："当然见过了，它的舌头厉害极了，装草料的纤维袋子，它用舌头舔一下，就能舔出一个大窟窿。有硝土的地面，它舔几下，就能舔出一个大坑。"

昂青认为，野牦牛与牦牛交配，可以优化牦牛种群。他告诉我，大通县有个牦牛配种场，就是用野牦牛跟牦牛交配，使得繁育出的牦牛具有了一定的野性。昂青说，早年间，祁连山上的野牦牛很常见。有时候，牧民就把牦牛赶到山上，故意创造牦牛与野牦牛遗传基因交流的机会。

虽然，草原围栏对野牦牛活动并无多大妨碍，但却大大减少了牦牛与野牦牛的接触机会。我隐隐意识到，对草原的保护来说，用永久围栏之法一围了之，或许真的不是解决问题的根本办法。

二〇一二年，海晏县草原站用围栏搞了一块面积十亩的样地，绝对禁止牲畜进入，结果怎么样呢？——披碱草和冰草疯长，而其他草种不见阳光，无法返青，便渐渐退化了。时至今天，那块草场全部退化掉了，成了一块废地。

青藏高原是世界上牦牛主要分布区，拥有牦牛一千五百万头，其中青海草原承载量就占七成以上。保护草原的关键，不是围栏，而是控制承载量。物无美恶，过则成灾——牲畜的数量要控制一定的度。不能过度，过度就会对草原造成损伤。伤了草原的元气，再去修复就难了。

从草原站的围栏十年试验样地情况来看，草原不围栏不行，围栏时间长了也不行。围栏往往是草原承包到户的四至边界，拆除围栏，就意味着边界消失了，放牧就会回到无序状态，矛盾和纠纷就会不断，从而导致对草原的恶性利用。草原专家杨有武认为，围栏三年到五年时间最合适，否则，时间长了不但不能保护草原，反而会导致草原退化。

草原放牧是完全必要的，一方面，牛羊在食草和行走的过程中可以传播种子；另一方面，一些草的种子落地后，经过牲畜的踩踏，才能进入土壤里，从而促进草的种子发芽。

牲畜的嘴巴，牲畜的脚步，可以唤醒草原，使其在动态中保持活力。

草原，广大而美丽。

草原上的植被、景观与分布，取决于它所处的纬度、经度和高度三种因素，以及由此形成的气候水热关系。草原从来不是孤立的，它是独特的生态系统，并与森林、荒漠等其他生态系统保持着特定的联系。

草原的概念可不光是草的集合，它时刻充满着生命的律动。在草原上，鼠是鼠，兔是兔，鼠兔是鼠兔。鼠兔是打洞的高手，胜过鼠，胜过兔。似鼠非鼠，似兔非兔，全身圆溜溜的鼠兔，总是无忧无虑。它，生性胆小，却又极其好奇。它不愿闷在洞里睡觉，而喜欢趴在洞口的小土堆上观望。当空中猛禽的暗影划过，它便迅速蹿进洞里，不见了踪影。有人曾把草原的退化归罪于鼠兔。——这是多么愚蠢的认识。准确地说，不是鼠兔打洞造成了草原的退化，而是鼠兔更喜欢在退化的草原上打洞而已。

事实上，鼠兔可不是可有可无的。栖息在草原上的鸟类和爬行类野生动物，都是依赖于鼠兔的洞穴应对恶劣的天气和天敌袭击的。有了鼠兔，草原上的猛禽、狐狸和狼，才有丰富的食物。鼠兔洞穴里，那些借宿的动物们排泄的粪便，又是促进草原植物生长的好肥料。而粪便里未能消化的种子，又得以持续传播和扩散。

在草原上，我惊奇地发现，越是有鼠兔打洞的地方，草越是长得丰茂。然而，鼠兔打洞搞得草原某些部位到处是窟窿，扒出的土，一滩一滩堆成了堆，黑乎乎的，牧民称其为“黑土滩”。“黑土滩”无规则，无逻辑，东一堆，西一堆，南一堆，北一堆，突地一下，某个不经意的地方又冒出一堆，着实不怎么雅观。也许，正是因为这一点，鼠兔才不怎么讨牧民喜欢。

青海省林草局退耕办主任樊彦新说，过去对草原的认识偏重它的经济价值，而忽略了它的生态功能。近年来，青海省加大了草原生态修复力度，光是退耕还草就达三十余万亩。经过人的努力，治愈了草原，也就修复了草原。

草原兼具生产、生态和文化等多重功能。草原，创造了陆地上最大的生态系统，草原，也生长着坚韧与野性，丰沛与复杂，脆弱与简单，信仰与爱情，神秘与传奇。

中国是世界上草原面积最大的国家。草原占国土总面积约四成以上。在国内，草原面积排名是——西藏第一，内蒙古第二，新疆第三，青海第四。青海及青海草原对于中国来说，到底意味着什么呢？当我仰望祁连山那若隐若现的雪线，并置身草原深处的时候，似乎对牦牛与野牦牛又有了另外一层理解。

六月的风，掠过草原，也掠过我的面颊。风，提醒我，草原，原本就是开放的。草、野生动物、牲畜、牧民每日都在不断沟通，相互交流。草原也是有根的。根在，希望就在。只要一切按自然法则行事，美好就会如期而至。

闪亮的阳光下，一头野牦牛拖着自身的影子，如同拖着一朵云，出现在祁连山脚下的草原上。一群牦牛埋头吃草，并不理会它的到来。那头野牦牛走向牦牛群，甩了甩尾巴，抛出了几条弧线。弧线划过的空中，飘下六只白鹭。三只落到野牦牛的背上，两只落到野牦牛的犄角上。还有一只，并不落下来，而是扇动翅膀，上下翻飞。

远处，苍茫的祁连山看着草原上那些灵动的生命，沉默不语。

乌梁素海

（一）

乌梁素海一定是出了问题。

张长龙从浑浊的水里起出空空的网具，望着黄藻疯长的乌梁素海两眼发呆。——鲤鱼没了，草鱼没了，鲇鱼没了，鲢鱼没了，胖头鱼没了，白条鱼没了，王八没了……甚至连顽皮的泥鳅也少见了。张长龙摘掉网眼上的水草，甩了甩上面的水，然后把湿漉漉的散发着腥臭味儿的网具架到木杆上晒起来。唉，如今十天半月也用不上一次网了。他蹲在海子边上，掏出枣木杆儿的白铁烟袋装上几丝囫圇布伦的烟叶子，点燃，吧唧吧唧吧唧，吸上几口，一缕一缕的青烟便向芦苇丛里慢慢散去，散去。栖在芦苇叶上的蚊子们被烟熏得喘不过气来，纷纷逃窜。这几年，乌梁素海里蚊子的个头倒是越来越大了。张长龙心里想，蚊子要是变成鱼就好了。别的鱼没了也就没了，可鲤鱼要是没了，那乌梁素海还是乌梁素海吗？

二十世纪八十年代之前，乌梁素海每年产鱼都在五百万公斤以上，光是黄河鲤鱼就占到一半还多哩。往事不堪回首喽！他蹲在架着网具的木杆旁边，眼睛眯成一条线，想着心事。吧唧，吧唧吧唧，吧唧吧唧吧唧，吸了几口烟，吐出一个一个烟圈圈。咳了咳，用粗糙的拇指压了压白铁烟袋锅子里的烟丝，嘴里便哼出了小曲，小曲的调子满是怅然的味道——

乌梁素海的芦苇　一眼望不到边

金黄金黄的大鲤鱼　惊动了呼市包头

临河陕坝　海勃湾乌达　石嘴山宁夏

十个轮轮大卡车一趟一趟地拉

唉，这唱词写的都是早先的乌梁素海了。如今，连一条鲤鱼也捕不到了。鲤鱼是乌梁素海的标志性鱼类，也是反映乌梁素海生态变化的“晴雨表”。如果鲤鱼没了，那乌梁素海一定是出了问题。令张长龙不解的是，鲤鱼虽然没了，可野鸭子、黑鹳、鹈鹕、白琵鹭、红尾滨鹬，还有漂亮的疣鼻天鹅每年春天还是照常飞来，产蛋孵化，繁殖后代。莫非，那些鸟类及漂亮的疣鼻天鹅有极强的抗污染能力？——这是个问题。大大的问号，日里夜里挂在张长龙的心尖尖上哩。猛然间，那个问号仿佛拉直了。他心里打了个激灵，似乎意识到了什么。什么呢？乌梁素海的鱼没了，接下来没了的不会是鸟吧？不会是他心尖尖的鸟——疣鼻天鹅吧？不会的，不会的，断断不会的。然而，一个声音却问道：怎么就不会呢？

我不相信——我不相信——我不相信。张长龙讨厌一切与疣鼻天鹅有关的谶语。无论怎样，只要他听到空中滴落的那沙哑的鸣叫，只要他看到水中的那漂浮着的倩影，便有一种酥酥的感觉，整个人就兴奋起来了。因之疣鼻天鹅，张长龙的每天多了一份牵挂，也多了一份盼头。

乌梁素海何时能够一天比一天好起来呢？问天？问地？还是问自己？张长龙自己也说不清楚了。

（二）

乌梁素海在哪里？

看看地图就清楚了。黄河流到了河套段不是呈“几”字形吗？“几”字最上方的“一”横处的左端偏里的地方，就是乌梁素海了。

乌梁素海，蒙古语，意为“盛产红柳的地方”。我到乌梁素海时，曾留心观察，却没有发现一棵红柳，芦苇倒是多极了。乌梁素海是黄河改道的杰作，黄河先是在北边流淌了，不知哪一天却来了脾气，忽地拉了个弧线，往南移了许多。这一移不要紧，在造就了沃野良田的同时，却也丢弃了许多东西，鱼啦虾啦王八啦就不必说了，其中最大的一件东西就是乌梁素海了。好家伙！最初的乌梁素海阔气得很啊！有一百多万亩水面，汪洋一片，甩手无边啊！

黄河真是犟脾气，把这么大的海子说丢弃就丢弃了，从来没有回头寻找过，也从来没有后悔叹过气。是死是活，乌梁素海全凭自己挣蹦了。不过，一切存在必有它的道理。内蒙古河套灌区管理局党委书记秦景和告诉我，乌梁素海是黄河流域最大的淡水湖，也是地球上同一纬度最大的自然湿地。乌梁素海对于调节我国内陆气候发挥着重要作用。它的西边，是嚣张的乌兰布和沙漠，有了乌梁素海便如同有了一道绿色屏障，把肆虐的风沙挡在一边。它的东边是高高隆起的阴山，正是因为有了乌梁素海的滋润，阴山的绿色才那么葱茏。它的北边，是羊群飘浮的乌拉特草原，正是因为乌梁素海的哺育，草原上的牧歌才格外的悠扬。

等待的结果不都是失望

然而，偌大的海子里，活蹦乱跳的大鲤鱼怎么说没就没了呢？

张长龙把那杆枣木杆儿的白铁烟袋掖到裤腰里，蹲在海子边上，把手指头伸进水里，却不见手指头。水，黑红黑红的，浑啊！

——唉，乌梁素海一定是出了问题。

（三）

张长龙，现年五十八岁，属蛇的，小名叫长龙。鱼是离不开水的，龙呢？——龙当然离不开海呀！在属相中，民间有蛇便是小龙之说。小龙也是龙啊！

张长龙现任乌梁素海湿地保护区编外管护员。

张长龙的老家在白洋淀，白洋淀曾是雁翎队打游击的地方。抗日战争时期，在白洋淀的芦苇荡中，雁翎队用“大抬杆”（联排鸟铳）把日本鬼子打得吱哇乱叫，屁滚尿流。张长龙打小就爱听父亲讲那些雁翎队打鬼子的故事。过瘾。

一九五五年，乌梁素海成立了渔场，当地蒙古族牧民，不识水性，不吃鱼，更不用说会打鱼了。于是就从白洋淀迁来一批能打鱼的把式，作为渔场的骨干。那批把式中就有张长龙的父亲，父亲身后那个像泥鳅一样的小家伙就是他，——张长龙。那时的他仅仅三岁，整天赤条条的，在海子里翻着水花，嘴里噗噗噗地吹着水汽，摸鱼掏鸟蛋，却也乐趣无穷。张长龙天生就是水命，离了水他就没有力气，浑身打不起精神。他还特别能潜水，嘴里叼根苇管，隔一会儿，咕嘟咕嘟冒一串泡泡，再隔一会儿，咕嘟咕嘟又冒一串泡泡……在水下潜上个把时辰不成问题。

刚来渔场时，这里只有七户人家，都是在乌梁素海周边草场放牧的蒙古族牧民。那时的乌梁素海里水鸟和鱼多得超出想象。多到什么程度呢？水鸟多得飞起来遮天盖日，落到海子里见不到水面。鱼呢？那就更多了——套马杆插在水里，生生不倒——鱼多呀，把套马杆挤得立在水里了。瞧瞧，那阵势，那情形。啧啧啧！大鱼也多得是，一九六九年那年，张长龙还捕过一条两米多长的大鲤鱼呢！手抠着鱼鳃把鱼背在身上，鱼尾巴像墩布一样在地上扫来扫去的。啊呀，乌梁素海的鲤鱼就是好吃，舀海子里的水炖鲤鱼，那是河套一带远近闻名的美味。王八也多，大的王八有脸盆那么大。捕鱼要用“箔旋”布阵，俗称迷魂阵。张长龙是布阵的高手，布完阵，只消掏出枣木杆儿的白铁烟袋，装上一锅子囫囵布伦烟叶子，吧唧吧唧吧唧，吸上几口，吧唧吧唧吧唧，再吸上几口，就可收鱼了。冬天用冰穿打冰眼下网捕鱼，那场面也很壮观。鱼冻得直挺挺的装到驮子上用骆驼运到包头去买，换回布匹、盐巴、陈醋、白酒和砖茶。餐餐有鱼虾吃，顿顿有酒喝。那日子，那时光，美得很呢！

早年间，除了捕鱼，张长龙还在海子里猎雁猎野鸭掏鸟蛋。父亲从白洋淀带来的那把曾打过日本鬼子的老鸟铳，到了张长龙手里威力不减当年，不过，那把鸟铳的枪口对准的不是烧杀掳抢的日本鬼子，而是振翅飞翔的天鹅、大雁和野鸭。他的枪法极准，百步之内，一枪一个“眼对穿”。说到那段历史，张长龙的话便格外少了，只是吞吞吐吐地说了一句，他的左耳就是猎雁时被鸟铳轰轰的巨响震聋的。他说，这是报应。后来，他的鸟铳被公安部门收缴了，人也险些被带走。现在他的上衣口袋里揣着助听器，双耳戴着耳麦，听力倒也无碍。我几乎不用太大的声音讲话他也能听到。

一个人的出现令他改变了自己的活法。

那个人是一位鸟类学家，叫邢莲莲。二十一世纪初期，作为内蒙古大学教授的邢莲莲带着研究生来乌梁素海搞鸟类调查，请张长龙当向导。邢教授学识渊博，待人谦和。在接触的过程中，张长龙跟她学到了许多鸟类知识，知道了自己过去猎鸟掏鸟蛋是错误的，鸟类是人类的朋友。从此，他成了乌梁素海湿地保护区一个不拿工资的编外管护员。他划着一条小木船整天出没于芦苇荡中，发现猎鸟掏鸟蛋的不法分子，或者上前制止不法行为，或者没收猎具将盗猎者扭送到森林公安派出所，接受处理。起初，人们以为他是“吃官饭”的管护员，惧他三分。后来知道了，他不过是个编外的管闲事的人，并无执法权，便不再把他当回事了。那些混混们还笑嘻嘻地送给他一个外号：鸟长。

鸟长鸟长鸟长。这两个字用河套话读出来并不怎么好听，何况，张长龙知道，那些混混们给他起这个外号心里是啥意思。可是，张长龙一点也不生气，鸟长就鸟长，鸟长也是官啊！

鸟长？——哎，是我。

鸟长吗？——哎哎！是我，我是鸟长。张长龙笑嘻嘻地答应着。

鸟长是什么级别的官呢？股级？科级？县团级？还是司局级？张长龙的脑子里莫非注进水了吧。鸟长管的不是鸟，是管打鸟主意的人哩。管人？呸！呸呸！有那么容易吗？那些戴大檐帽挎六四手枪，屁股后面挂着明晃晃手铐的警察管人都管不住，就凭你那点儿打鱼摸虾识鸟的本事，还能管住人？张长龙，你回家照照镜子吧。家里要是没镜子，你就一猛子扎到海子里呛几口水，清醒清醒吧！

（四）

真是灌进水了。

张长龙不但不清醒，脑子里的水反而灌得越来越多。他把家里的十几亩苇滩交给儿子照看，自己一头钻进芦苇荡，不见了踪影。

张长龙在芦苇荡里搭了个窝棚，安营扎寨了。他每天都划着小船，在海子上巡护……机警的眼睛瞪得大大的，神出鬼没的样子就像当年白洋淀里的雁翎队员。只是孤单单的，手里缺少壮胆的家什。唉，要是那杆老鸟铳还在手里就好了。

幸亏，裤腰里还掖着枣木杆儿的白铁烟袋。乏了，掏出圐圙布伦烟叶子，装进白铁烟袋锅子里，点燃，吧唧吧唧吧唧，吸上几口。累了，掏出圐圙布伦烟叶子，装进白铁烟袋锅子里，点燃，吧唧吧唧吧唧，吸上几口。困了，掏出圐圙布伦烟叶子，装进白铁烟袋锅子里，点燃，吧唧吧唧吧唧，吸上几口……三伏天，芦荡里的蚊子巨多，却没有一只敢叮鸟长张长龙的。他的那杆枣木杆儿的白铁烟袋是他驱蚊的秘密武器。未及近前，蚊子们早被白铁烟袋锅子里散出的那股烟袋油子味儿熏晕了。

——哗哗哗。——哗哗哗。一片水域里，一对疣鼻天鹅正在觅食。瞧瞧，那白净的羽毛，长长的脖颈，在水面上形成的弧线多美呀！张长龙赶紧按灭白铁烟袋锅子里的烟，泊了木船，猫在芦苇丛后面静静观察。

张长龙从邢莲莲教授那里得知，疣鼻天鹅又名哑声天鹅。它的叫声沙哑，并不尖利。疣者，就是鼻端凸起的肉球球，所以，疣鼻天鹅也叫瘤鼻天鹅。这种天鹅体形大，个体重，有“游禽之王”之说。它的特征鲜明，嘴是赤红色的，在水中游动时，脖子常常弯成“S”形。在天鹅中，要数疣鼻天鹅最美了。远远看去，在水面上漂浮的疣鼻天鹅如同身披洁白婚纱、涂着红唇的新娘。据说，俄罗斯芭蕾舞《天鹅湖》中模仿天鹅的舞步，其艺术灵感就来源于疣鼻天鹅戏水的场面哩。

——哗哗哗。——哗哗哗。两只天鹅互相追逐着，水面上溅出无数水点。水波跟着水波，一圈一圈向四周扩散着。可惜，那些水点和水波有些污浊，黏稠稠的。水面归于平静，疣鼻天鹅用自己长长的喙清理着羽毛上的污渍。

忽然，两只疣鼻天鹅警觉起来，伸长脖子向芦苇丛中打量着什么。张长龙定睛一看，在离自己几米远的苇丛后面探出黑洞洞的枪口，正向天鹅瞄准呢。说时迟，那时快，张长龙从木船上一跃而起，扑向那个持枪人。“嗵！”“嗵！”——枪口对着天空响了。“扑啦啦——！”两只疣鼻天鹅飞走了。

干什么！你？是湖匪吗？我不是湖匪，我是鸟长，不准你打鸟。

那个持枪人是有来头的，是旗里某个部门的头头。他是专门开着一辆越野车来打猎的。不想，却让张长龙坏了兴致。他说，我是某某单位的什么什么长，想吃天鹅肉，你走开，别碍事。张长龙说，你别打天鹅的主意，我不管你是什么什么长。要吃天鹅肉也行，可你必须先吃我的肉。那位头头说，你找死吗？张长龙笑了，说，是啊！就是想找死，不然你怎么能吃到我的肉呢？那位头头咔咔两下又装上了子弹，拿枪对准他的额头。那是一支双筒猎枪，枪筒锃亮锃亮的，透着寒气。张长龙拿出那杆枣木杆儿的白铁烟袋，不紧不慢地装上一锅子囫圇布伦烟叶子，点燃，吧唧吧唧吧唧，吸上几口，噗地把烟吐出来，说，你们这些什么什么长，开着公家的车，拿着公家的薪水，却不干公家人该干的正经事，打鸟猎雁，捕杀天鹅，祸害野生动物，这是违法的啊！我的老鸟铳都被收缴了，你的双筒猎枪是哪儿来的？你有持枪证吗？告诉你吧，你的车号我已记下了，别看你现在耀武扬威，过些天就会有人找你了。

终于，双筒猎枪的枪口从他的额头无力地移开了。持枪人立刻变成一副笑脸，笑嘻嘻地说，逗你玩呢。别当真呀！——呵呵呵！

张长龙的额头上留下一个圆圆的印儿。

……张长龙告诉我，其实那些当官儿的并不可怕，只要你抓住他的软肋，他一准就软了。张长龙说，最难对付的倒是那些投毒的人，因为很难现场抓到他们。

那年秋天，张长龙在巡护时，发现有人在芦苇荡中投毒，毒死了不少野鸭。投毒者藏在苇丛中不露面，根本抓不到。怎么办？张长龙心生一计：假扮渔民在海子里撒网捕鱼（他本来就是渔民），然后故意把船摇进芦苇荡，捡拾被毒死的野鸭。投毒者在苇丛后面露露头，缩回去了。再露露头，又缩回去了。张长龙瞥了一眼，不言语。他弯腰捡起一只野鸭子，扔进木船里，嘴里叨叨着，说，晚上红烧野鸭子肉，可得美美喝几壶啊！弯腰，再捡；再弯腰，再捡；……数了数，整整三十只野鸭子。他假装心满意足了 。他躺在船头，掏出囫囵布伦烟叶子，装进白铁烟袋锅子里，点燃，吧唧吧唧吧唧，吸了几口，一缕一缕的青烟向芦苇荡里散去，散去。他知道，那些投毒的家伙就在附近的芦苇丛中猫着呢。仰躺着的他，跷起二郎腿，嘴里哼出了酸曲——

小妹妹和哥哥脸对脸　双身身挨住肩并肩
这样的情景你说俏不俏　你说俏不俏
红圪丹丹嘴唇粉圪蛋蛋脸　好像一朵花
巧个嘟嘟小嘴说的奴话话　亲死哥哥咱
细皮皮嫩肉肉水淋淋的眼　说话带笑脸
年轻人看见妹妹心里就甜　不知该怎间
久旱的庄禾苗苗杆瘦叶子稀　就缺一池水
哥哥我白明黑夜睡着梦中想　怀中抱着你

哼完酸曲，他用力吧唧几口烟，吧唧吧唧吧唧，然后将白铁烟袋锅子里的烟灰在船梆上磕了磕，烟灰就纷纷落进海子里了。他把那杆枣木杆儿的白铁烟袋掖到裤腰里，嘴里说道，收工喽！就要划船往回去。终于，芦苇丛中的人憋不住了，呼呼呼忽地站出来了。——好家伙！齐刷刷四个。

哪里走！是你的野鸭子吗？你就敢拿走！不是我的，可也不是你们的呀！无主的野鸭子我怎么不敢拿走？嗨！狗日的！还真不把自己当外人了。怎么不是我们的——是我们刚刚毒死的！好！有种！再说一遍！

——是我们刚刚毒死的！野鸭子是我们的。狗日的，你还要抢不成？

行！我要的就是这句话。你们的野鸭子，我还给你们，不过不能在这儿给，你们得跟我去个地方啦！哪儿呀？——森林公安派出所。四个家伙，眼里闪着凶狠的光，向他围拢来，并噌噌地窜到他的船上，抢夺野鸭子。张长龙未等那四个家伙站稳，用脚使劲一晃，就把他们晃进水里。扑通！扑通！扑通！扑通！接着，他掏出那杆枣木杆儿的白铁烟袋，一个一个敲他们的脑壳——叫你们投毒！叫你们投毒！四个家伙在水里哇哇哇乱叫。

这时，保护区管护站站长杨军带领几个管护队员及时赶来，那几个家伙乖乖就擒。从此，在乌梁素海，鸟长张长龙的名字令盗猎分子闻风丧胆。报纸、电台、电视台的记者纷纷来采访他，张长龙成了远近闻名的名人。许多专家来乌梁素海考察鸟类，许多摄影家来乌梁素海拍片子，都指名请张长龙做向导。考虑到张长龙没有工资，家庭生活也比较困难，于是，乌梁素海湿地保护区管理局作出决定，允许张长龙做向导每天收费一百元钱。不过，保护区管理局局长岳继雄告诉我，他挣的那点钱大部分都买药给疣鼻天鹅及其他生病的鸟治病了。唉，这个鸟长啊！

狗日的，不让我们猎鸟掏鸟蛋，他却做向导赚钱——把他扔进海子里喂王八！盗猎分子放出话来。张长龙闻知，哈哈哈乐了。要是乌梁素海还有王八就好啦！

一个燥热的中午，乌梁素海上空旋飞着的天鹅突然哀鸣起来。原来芦荡深处，升起一股浓浓的烟——张长龙的窝棚被人点着了。腾腾腾，一把火，眨眼间便把苇草和香蒲搭成的窝棚烧得精光。好险啊！当时张长龙若不是在海子上巡护，或许真被烧成灰了。张长龙未被吓退，他割了些芦苇和香蒲，又把窝棚搭起来了。

有我张长龙喘气，你们就别想打乌梁素海的主意。——张长龙咬咬牙，说。

唉，乌梁素海一定是出了问题。

打乌梁素海主意的人，个个憋得都快疯了。

（五）

我是在一只游艇上见到张长龙的。

他的皮肤黝黑黝黑的，小平头，脸上满是皱纹，像是陈年的核桃一样。他穿一件灰色的短袖T恤衫，口袋里放着个助听器，裤腰里掖着那杆枣木杆儿的白铁烟袋，眼神中隐隐地透出一种忧郁。

这几年，张长龙是越来越不开心了。他的不开心源于乌梁素海的水。乌梁素海的水质是越来越差了，由于工业废水、农业废水（农药、化肥含氨氮、汞和高锰酸钾的指数严重超标）和生活污水的涌入，乌梁素海迅速富营养化，淤泥越积越厚，芦苇不断疯长，黄藻不断疯长，水域面积缩小，海子的底儿抬升，平均水深已经不足一米了。这是怎么啦？——张长龙自言自语，乌梁素海一定是出了问题。

乌梁素海要成为死海吗？在他的记忆中，乌梁素海的水是流动的。它接纳了上游灌区浇灌农作物排下来的水后，经过自身的生物净化，又排到黄河里了。如今，乌梁素海的水怎么就不流动了呢？酷暑的天气里，海子的水面上还弥漫着一股股隐隐的腥臭味儿。唉，乌梁素海一定是出了问题。是的，采访过程中，我的确闻到一股腥臭味儿。同时，我还惊讶地发现，在我想象中那一望无际的碧绿湖水，实际上已经被污染成黑红黑红的颜色，湖面上偶尔还能看见漂浮的小小的死鱼。那小小的鱼，是鲫鱼，长不过一寸。当地人，或者知情人，是从来不吃这种鱼的。张长龙说，乌梁素海仅有这种小鲫鱼了。张长龙说，怕是用不了多长时间，连这种小鲫鱼也要绝迹了。

说话间，我们的游艇已经驶入一处相对宽阔的水域。

只见海子的深处，生长着团团簇簇，如丝如棉的黄藻绿苔，像是一张巨大的海绵覆盖并充塞着水面。如果不是按照事先割出的水道穿行，我们游艇的螺旋桨怕是早被黄藻绿苔裹住了。当我们乘坐的游艇在水道的汊子里拐弯折返时，螺旋桨所搅起的那夹杂着黑色淤泥的层层黑浪，散发出一股股酸腐刺鼻的腥臭味儿。——活水变成死水喽！

唉，乌梁素海一定是出了问题。

活水变成死水的原因是什么？乌梁素海湿地保护区管理局局长岳继雄说，活水变死水的主要原因是利益驱动。一些外地商人承包租赁了乌梁素海周边的芦苇滩地，大面积经营芦苇。为了让那些芦苇长得更好，卖更多的钱，那些苇商们就雇人筑起一道一道的土坝，把水放进来，却不放水流出去。特别是乌梁素海的下梢，都被这样的土坝一道一道地分割了，本来是流动的活水，现都成了死水，芦苇在死水里疯长，生活在死水中的疣鼻天鹅和野鸭、大雁等水禽却不断地出现死亡现象。虽然政府发文明令不准筑坝，保护区的管护队员也多次现场制止，但由于权属等复杂的原因，苇商雇人筑土坝的行为仍然屡禁不止。

那纵横交错的土坝割断了乌梁素海的喉咙，它能喝水，但无法下咽啊！退一步说，它能咀嚼，但不能让有效的营养保证肌体的健康啊！

张长龙一看到那些土坝，心里就来气。月黑天，他曾偷偷用铁锹把那些土坝掘开一个一个的口子，让水流动起来，可用不了多长时间，那些口子就又被合上了。他之所以恨那些土坝，是因为土坝里疯长的芦苇阻挡了疣鼻天鹅的起跑飞行。疣鼻天鹅的体重接近鸟类飞行的重量极限。小型的鸟类，只要展开翅膀，双腿用力一蹬，就能很快飞向高空。而疣鼻天鹅却不行，它个头太大，必须有一百二十米以上的跑道并且通过“九蹬十八刨”，才能产生足够的起飞速度，飞翔起来。

天鹅喜欢在芦苇荡中觅食，可如果芦苇荡太过茂密，没有一定的水域空间，没有“九蹬十八刨”的助跑距离，那么一旦遇有紧急情况，往往就会给它们带来致命的灾难。

美，常常是面临着危险的啊！

（六）

这是法国作家布封笔下的天鹅——“天鹅的身形丰腴，线条优美，晶莹洁白，散发着我们欣赏优雅和美丽时感到的那种畅快和迷醉。它的要求很少，只要求宁静和自由。它是水禽中的王。”

乌梁素海是我国著名的“天鹅之乡”。

野生疣鼻天鹅目前在我国仅有一千多只，而在乌梁素海就有六百多只。每年三月末，这些疣鼻天鹅就会准时由南方迁徙到这里。鸟长张长龙掰着手指头说，三月十二号到，一天都不差，年年如此。天鹅真是有灵性的鸟呀！四月底，它们开始在芦苇丛中筑巢，接着就下蛋孵化后代了。

在船头，在芦苇荡中，在窝棚里，在瞭望塔上……张长龙记下了十几本“疣鼻天鹅观察记录”，每年都要绘制一张“疣鼻天鹅巢位图”。他把保护区内有多少鸟巢，在什么部位，每个巢中有多少枚蛋，孵化出多少雏鸟，甚至连上一年孵化出的天鹅今年有多少返回来，哪些是第几代成鸟等都详尽地记录下来。邢莲莲教授说，这些观察记录具有重要的科学价值，是研究疣鼻天鹅生活习性及与乌梁素海生态演变关系的第一手资料。我在乌梁素海采访时，翻看过那些浸着水渍，卷着边边的“观察记录”，内心油然生出一种崇高的敬意。

疣鼻天鹅喜食水草，特别是龙须眼子菜和孤尾藻等水沉水草。张长龙观察发现，一只疣鼻天鹅一天可以吃掉方圆两平方米内的十五公斤水草。假如一只疣鼻天鹅在乌梁素海一年觅食两百天，那么就会有四百平方米三千公斤的水草被连根吃掉。一只疣鼻天鹅就吃掉这么多水草，那六百只呢？——疣鼻天鹅是净化乌梁素海的神鸟啊！

疣鼻天鹅的巢是用苇叶苇茎和苇茬子筑起来的，层层叠叠的，远远看去就像一个一个的柴堆。如果水面上升，天鹅就用自己灵巧的嘴，咬断附近的芦苇，选择合适的材料，再把巢加高。疣鼻天鹅的蛋个头很大，一般一巢有五到八枚。鸟类学专著说，疣鼻天鹅产蛋最多在九枚。可据鸟王张长龙长期观察，乌梁素海的疣鼻天鹅最多可以产蛋十二枚。瞧瞧，生生比专著上记载的多出三枚。

疣鼻天鹅巢中的蛋上常常覆盖着一层细密的羽毛，孵化期的蛋最需要的是一定的温度，三十四度是孵蛋最适宜的温度。在孵化期，疣鼻天鹅对水质的反应也特别敏感，水中富营养过猛及其难闻的气味最容易导致孵化失败。即便幼鸟勉强出生也多半是畸形，活不了多长时间就一个一个地夭折了。

张长龙看在眼里，急在心上，上火呀！嘴上起了个大泡泡。怎么办呢？呀呀呀!——怎么办呢？

那天，在乌梁素海疣鼻天鹅核心繁殖区——苏圪尔的芦苇荡中，张长龙掏出那杆枣木杆儿的白铁烟袋，装上一锅子囫圇布伦烟叶子，吧唧吧唧吧唧，吸上几口，吧唧吧唧吧唧，再吸上几口，终于想出了一个办法。什么办法？用“漂白粉”净化水质。

他把白铁烟袋锅子里的烟灰一磕，就急急地去找保护区管护站站长杨军。哪知，杨军也正为这事犯愁呢。张长龙把自己的想法如此如此一说，杨军听后，一拍大腿，说了一个字：行。杨军立即向保护区管理局打了个报告，申请经费购买“漂白粉”。保护区管理局局长岳继雄全力支持，次日就把一笔款子批下来了。张长龙主动要求参与投放“漂白粉”的任务。酷暑天，装在船上的漂白粉气味异常难闻，张长龙被呛得差点背过气去。为了减少这种气味对天鹅的影响，必须用最短的时间，在五千亩水面范围，完成一次投放十吨“漂白粉”的任务。啊呀呀呀！每次完成任务时，大汗淋漓的张长龙累得几乎瘫在船上。

然而，当朝霞映在乌梁素海局部净化了的水面上时，望着那宁静安然的疣鼻天鹅，张长龙感到无比的幸福。尽管净化了的仅仅是苏乞尔这块小小的水域。

连续三年，经过“漂白粉”的消毒净化，苏乞尔水域的天鹅幼鸟没有出现一只死亡现象。

天鹅守护着蛋，守护着幼鸟。张长龙守护着天鹅。

疣鼻天鹅的孵蛋时间一般在三十二天左右，母鹅每天除了觅食三两个小时外，其他时间都是静静地卧在巢中孵蛋。当小天鹅破壳出生的时候，母鹅几乎耗尽身上的能量，精疲力竭了。而张长龙一颗揪着的心，才稍稍放下来。这时，他也几乎精疲力竭了，甚至连碰一下那杆枣木杆儿白铁烟袋的力气都没有了。

冬天，疣鼻天鹅不在乌梁素海的那些日子，张长龙是落寞而惆怅的。

唉，乌梁素海一定是出了问题。

乌梁素海冬天结的冰也是黑红黑红的了，那冰有一米多厚，几乎冻绝底了。海子里即使还有大鲤鱼也不能活了，缺氧。一片肃杀凄凉的景象。

疣鼻天鹅去了哪里？飞到南方的某个地方越冬去了。张长龙的心也跟着飞走了。——疣鼻天鹅在哪里，张长龙的心就在哪里。

嘎嘎——！嘎嘎嘎——！这是多么伤感的鸣叫啊！这伤感的声音总是在张长龙的心里回荡。并且，日里夜里折磨着他。

布封说："在所有临终时深深感动我们的动物中，只有天鹅在弥留之际还在唱歌，用它的和鸣作为它最后叹息的序曲。天鹅发出如此温和、如此动人的音调，是在它行将断气的时候，向生命作凄凉而深情的告别。那是令人悲恸的挽歌啊！——低沉哀怨，如泣如诉。甚至在晨曦初露，或者风平浪静的时候，我们还能真真切切地听到。"

或许，有一天，天鹅真的就不来了。

(七)

现在的乌梁素不是早先的乌梁素海喽！

路德维尔在他的《尼罗河传》里说："朝代来了，使用了它，又过去了，但是，它，尼罗河——那土地之父却留了下来。”乌梁素海曾经是那么的富庶和美丽，养育了世世代代的乌梁素海人，今天它自己却出了问题。它的问题，不是它自己的问题，而是我们的问题，正是我们无休无止地滥用水，污染水，不尊重水，不节约水，才导致了水的问题，乃至乌梁素海的问题一天比一天严重。

其实，出现问题的湖泊不仅仅是乌梁素海。

一九七二年，罗布泊干涸。一九九二年，居延海干涸。二〇〇五年，滇池全湖出现富营养化，严重污染。二〇〇七年，太湖蓝藻爆发，引发一场震动社会的水危机。令人忧心的报道，一个接一个。洞庭湖、巢湖、鄱阳湖的生态系统也遭到了不同程度的破坏。这是怎么了？江河湖泊的气数已尽？还是这个世界疯了？………。

物与物关系的后面，从来都是人与人的关系。

乌梁素海还有救吗？

乌梁素海的未来，取决于我们今天的认识和行动。

它，或者彻底死掉，或者绝处逢生。

然而，在这个春天，天鹅还是来了。

因为它们知道，有一个人日里夜里盼着它们归来呢！

嘎嘎——！嘎嘎嘎——！天鹅的叫声从空中滴落下来，张长龙蹲在船头把助听器对准天空。他听到了那熟悉的声音，老伙计们，终于把你们等来了。他故意不看空中，眼睛眯成一条线——

眼前的乌梁素海仿佛又变成早先的那个美丽的乌梁素海了。鲤鱼、鲢鱼、草鱼、胖头鱼、白条鱼在海子里自由自在地游着，偶尔大个的鲤鱼啪地跃出水面，划出一个漂亮的弧线，又潜入水底了。王八和泥鳅最喜欢在沼泽地里拱来拱去，那里有它们爱吃的蚯蚓和浮游生物。牧人的套马杆插在水里，晃几晃，就立住了——不是它不倒，是鱼多得挤的它倒不了。

红荷白荷粉荷静静地开着，煞是好看。栖在开着米粒般白花的菱角叶子上的青蛙呱呱叫着，把睡莲也唤醒了。蜻蜓赶来凑热闹了，三三两两的，这个落下去，那个飞起来。芦苇照旧是茂盛的，如墙如帏。芦苇边上是草滩，如毡如毯的草滩，直铺到阴山脚下，直铺到土默川边边，直铺到乌兰布和沙漠腹地，直铺到乌拉特草原。

在芦苇荡中间是一片开阔的水域。野鸭子嬉戏着，溅起一串串的水花。接着，呼啸飞起，在海子的上空盘旋两圈，就似暴雨一般，啪啪啪地砸到乌梁素海的另一边去了。

嘎嘎——！嘎嘎嘎——！天鹅，疣鼻天鹅出场了，这是乌梁素海真正的主角。它是那么的优雅和美丽，令我们的视觉畅快而迷醉。

——乌梁素海本该是这样的啊！

北京的山

树木果实

水杉王

水杉王，——利川的符号。

水杉王，——利川的标志。

在外地，利川人自我介绍时，常常会说“我们是水杉王那个地方的人”。——话里透着某种底气和自信。

王者，同类中的头号也，或曰最大最强的个体也。一棵树，就是一个世界。一棵树，就是一部自然史。

在一亿五千万年前，水杉原本和恐龙一样普遍，在第四纪冰川时期，大部分动物和植物灭绝了。恐龙成了化石，水杉成了化石。那时候，地球上还没有人类这种动物。人类出现是后来的事情。

人类在地球上出现后，面对的水杉，仅仅是化石。南极圈没有发现活的水杉，北极圈没有发现活的水杉，美洲没有发现活的水杉，欧洲没有发现活的水杉，非洲没有发现活的水杉。于是，植物学界宣布，水杉在地球上已经彻底消亡了。

可是，它真的消亡了吗？这是个问题。

利川的这棵水杉王，注定要与几个科学家的名字联系在一起。他们是：干铎、王战、郑万钧、胡先骕。

一九四一年，植物学家干铎经过谋道，发现了这棵似松非松，似杉非杉的参天古树。他拾起几片枯叶，夹在一个本子里，却在旅途辗转中不慎遗失了。一九四三年，林学家王战前来采集了叶子、树枝、球果，并将标本编号“王战一一八号”（现存江苏省林科院标本室）。王战是我敬重的林学家，他是头一个率队考察神农架的科学工作者。他发现和鉴定的植物新品种就有六十多个。他在二十世纪七十年代，就发表文章呼吁，如果不进行生态建设，“长江确实有变成黄河的危险”。

之后，经过多年潜心研究，植物学家郑万钧和胡先骕将此树鉴定为水杉，并发表了水杉新科及生存之水杉新种的论文。这一研究成果轰动了世界。——被誉为二十世纪植物界最伟大的发现。

有人会不以为然——这有什么伟大的？水杉本来在自然界就

存在着，这些专家稀里糊涂没有找到，就说它在地球上消亡了。这哪里是“伟大的发现”，分明是专家的失职，不尽责，是科学精神的缺位嘛！

然而，我要说，——错了。

水杉王的树龄是六百年，这是地球上活着的年龄最长的水杉了。有七百年的吗？没有。有八百年的吗？没有。有一千年的吗？更是没有。由此向上追溯，统统没有。那么，上溯六百年至一亿五千万年期间的水杉在哪里呢？——石头里。

一切静悄悄，毫无声息。

打个比喻吧——一亿五千万年前，恐龙本来被冻死了，变成了化石，若干年之后，在我们眼前的石头里，突然跳出一只活的小恐龙，会是什么情况？

然而，现实版的小恐龙终究是没有跳出来，但是，却真的跳出了一棵水杉，不，准确地说，五千六百六十二棵。这说明什么？——说明水杉的种子没有死，它一直活着，活在石头里，活在梦想里，活在传奇里。

“以绝望之心，行希望之事”——百年，千年，万年，千万年，亿万年，只是为了等你。

我至今不解的是，水杉本来遍布地球大陆很多地方，其他地方全部消亡了，为什么偏偏这里的种子活了下来？可以断定，它的身上一定深藏着许许多多的密码。

水杉王，生长在利川市谋道镇磨刀溪边。谋道镇地处鄂西南边陲，素有“东局荆楚，西控巴蜀”之说。古称“磨刀溪”。为商贾觊觎之所，兵家必争之地。民国年间，四川总督赵尔丰为此地一关帝庙题写楹联——“大丈夫磨刀垂宇宙，士君子谋道贯古今”，并主张，“尚武可轻，修文该重”。于是，磨刀改为谋道。或许，这个赵总督文人出身，是个有情怀的人，对磨刀霍霍，坎坎伐檀的事情很是反感。不然，怎么会改名呢？

据利川的朋友讲，磨刀溪里的石头，个顶个的好，软硬适度，脾气温顺。早年间，河床里的石头被当地人拣出来，用作磨刀石。——磨砍刀，磨剪子，磨凿子，磨斧头。磨出的刀刃锋利无比，寒光闪烁。

然而，刀器毕竟是与向善反向的。磨刀，意味着对抗自然，杀戮生命，滋长贪欲。而谋道，谋自然之道，才是尊重自然，顺从自然，涵养灵魂。今天来看，赵总督算是有见识有眼光的人。——名字改对了，后面的很多事情就跟着对了。

那时候，赵总督见没见过这棵水杉王呢？——不得而知。如果见过的话，依他的性情，也许会写首诗的。

想想看，这棵水杉王的存在，的确是一个传奇。六百年间，发生了多少事情啊！可是，它，居然躲过了刀斧，居然躲过了雷击，居然躲过了虫蛀，居然躲过菌蚀，居然躲过了战乱，居然躲过了人的贪念。

一次一次。一回一回。一起一起。一例一例。

史料载，二十世纪五十年代末期，利川毁林之风盛行——毁林开荒，毁林烧炭，毁林挖药，毁林种粮，毁掉了大片大片森林。然而，水杉王依然在那里。

“大跃进”和“大炼钢铁”时期，利川有数百口窑眼，上万口炉膛，炼钢炼铁烧掉不计其数的木材。火光烁烁，铁花灼灼。从齐岳山到利川县城一望无涯，举凡森林，无论古木、巨木、稀木和名贵经济树种，皆做炼铁之薪，砍伐殆尽。然而，水杉王依然在那里。

一九六七年，“修大寨田”，无论大树小树一律铲除，光是黄泥塘、甘溪山一带就铲除柳杉三千五百七十二棵、核桃树一千余棵。然而，水杉王依然在那里。

火，森林之大敌。在林区，大事万千，防火第一。可是，火，防不胜防。火，还是要烧起来。——一九四九年至一九八六年，利川共发生大小森林火灾一千七百七十一起，烧毁林木四百万棵。然而，水杉王依然在那里。

二十世纪八十年代，由于经济发展的需要，木材和竹材的需求剧增。为了实现所谓的经济指标，文斗、团堡、谋道、朱砂、箭竹溪、小河、凉雾山、长坪、兴隆口等地均大肆伐木，干劲高昂，斧锯不歇，许多山林被剃成光头。十年间，砍伐木材近二十万立方米。然而，水杉王依然在那里。

终于，我见到了这棵水杉王。在那里，在那里。

忽地一下，我瞪大眼睛，投去的目光里是满满的惊喜和敬意。远远望去，它既有无尽的延伸感，也有未知的神秘感。

它，像是天宇下肃穆庄严的宫殿里的一尊神。具有恍如隔世的高古气质，充满巨大、神圣和永恒的能量。我凝神静气，不敢有一点造次。迈出的步子都是轻轻的。在它面前，我完全辨别不了方向，仿佛过去和未来都不存在了。存在的，只有它了。忽然，天空就滴下一些雨点，落在头上，落在面上，落在手掌上。远处的青山之间，霎时就升起了忽明忽暗的幽灵般的弧圈，在若有若无的云雨中闪闪发亮。

渐渐地，我被一种强大的气场包围起来，耳鼻喉眼，连同心和肺被不知不觉地洗过了。

它，高三十五米，胸径五点四七米，冠幅二十二米。虬枝俊朗，蓊蓊郁郁。我用手机拍下它的巨大树干，它的侧枝，它的叶子，它的小芽，它的树体上的苔藓。它在这片土地上站立了这么久，它把时间和空间并置了，它用手臂和身体撑起了这片天空。

空气湿漉漉的，水杉王的树下，乃至四周弥漫着一种神秘气息。它本该在石头里，以某种栩栩如生的图案，供人们猜测、观赏、研究，甚至成为一遍一遍谈论的话题。然而，——不！

它，陡然间，从石头里跳出来了，然后稳稳地矗立在那里，创造了一个神话。它，颠覆了固有的逻辑，颠覆了我们所有的认知和想象。

这里是磨刀溪的源头，从来就不缺水。溪里的水常年汩汩不歇，清澈如碧。然而，水杉水杉，因水而欢喜，可是，水过多，也不都是欢喜了。因为，水过多，就会导致烂根现象。

前些年，水杉管护站长范深厚发现，水杉王的树叶发蔫，树势减弱。便吃不下，睡不香了。查找原因，却发现磨刀溪离水杉王不远的地方，被人用石块垒了一个小坝子，拦住了欢畅流淌的溪水，形成了一个水深过膝的小水塘。妇女们取水洗衣洗菜自然是方便了，可是，水杉王的根却被泡在水里了。

范深厚虽然心里很急，但是他知道做村民的思想工作不能硬来，要讲究方法方式。于是，他把那些妇女召集到水杉王树下，给大家开了一个现场会，讲清了“养树重在养根”的道理，讲清了水杉王的存在对谋道镇来说意味着什么。本来，叽叽喳喳的妇女们还有不同意见，听了范深厚的一番话后，一下安静下来。接着，各自抄起家什，怀着一颗愧疚的心，把那个小水坝拆除了。

次年春天，水杉王的叶子又鲜亮如初，树枝树冠又打起精神，昂起头了。

水杉王四周的山叫凤凰山，水杉王及其磨刀溪是在山谷的最低处——盆底儿上。夏季，此处恰好处在雷区。雨天，滚滚雷声令人恐怖。据范深厚观察，水杉王已经多次遭受雷劈，树冠上跌落下来的炭状物就说明了一切，好在只是几根梢枝，几片树叶，倒无大碍。

为了不引起恐慌，范深厚也就没有声张。

但是，范深厚却意识到了危险，——万一雷击起火怎么办？

他和管护员们从废品收购站找来铜线，蹭蹭蹭，猴子一般爬上树去，在树冠上架起了简易避雷针，几个夏天过去了，倒也平安无事。可是，某日，来了一位上级领导，事情又发生了转机。那位领导背着手，在水杉王树下转了一圈后说，树冠上那些横七竖八的铜线太难看了，影响景观啊！能不能在四周的山上架设避雷针呢？范深厚说，能架设呀，可就是没款子啊！

那位领导盯着范深厚看了半天，没言语。回头又看一眼水杉王，走了。

几天后，一笔专项资金下拨到管护站的户头上。

范深厚乐了。——竟不由自主地哼出了几句小曲。

如今，来参观水杉王的人，驻足环顾凤凰山时，就会发现三座山峰上各自耸立一个塔状的高高的避雷针。那三处避雷针，足足高出水杉王十几米。是的，多少年过去了，山谷里无论怎样的雷鸣电闪，水杉王都安然若之。这里有最好的黎明，这里有最好的黄昏。当然，这里也有最好的梦境。

水杉树的特点，可以用十二个字来概括，那就是——生长迅速，树形优美，耐寒耐湿。

“在水杉王面前，全世界的水杉树都可以称为它的后辈。”范深厚说，“几十年来，从水杉王身上采集了大量的种子引种到全国各地，乃至很多国家。掰着指头数数，如今，水杉王的子孙已经遍布八十多个国家和地区。”

我问：“水杉树到底有什么价值呢？”

范深厚说：“它的价值有待逐步认识，随着科学的发展，它身上的密码，会被一点一点解开。”

二〇一三年，经全体市民投票，政府审定，人大会议通过，水杉，已被确定为利川市市树。

作为“活化石”，水杉具有重要的科学价值和文化意义。为了纪念水杉的重大发现，中国邮政发行“水杉”邮票一套三枚。周恩来总理曾把水杉王的种子作为国礼，赠送给英国、朝鲜、阿尔巴尼亚等国家。美国前总统尼克松把自己心爱的游艇起名为“水杉号”。一九七八年，邓小平访问尼泊尔时，将一棵水杉树亲手种植在尼泊尔皇家植物园。

近年来，水杉成为全国最广泛种植的行道树种和观赏树种之一。有趣的是，引种到江苏、河南、安徽等地的水杉比利川原生地人工种植的水杉树干更为通直，更为挺拔。树冠呈现更为规则的圆锥形，且叶片艳丽耀眼。

就“彩叶树”而言，有“北香山，南栖霞”之说。——所谓“北香山”，是指北京香山的黄栌；而“南栖霞”是指南京栖霞山的枫香。深秋季节，香山的黄栌和栖霞山的枫香，一夜之间，层林尽染，满目橘红和深红色，鲜亮璀璨。然而，有专家告诉我，那是你还没有见过深秋后的水杉彩叶，引种到北欧和北美的水杉彩叶之美，胜过黄栌，胜过枫香。——是吗？我看了一眼他发给我的水杉彩叶“网红照片”，不禁大吃一惊。啊呀！

决定植物叶片色彩的因素，是叶片细胞中的叶绿素、类胡萝卜素和花青素三种色素的相对含量和分布。这是一个生物学问题，就不去探讨了吧。

当然，影响水杉叶片色彩的因素，主要还是取决于它的基因和生境，然而，它自身的潜能——那个藏在叶片里的美，只要有了对的空间和对的时间，它就会尽情地释放出来，绚丽无比，令人迷醉。

这一切，是水杉王遗传的基因在暗暗发力吗？还是后代个体固有的灵魂和精神在起作用呢？——我无法解释。是的，它的踪迹，它的故事曾经被苔藓被蕨类植物包裹着，被石头包裹着，被时间包裹着。隐蔽，莫测，毫无声息。

它，消亡了，是谜。

它，存在着，就更是谜了。

塘源口猕猴桃

浙西塘源口，有一样东西在有二十个国家首脑出席的某某峰会上获得美誉。那样东西猕猴爱吃，人见了猕猴爱吃便比猕猴更爱吃了。据说，出席峰会的人场面上斯文得体，背地里吃起猕猴爱吃的东西，却个个可爱无比。闻知，虽然有些意外和惊喜，但塘源口人很淡定，就像树下的土蜂桶，沉静稳健，从容不迫。

那样东西不用我说，人人都知道了——猕猴桃。

头一回吃塘源口猕猴桃，有一种初恋的感觉。初恋的感觉是什么感觉？别问我，问我我也不会说。你初恋时是什么感觉，就是什么感觉。剥开那层薄薄的皮即露出了翡翠色的肉，黑黑的籽儿，向内聚集，密密实实，纹路清晰地紧紧地抱成一团，那团里是黄色的心。或许，猕猴桃的一切秘密都藏在那黄色的心里了。轻轻咬一口，微酸甜润的味道，沁入心脾，继而通体清爽了。

我在猕猴桃藤架下直起身来，禁不住叫了一声："此地猕猴桃甚好耶！"

塘源口，浙西江山市一个偏远的乡，人口不多，才一万多人，没有什么工厂企业，有的只是绿水青山。然而，绿水青山也是金山银山哪！近年，塘源口因盛产猕猴桃而闻名遐迩了。

早年间，塘源口满山满岭都是野生猕猴桃。浙西闹红时，粟裕将军带领红军队伍打塘源口洪福村经过，村民就把家里屋檐下挂着的腊肉和采来的野生猕猴桃，装在竹篮里送给红军，犒劳这些帽子上戴着闪闪红星闹革命的人。

塘源口的山水实在美极了。徐霞客形容此地："怪石拿云，飞霞削翠。"深山里，常见猕猴攀岩，黑麂越涧，野猪蹭树，白鹭翻飞。据当地朋友祝君介绍，二十世纪六十年代，塘源口山林中还曾有老虎出没。老虎咬牲畜伤人事件时有发生。有村民曾捕获过小老虎，重达六十斤。看来，塘源口历史上有虎是证据确凿了。因为，我在祝君提供的一本旧县志中，也惊奇地发现此地有虎的记载。县志云："明万历九年，虎乱。东近括昌界多虎，内一虎有鬣，状如马，啮人甚众。知县易仿之募人捕获，剖腹，有指甲盈升。”好家伙，腹中剖出的人指甲，装了满满一升。升是旧时一种量器。真够吓人的。是不是扯远了？老虎跟猕猴桃有什么关系呢？这个，我还真说不清楚。不过，老虎是生态链的顶级动物。一般来说，在浙西山区有老虎出没的山林，就会有野猪、黑麂、水鹿、猕猴等食草食野果的野生动物栖息活动。不然，老虎怎么存活呢？

老虎是猕猴的天敌，猕猴要想生存，必须能够获取足够的食物，并且有足够的智慧和本领逃生，才会免入虎口。而猕猴桃，是猕猴的桃，是猕猴最爱的食物。从生态学角度来说，遍布猕猴桃的山林里，猕猴种群一定兴旺呢。想想看，猕猴在啃食猕猴桃的过程中，在搬运猕猴桃给小猴吃的过程中，在怀抱猕猴桃逃避老虎追猎的过程中，或许，无意间也播撒了猕猴桃的种子呢。这也是说不准的事情。

塘源口民间，也把猕猴桃叫作“羊桃”“藤梨”。其实，早在唐朝之前，古人对猕猴桃就有所认识。明朝李时珍在《本草纲目》中对猕猴桃的描绘也很具体，他写道：“其形如梨，其色如桃，而猕猴喜食，故有诸名。”是的，野生猕猴桃相貌的确有些粗鄙，丑陋，毛茸茸，样子怪怪，像是顽劣的猕猴的脑袋。

我在塘源口的乡间走动时，在村头在溪口在田边，常常看到有野生猕猴桃不受约束地生长，藤蔓肆意蔓延，野性十足呢！我好奇地躬身翻动藤蔓，未见果子，怎么光长藤蔓呀？当地朋友祝君笑着说，也许是让下山的猕猴偷吃了。他说，这几年，常有村民发现猕猴出没的踪影，猕猴下山偷食猕猴桃已经不是什么新闻了。本来嘛！野生猕猴桃就是属于猕猴的嘛！也算不得偷食呢！祝君说，小时候野生猕猴桃到处都是，采下来就啃，不过，又硬又酸，实在不好吃。后来，妈妈就把刚刚采回来的猕猴桃埋在稻谷里，捂上四五天之后，就软了，就开始弥漫着一股芳香气，剥皮之后，咬一口，酸甜可口，味道奇绝呀！祝君吧唧吧唧嘴巴，仿佛穿越时空又回到童年时代。

当然，今天塘源口的猕猴桃都是人工种植的猕猴桃了。若干年来，专家们已经培育出品质独特、口感甚好的品种，红心的有“红阳”，黄心的有“金艳”“金桃”，绿心的有“徐香”“翠香”等品种。

塘源口人遵循“生态农作法”，不上化肥，不用农药，不用膨大剂。猕猴桃园里养柴鸡，间种山稻。鸡吃虫，山稻保湿保墒，防止水土流失。鸡粪和山稻稻草沤成肥后还田，增加了土壤肥力，猕猴桃疯长。猕猴桃藤下的草呢，该长也让它长。时间会改变很多事情，树、藤、草、虫，自然就建立起一种稳定的生态关系。

一九〇四年，新西兰人从中国引进了猕猴桃，改了个名字叫奇异果。新西兰人喜欢这种有趣的水果，在适宜的土地上大量种植，精耕细作，产出的果子也确实好，除了自己吃以外，还大量出口，当然也出口到中国，赚了不少中国人的钱。于是，渐渐地，给人们造成一种错觉，似乎猕猴桃原产地在新西兰了。错了，错了！猕猴桃的原产地在中国呀！在中国的哪里呢？当然，我不能一一列举出来，但是，有一个地方是可以肯定的，那就是浙西江山，江山的塘源口是真正的原产地之一呢！

二十世纪七十年代，塘源口乡洪福村一个村民在山上放牛时，用柴刀砍柴，不经意地也砍了几根猕猴桃藤条背回家，扔到后院便没再理会。哪知转年春天，那几株猕猴桃藤条竟然生根发芽，全部活了，一片生机。随它们长吧，那位村民也没有特别在意。几年之后，那几株猕猴桃的藤蔓覆盖了整个后园，还生生结下了一嘟噜一嘟噜的果子。成熟之后，村民一吃，呀呵，味道不错嘛！于是，上山又砍回一些猕猴桃藤条，扦插到地里。或许，那位村民自己也没有意识到，他不经意的举动竟掀开了新的一页——塘源口人工扦插种植猕猴桃的历史开始了。至二十世纪八十年代，塘源口人又分别从江西奉新、江苏徐州引种，选育良种壮苗取得成功。从此，塘源口人生活中，猕猴桃占据了重要的位置。全乡有一千三百五十户，近四成人口种植猕猴桃，而经销几乎是全民性的了。猕猴桃成熟的季节一到，塘源口人每天微信上刷屏的就是猕猴桃了，微商已经把生意做到园里地头，甚至做到每棵树上每枚果子上了。

重庆有个大眼睛女孩子特别喜欢吃猕猴桃，她隔三岔五从全国各地网购，吃来吃去，就有了比较，她执意认为，浙西塘源口的猕猴桃最好吃。这是一个凡事要搞清楚为什么的女孩子，她要用自己的眼睛看看那些猕猴桃到底生长在什么样的地方。于是，“大眼睛”从重庆坐火车到衢州，从衢州再坐汽车到江山，从江山又坐汽车到塘源口，从塘源口又坐农用车到洪福村猕猴桃种植基地，终于看到美地峻岭和青山绿水间那些静静生长的奇异果子——猕猴桃。“大眼睛”兴奋无比，似乎每个猕猴桃都在朝她笑呢，问她好呢！

据说，“大眼睛”重庆女孩，就是在那次塘源口猕猴桃产地探源之旅中，与塘源口的一位小伙子一见钟情，演绎出一段浪漫的故事。她戏称他“猕猴”，他把她唤作“猕猴桃”。他们每次约会的时候，小伙子都要给“大眼睛”带上几枚猕猴桃。甜蜜和幸福全在那猕猴桃里了。悄悄的话儿，说不完。悄悄的话儿，除了猕猴桃，无人知。

塘源口有自己的秩序和逻辑。塘源口人很节制，对经济发展有自己的看法，节奏稳健，脚步坚实。品质至上，诚信至上。不贪、不妄、不虚、不欺。拒绝一切急功近利的事物，对有损猕猴桃品质的行为说不。猕猴桃似乎内化成塘源口的标志性符号了。朋友祝君指了指自己的脑壳，笑着说：“连这个，都越来越像猕猴桃了。”我定睛打量一番，嗯，还真有那个意思。是的，猕猴桃不正代表着这片土地上的一种品格和一种精神吗？

你可以不吃猕猴桃，没有人说你人生或有遗憾。但是，我可以断定，你只要吃了塘源口的猕猴桃，你一准会爱上这种奇异的果子。咬一口，再咬一口，是微酸？是微甜？还是什么？久久回味，心醉体酥。那种久违了的初恋的感觉吗？说不清呢！

碛口枣事

柳条簸箕里晒的是红枣。

柳条笸箩里晒的是红枣。

红枣，红枣，红枣。阳光下的红枣，弥漫着淳朴、绵润、甘醇和黄河岸边特有的气息——这是碛口家家户户窑洞门口的一景。碛口的农家一年四季日日晒枣哩！某日，我蹲在窑洞门口，双手从笸箩里捧起一把红枣，然后慢慢丢下去，三个枣、五个枣、两个枣、一个枣。复捧起，复丢下去，四个枣、两个枣、三个枣、一个枣。反复几次，每次都不一样，我禁不住笑了。红枣，已经晒得红红，但是碛口人，还是每天要晒枣，就像饱满而幸福的日子越晒越红呢。

一个面如干枣的人来到碛口，瞪大惊诧的眼睛。这个面如干枣的人叫吴冠中。吴冠中说，他一生有三大发现。其一先生没说。其二是，先生摆摆手，话到嘴边了却还是没有说出口。其三呢？先生说在山西发现了碛口。他说：“这样的村庄，这样的房子，就是走遍世界都难找到了。”瞧瞧，碛口，对于这位享誉世界的画家来说，是多么的重要。也许，正是碛口的窑洞和红枣使先生获得了某种重要的灵感和启示，悟出了生命的另一种意义。

吴冠中来碛口的时间是一九八九年十月。这个季节，该收获的都收获了，树叶也都落尽了，只是枣树上还有零星打剩下的枣子。多年后，吴冠中创作了一幅国画《枣树》。先生画的不是那种枣子挂满枝头，农人喜气洋洋收获的情景，而是两棵虬枝横生的枣树，并排站立在苍茫的穹宇之下，风骨凛然。这幅画显然具有特别的意味哩！

他在那幅画的空白处还写了一行小字：故人风格老枣树。

吴冠中先生画的枣树是不是碛口的枣树呢？我不得而知。不过，我在碛口倒是见过一张吴冠中在枣树下写生画画的照片。照片中那位瘦削的面如干枣的老头儿就是吴冠中。他穿着米黄色的风衣，背靠麻石垒起的矮墙，不远处是两棵落尽叶子的枣树，矮墙那边是沟壑纵横的黄土高原。先生的神情相当专注，他看着远方的枣树，还有枣树衬托着的窑洞，画笔在写生板上一下一下地勾勒着，起起落落，时跳时跃，或轻或重，或粗或细。

据说，吴冠中特别喜欢吃枣，也喜欢画枣树。为了画千姿百态的枣树，他曾在一个农户家里住了三个月，天天写生，天天画枣。

碛口，因之吴冠中的“发现”而闻名遐迩了。

随后，来碛口写生和创作的画家、摄影家趋之若鹜。碛口，有与城市里不一样的东西。在这个浮躁而喧嚣的时代，似乎什么东西都可以速成或者速配了。而碛口却是不可复制的，一切都是那么安宁而闲适。难怪棕皮肤黑皮肤白皮肤和蓝眼睛黄眼睛黑眼睛的游客来到这里都会大呼小叫呢。

不过，头一次来碛口的人十之有九，不知“碛”字何意。碛，乃水中乱石积成的险滩。碛的特点就是弯急，浪大，石多，水浅。虽然碛字与红枣没有任何联系，但碛口的红枣确实个顶个好。

碛口位于晋陕大峡谷中段，吕梁山西麓，黄河与湫水交汇处，因湫水河每年夏季暴雨带来的砂石，冲积形成一段布满暗礁的河滩，那些暗礁挡住了浩浩的黄河之水，河面也由四百多米阔急剧收窄为八十多米宽，平静的河水顿时变成滔滔巨浪，谓之碛口也。所以，碛口不是黄河自己造就的，而是湫水在黄河上造就的。

早年间，碛口渡口相当喧嚣繁盛，每天有三五百艘船只靠岸，并行排列延绵数里，卸运货物的场面蔚为壮观。

去西柏坡的路上，毛主席东渡黄河后经过这里，看到那繁华的景象，骑在马上禁不住连连称道：“这是个好地方，这是个好地方。”

碛口的民居多建于明清两代，依山就势而建，高下叠置，从沟底到塬顶，层层叠叠。建筑形式多以砖拱顶明柱厦檐四合院为主，窑洞连着窑洞，砖、木、石雕及精美匾额比比皆是。街道高高低低，用条石砌棱，用块石铺面。不经意间，就会看到片麻石垒起的墙上用白灰浆刷的四个大字：出售红枣。字迹拙朴，透着幽默和机智。

我在碛口古镇的巷子里寻寻觅觅，为了探寻红枣文化，也为了探寻红枣与这片土地的特殊关系。遇到院子里的人，常常会被问：“作甚呢？”我说：“没事，看看。”问得简单，答得也简单。甚至，问话的人动也不动，一只手撑着头，一只手捏着红枣，照旧躺在青石板上安安静静地晒着太阳。旁边的簸箕里、笸箩里是红红的枣子，也安安静静地晒着太阳。

黑龙庙算是碛口古镇的高处了。

黑龙庙在卧虎山的山腰，正对着湫水河。山门由三道石拱门洞组成（这与碛口其他建筑气息相同），门上镶嵌着石刻对联：“物阜民熙小都会，河声岳色大文章。”靠水生活的古镇，必然要祈求管理水的神，没有这样一座庙，碛口人会魂不守舍的，就像枣树没了根一样。

站在黑龙庙的高处，千沟万壑的黄土高原尽收眼底，一处处沟沟峁峁，一道道山山梁梁上尽是稀稀疏疏的红枣林。粗壮的枣树苍劲雄浑，新栽培的小树，枝繁叶茂。不时，庙门口有枣贩推销红枣，一元钱一小袋，看得眼花，吃得嘴馋。

那日中午，我和梁衡、周明、王宗仁等作家在碛口客栈吃了一餐饭，是那种很可口的农家饭。主食是：蒸枣糕，焖小米饭，煮红薯和烀玉米。菜呢？头一道是荞面碗拖，其实，这算不得菜，应该算是小吃吧。第二道是大烩菜（五花猪肉、豆腐、茄子、粉条放在一起乱炖）。第三道炖黄河鲤鱼。没了，就这些，吃得挺饱，没喝酒。

饭后，我在碛口客栈的墙上无意间发现了一张老照片——一个个子矮小，头戴软塌塌帽子的干瘦干瘦的老头儿正在讲话。一看文字说明才知晓，原来这是民主人士李鼎铭先生在边区政府做报告呢。说的是“精兵简政”和“三三制”吧。窑洞门口一个破旧的枣木桌上摆着一个破旧的搪瓷缸子。里面有水没水，不得而知。我所知道的是，那时的毛主席把他的话很当回事，虚心听取意见，采纳他的提案建议。并充分肯定说：“李鼎铭先生的提案，一是切中时弊，指出了我们的毛病；二是找到了对症药，也就是找到了解决问题的方法。”当时我们的问题和毛病是什么呢？“鱼大水小”，毛主席说的。

今天，“鱼大水小”的问题解决了吗？还是问问水吧。因为对于这个问题，水比鱼更清楚。

依山面水的碛口客栈，是那种窑洞式建筑，虽然房屋大多斑驳失修，有些残破，却风骨奇峻，幽静且舒适。碛口客栈原名“天聚隆”商号，是当时碛口最大的油行。一条条青石，一排排粗壮的大瓮，一个个大肚子的油篓子，一座座积着厚厚尘土的饮马槽，烙印着昔日商埠兴盛的痕迹。抗战时期，八路军一二〇师在这里开办了“新华商行”，经营来往货物的转运，生意红红火火。他们也趸积了大量的红枣和粮食，用骆驼和马匹一批一批运往解放区。据说，当时的师长贺龙经常光顾这里，每次来都吃上两个枣子，然后坐在枣木墩子上，手握烟斗，吧唧吧唧吸上几口，静静望着黄河对岸，吧唧吧唧再吸上几口，眼睛就眯成一条线了。据说，斯大林的烟斗是枣木做的，贺龙的烟斗是不是枣木做的呢？我没有考证过。

历史的根，还活着。如果说枪杆子里面出政权的话，那么养育一个政权到底靠什么呢？在长满枣树的黄河滩边，我陷入久久的沉思。

黄河两岸是贫瘠的，视野之内除了红枣，还是红枣。

红枣是碛口的乡土树种，有两千多年的栽培历史。这里是全国最大的集中连片枣树栽培区，八成以上农村人口的经济收入依靠红枣生产。这在全国也是绝无仅有的。可以说，枣树是碛口和碛口人的财富。

碛口人心里清楚，碛口红枣是随着碛口古镇的闻名而闻名的。碛口人说，碛口能有今天，应该感谢吴冠中。当然，喜欢枣树的不仅仅是画家吴冠中，作家喜欢枣树的更是不乏其人。

“面如重枣”是罗贯中好用的词。关羽一出场，罗贯中就这样写道：“丹凤眼，卧蚕眉，面如重枣，手提青龙偃月刀。相貌堂堂，威风凛凛。”不单是关羽，《三国演义》里描写人物面部形象时，“面如重枣”频繁闪现。鲁迅喜欢枣树自然是不用怀疑了。他写道：“在我的后园，可以看见墙外有两株树，一株是枣树，还有一株也是枣树。”“枣树，它们简直落尽了叶子。先前，还有一两个孩子来打别人打剩下的枣子，现在是一个也不剩了，连叶子也落尽了。”

作家李广田写过一篇叫《枣》的小说，里边有个穿着土蓝布褂子背着粪筐拾粪的傻子，见人就说：“俺吃枣。”枣是甜的，他知道。他吃过枣，所以，他固执地认为，枣是世界上最好吃的东西。他愿意吃更多的枣，愿意得到更多的枣，愿意看到树上垂挂着更多的枣。他遇到绿衣邮差说：“俺吃枣。”他遇到打柴人说：“俺吃枣。”也许，对于他来说，没有比吃枣更快乐更幸福的事情了。

二十世纪三十年代，沈从文在北京的居所是个小四合院，院里墙角处有两株树，一株是枣树，另一株不是枣树，是槐树。具体地址应该是西安门达子营胡同吧。沈从文给自己的小院起了个名字，叫“一枣一槐庐”。他说，终日有细碎的阳光透过树枝洒进小院，偶有麻雀栖在枝头。显然，那段时间，沈从文的心情不错，他将一个红木小方桌搁在枣树下，清早就开始写《边城》。看来，最先读到《边城》的，不是张兆和，而是树上那些枣子呢。

枣树凝聚的是人的感情，是活生生的做人的道理。枣树见证了历史和变迁，见证了人世间的喜怒哀乐、悲欢离合。前些年北京人艺上演了一出话剧《枣树》。剧情大致：在一个普通的大杂院，有一棵枣树，这是老奶奶在当年结婚时和老伴亲手种下的，两个人精心呵护，这是他们爱情的见证。风风雨雨五十年过去了，小两口变成了老两口，这棵枣树也变得粗壮繁茂。前几年，老爷爷去世了，老奶奶独自照顾着这棵枣树，每年秋天打下的枣子分给全院的邻居，每到夜深人静，她独自一个人站在树下喃喃自语，人们知道那是她和老爷爷说话呢。然而，小院要拆迁了，枣树保不住了，老奶奶知道之后失魂落魄，整日怅然若失，望着这棵枣树发呆。

碛口的枣林并不规则。东一棵，西一棵，坡上五六七棵，沟涧里七八九棵。成片成片的枣林也是有的，主要在黄河岸边，呈条状带分布。枣树从不浮躁，耐干旱，耐贫瘠，也能耐得住寂寞，具有可贵的韧性。最有活力的当然是那些壮年的枣树，干若铁臂，枝似虬龙，一派挺拔向上的气势，结的枣子也是又多又大。不过，一般而言，枣树的长相很粗糙，疙疙瘩瘩，树皮灰褐色，条裂，枝条韧而不折，且长满利刺。

枣木是极有性格的。木质坚硬，虫不易蛀，古代刻书多用枣木雕版。我父亲是木匠，他使用的刨子就是用枣木做的刨床子，颜色暗红，天然而细密的纹理，愈用愈是光亮。他躬身弯腰，双手用力向前推刨子的侧影，我是那么熟悉。嚓！嚓！一卷一卷的刨花就从刨眼里开出来了。

碛口老街上有一家木雕店，专门做枣木梳子。我们光顾那里时，一位光膀子的师傅正在专心制梳。只见店里柜台上摆放着各种各样的枣木梳。枣木做的梳子，梳头时不产生静电，不伤头皮，能促进脑部血液循环，能乌发，能醒神健脑。《本草纲目》中就有“能通经脉、令发易长”的记载。枣木，那硬而沉的木质，特有的纹理和颜色，正好适合制作枣木梳。枣木做的梳子真是个好东西。

我们就要告别碛口古镇时，在老街的拐角处，遇到一群孩子正在玩对对歌游戏。

出东门，

过大桥，

大桥底下一树枣。

拿着杆子去打枣，

红的多青的少。

四五六七八个枣，

一个枣两个枣三个枣。

一边大一边小，

一个西瓜一个枣。

大的大小的小，

一棵大树一根草。

童趣和天真是多么美好啊！我也禁不住拍起了巴掌。晚霞映照下，枣树衬托着的碛口别有一种韵味。碛口人拥有属于自己的那份快乐和幸福。

我隐隐感觉到，碛口古镇除了粗糙厚实之外，似乎还有某种力量在暗暗传递。虽然我无法知晓这种力量来自何处，但可以肯定的是，碛口人那殷实的小日子及其属于自己的那份快乐和幸福，一定跟红枣有着某种必然的联系哩！

红枣，红枣，红枣。柳条簸箕里晒的是红枣。

红枣，红枣，红枣。柳条笸箩里晒的是红枣。

常山胡柚

衢州常山，是著名的胡柚之乡。在中国，仅有这一块地方产胡柚，真是奇也。胡柚是一种有趣的鲜果，生长在南方这个特定的经度与纬度之间，却偏偏穿着说厚不厚，说薄不薄的棉衣。看来，那棉衣不是防冻，而是另有功能了。就像海南三亚的街头美女光着大白腿穿着雪地靴漫步，眼睛忽闪忽闪弄得人浮想联翩，你说那雪地靴是什么功能？别问我，问我我也不知道。

去年十一月初，应衢州作协许彤之邀，我到常山走动了一番，感受到了胡柚给常山人带来的喜悦。在常山，山岭上的胡柚多得碰头，要弓腰俯首才能穿行。偶尔，有求欢的鸟从这个枝上跳到那个枝上，叫上几声，然后隐入密密的树丛后面，不见了。

浪漫的空气中弥漫着淡淡的芳馥，如入仙境般美妙。我忽然想起一句诗：“我喜欢听鸟歌唱，如果它不歌唱，我就在树下等它开口歌唱。”不过，我可没时间等鸟歌唱，因为在常山，倾听胡柚的故事胜过鸟的歌唱。

常山人自己戏称胡柚是“自备冰箱”的鲜果。自然温度状态下，胡柚可以放置长达七个月的时间。味道不是越放越糟，而是越放越美。好家伙，这不是给马云准备的吗？淘宝别乐抽了呀！有了“自备冰箱”，全世界任何角落的人不都可以吃到胡柚了吗？我这么笨的人都能想到，马云能想不到吗？事实上，马云早盯上胡柚了。我看到，在常山的乡间，淘宝的网店就设在胡柚园旁边，比比皆是，方便极了。你想吃哪个园子里哪棵树上哪个果，手指轻轻一点鼠标，就等着吃吧。哎呀，这世界怎么变得这般美好啊！

胡柚是柚子与柑橘合谋的产物。比柚子小，比柑橘大，像橙子，却跟橙子没有关系。荔枝是甜的，但甜得太猛烈了，猛烈得能要人的命。柠檬是酸的，但酸得太端庄了。黄连是苦的，但苦得太粗鄙了，粗鄙得能把人的胃掏出来，扔出地球。胡柚则有一种圆融的本领，把甜酸苦融合在一起，创造出一种独特的味道。那就是——酸甜适度，甘中微苦。我孤陋寡闻，还真说不出来，除了胡柚，还有什么鲜果有这种本领？

总体来说，胡柚性凉，清凉祛火，镇咳止痰，能排除体内的毒素。像李逵、鲁智深这等性格鲁莽、暴烈之徒，火气大、脾气大，那是因为没吃过胡柚，如果连吃一段时间胡柚试试，性子一准温和了，火气也会自生自灭，看啥啥都顺眼了。而颇具大唐气质的女生们，对胡柚更应该是青睐无比，喜欢得找不到理由了。因为告别大唐跟杨贵妃说再见，每天吃一个胡柚就行了，何必抽脂刮油剜肉瞎折腾呢。

淳朴的常山人打理胡柚遵循的是生态法则，一切顺从自然。不施农药，不用化肥，全靠力气和汗水。在胡柚林里养鸡，鸡在林下欢天喜地。鸡四处乱跑，抓虫擒蛾，驱病除害，无拘无束，想怎么着就怎么着。不过，鸡粪的味道实在不能恭维，跟啥似的。哈哈哈，还是不要说出来吧。可是，跟啥似的鸡粪却可以肥树，肥果，肥柚农。

要说地球上，只有常山产胡柚，这话似乎也不完全对。早在一八二五年，葡萄牙人从常山的青石乡胡家村把胡柚引种到同纬度的美国佛罗里达，胡柚居然很适应那里的土壤和气候，长势很好，果子的味道也不赖。不过，人家不叫胡柚了，而是叫西柚（也叫葡萄柚）了。转了一圈，再转回中国，那可是身价倍增了。像我这点稿费收入的人是吃不起的。在北京的超市里，我见到过这种傲慢的西柚，只是远远地看着。当然，阔绰的吃货们是不在乎价钱的。吃，照旧。不过，吃也要吃个明白，西柚的祖籍在中国的衢州常山。吃货们，知道不?

吃胡柚是有讲究的。不得法的话，吃到的都是苦。由此，你

常山胡柚

会断然说，胡柚不好吃，太苦！然而，你错了。

还是让许彤告诉你吧，她可是吃胡柚长大的。更主要的是，她有一双灵巧的手，除了能写好文章，还善做美食。一个胡柚到手后，先去掉那层棉衣（胡柚壳），里边会露出一层棉絮状的薄囊，薄囊包着的就是肉，一瓣一瓣的肉。注意啊，许彤说那层薄囊也是可以吃的，但是可别嫌苦啊！其实，胡柚的一切秘密就在那层薄囊上。打个比方吧，那层薄囊就相当于暖水瓶的胆，其作用就不言而喻了。撕去薄囊，吃一口，先微酸，后微甜，接着，淡淡的酸甜苦的感觉就出来了。棉衣也别扔呀，会过日子的许彤说，棉衣可以和冰糖一起，用小火熬煮六十分钟后，再舀入蜂蜜，金黄、油亮的胡柚蜜茶便炮制而成了。她说，味道真不是一般的好！我没吃过，不能乱说。许彤说好，就应该是好了。她还郑重其事地说，未打过蜡的胡柚皮与川贝、冰糖炖出的汤汁，堪称镇咳化痰的特效药。

唉，胡柚真是尽吸天地之灵气，幽谷之精华，深得阳光的朗照和雨露的滋润，绵长而深厚啊！常山人真有福气。

回京前的那个晚上，我拿起一个胡柚，漫不经心地剥着那层棉衣，剥掉剥掉统统剥掉，那层薄囊也未舍得扔掉，然后连同一瓣一瓣的肉吃下去。当我一边翻阅梭罗的《瓦尔登湖》，一边回味着胡柚那独特的味道时，猛然间获得了一个重要的启示。

当甜和酸太容易得到时，微微的苦就是一种难寻的境界了。

过度的甜，会使我们忘乎所以；过度的酸，会使我们意志消沉。唯有微微的苦，才会使我们的头脑清醒，激励我们去寻找快乐和幸福。

这不是名人说的，是我说的。

黔之刺梨

▲

刺梨长相粗鄙古怪，是植物中的刺猬吧。

黔地，刺梨陡然长满山坡、沟谷。若干年的刺梨长在一起，高矮错落有致，新枝老枝叠加，逻辑分明有序。然而，刺梨树的个体都很任性，每一棵都长得歪歪扭扭，自由随意。每一束枝似乎都在乱长，每一根杈似乎都在胡伸。地下的根是密密麻麻的，长根勾着短根，粗根勾着细根，短根勾着粗根，细根勾着长根，根与根勾连着，织成一张巨大的网。这张网网住了地下的鱼，地下的虫，地下的水；这张网网住了清晨的露珠，跳跃的鸟鸣，夜晚的星星。

刺梨，又名木梨子、山王果、刺莓果，别名刺菠萝、送春归。蔷薇科，蔷薇属，为多年生落叶丛生小灌木，因果形似梨且表面密生小肉刺，俗称刺梨。刺梨不是带刺的鸭梨，不是带刺的雪花梨，不是带刺的库尔勒香梨。刺梨就是刺梨。按说，刺梨是没有疆域的，可出了黔地，就鲜见它的踪影了。

清代《黔书》是这样描述刺梨的：“实如安石榴而较小，味甘而微酸，食之可以解闷，可消滞；渍汁煎之以蜜，可作膏，正不减于梨楂也。”刘善述《本草便方二亭集》曰：“刺梨甘酸涩止痢，根治牙痛崩带易，红花甘平泄痢止，叶疗疥金疮痢。”看来，刺梨真是个好东西。

刺梨树的叶子是葱绿色的，新叶和嫩芽是浅绿色的，看上去一片生机盎然。当然，刺梨花必须说了，四至六月开粉红色、红色或深红色的花，花瓣一般五瓣，花蕊是黄色的。花季，从山脚到山顶，从沟边到天边，刺梨花开得像梦一样。好美。

刺梨树喜欢丛生，一棵树望着另一棵树，才踏实，安稳，自信，有底气。刺梨与刺梨相拥相簇着，当老枝眼看要黄时，却又有了青的意思了。枝条上也长着密密的小刺，小刺是深褐色的。看刺梨的枝条便知，一个季节完结的时候，另一个季节却又开始了。

吃刺梨需要耐心，要等。刺梨植苗后至少要等上五年时间，才能进入盛果期。当然，三年也有挂果的，但黔人怕树累伤，就干脆把花疏掉了。这叫憋性。让它攒劲儿，到了那个火候，才准它敞开结果。这是黔地朋友陈石告诉我的。陈石从小吃刺梨长大，性格也如刺梨，幽默有趣。

清道光年间，一个叫吴嵩梁的人在黔地做官，估计对自己做官的地方很是满意，原因就在于此地有刺梨。他写道：“新酿刺梨邀一醉，饱与香稻愧三年。”瞧瞧，吃三年稻米不抵喝一次刺梨酒痛快、尽兴。或许，就是这个意思吧。

刺梨每年九月成熟，满山满岭金黄一片。刺梨果实多为扁圆球形，金黄色，间或略带红晕。一副顽童做错了事害羞的样子。刺梨的维生素C含量极高，还没有什么水果能超过它。是苹果的五百倍，是柑橘的五十倍，是猕猴桃的十倍，具有“维生素C之王”的美称。刺梨果鲜食居多，也制成果脯、果干，也可以浸酒。刺梨酒芳香醇厚，晶莹剔透，长期饮用可防治痛风，清肺润脾。在黔地，“天刺力”和“山王果”桶装刺梨汁、发酵酒及果脯闻名遐迩。据黔南州林业局干部、刺梨专家陈梅介绍，刺梨的抗性极强，抗衰老抗过敏，防癌症。她说，刺梨还有治疗坏血病和排铅的作用，也有治疗口腔炎症和脚气病的功效。有道是：“刺梨上市，太医无事。”

吃刺梨要先去掉小刺。怎么去掉呢？可把几个刺梨攥在手里揉搓，也可放进器具里揉搓，借用个体与个体之间的摩擦力，而除掉小刺，然后用清水冲洗一下，就可以吃了。当然，这是文雅的吃法了，事实上，当地人根本不用除刺，吹一吹，就吃了。吹什么呢？我问陈石，陈石说他也不知道，先人就是这么吹的，就沿袭下来了。头一次吃刺梨，有一种涩涩的感觉，就像舌尖触电一样，令人龇牙咧嘴。涩涩的感觉一过，就是微微的酸和丝丝的甜了。刺梨的果肉爽脆。不过，果肉里面的籽儿像石榴籽一样硬，也是要抠出去的，不然会硌牙。当然，不怕硌牙的话，也可以不抠。

临别黔地时，黔地另一位朋友唐军给我出了道布依族谜语：

一个金罐罐，装着硬饭饭。

不吃硬饭饭，要吃金罐罐。

我笑了，还用猜吗？说的就是刺梨嘛！

芮城苹果

“苹果，当然是万果至尊了，只有最美丽的或者最睿智的人，才有资格享用。”——这是梭罗在《野苹果》中写下的一段话。看得出，梭罗对苹果是充满敬意的。可以肯定，瘦弱的梭罗没有吃过芮城苹果，他从来就没有来过中国。若是他来过中国，来过芮城，并且吃过芮城苹果的话，那么，他会用怎样的词汇来赞美芮城苹果呢?

不过，我是来过芮城的。——正是摘苹果的时候。

芮城在哪里?——塬面上的芮城，黄河边上的芮城，中条山下的芮城。芮者何意?一解，姓也；一解，大河弯曲之处，草木茂盛之地也。在中国版图上，芮城地处黄河中游，依山傍河，境内山、川、沟、塬、滩等地形地貌俱全。北高南低，东西狭长，阶梯分布。中条山横亘北部，挡住了冬天的寒冷。中条山在县城北十五里，西起首阳，东接太行，南北狭薄，延袤不绝，构成了芮城之天然生态屏障。芮城为暖温带气候，四季分明。芮城没有煤矿，没有铁矿，没有石油，没有天然气，没有这个那个的啥啥的挖出来就可以一夜暴富的东西。然而，芮城却有“三宝”，哪“三宝”呢？——“苹果、花椒、屯屯枣”。

瞧瞧，苹果，列芮城“三宝”之首呢。芮城苹果有什么奇异之处呢？芮城县委书记张建军用十六个字进行了描述——果形端庄，果面通红，果肉汁多，甜酸香脆。这十六个字里“形”“色”“味”“质”都有了。芮城苹果个头多大呢？——一般来说，单果重三百克左右。不大不小，一个人吃刚刚好。不锈口，不氧化，不用麻烦放冰箱保鲜，不用切开若干块儿若干人分而食之。

芮城苹果栽培始于民国初年。据说，最初是一个叫张乃伦的农民，从河南省灵宝县焦村李贡生家的果园，引进了二十几棵苹果苗，种植到自家的果园里。——从此，芮城苹果种植的历史开始了。如今，芮城的苹果已从当初的不足一亩地，发展到三十万亩。年产苹果六十万吨，总产值十八亿元。随着市场认可度的越来越好，芮城苹果驰名中外了。

苹果是自然馈赠人类的礼物。苹果里有阳光，有雨露，有鸟鸣，有风语，有情怀，也有汗水和期盼。“稀植、稀枝、稀果”是现代果园的经营要领，同时增强果园的通风性和透光性，才能长出好果子。在时间和空间的交叠中，芮城苹果经历了“四项技术”革命，即大改形、强拉枝、巧施肥、无公害。如今，每个果农都清楚，果园经营的目标是——“让强势的苹果树生长出强壮的结果枝条，让强壮的结果枝条形成饱满的结果花芽，让饱满的结果花芽结出优质好吃的苹果。”

起初，视树如命的果农无论如何想不通——把长了多年的主枝锯掉，让果树的“树头”落下，形成两三米厚的叶幕层，就能长出好吃的苹果吗？苹果就能丰产吗？想不通，想不通，一万个想不通。

芮城县林业局局长王文革介绍说，二十世纪九十年代末期，芮城苹果的大改形和强拉枝技术推广阻力重重。于是，县政府有关部门就组织果农去山东栖霞、甘肃静宁、陕西洛川参观考察，回来后，果农不言语了，拿起锯子、剪刀就走进了自家果园。

病虫害防治怎么办？——芮城果农最大限度地减少或不用农药，而是用无公害的杀虫灯、糖醋液、性诱剂等生物或者物理方法防虫灭虫，从而保证了苹果没有农药残留，没有污染物危害。施肥呢，也主要是施农家肥、绿肥或者豆饼（大豆榨油后的油渣）之类肥料。这些肥料劲儿足不说，更主要是安全，不会造成土壤板结和污染。唉，难怪芮城苹果的品质是个儿顶个儿好！

芮城苹果

也许，苹果是最有世界性的水果了。美国人喜欢吃苹果，德国人喜欢吃苹果，英国人喜欢吃苹果，法国人喜欢吃苹果。然而，“喜欢”两个字前面要加个“最”字的，——是俄罗斯人。据说，俄罗斯人，每年每人要吃掉二十六斤苹果，占国民水果消费总量的三分之一。世界上没有任何一个国家像俄罗斯一样对苹果如此情有独钟。对俄罗斯人来说，聚会餐桌上，除了大列巴、香肠、鱼子酱、伏特加之外，盘子里再有几片苹果的话，那是多么惬意啊！

世界上第一个发现野苹果种群的人，就是俄罗斯植物学家瓦维洛夫。——时间是一九二九年，地点是哈萨克斯坦的阿拉木图。在瓦维洛夫看来，苹果具有一种顽强坚韧的精神。——不管是被忽视，被虐待，被放弃，它都能自己管自己，以累累硕果回报大地。

俄罗斯是否出产苹果，我不得而知，但我知道俄罗斯是世界上苹果进口量最大的国家，每年进口总量约七百万吨，占世界各国进口总量的百分之二十三。啧啧，也就是说，世界贸易中，有一百个苹果的话，就有二十三个被俄罗斯买走了。俄罗斯人对又硬又涩的美国蛇果不感兴趣，对中国芮城苹果倒是连呼“哈拉哨！”“哈拉哨！”——近几年，俄罗斯进口芮城苹果的总量一年比一年增多。

芮城苹果产区主要集中在黄河岸边塬面山区，每年苹果采收都在霜降之后。芮城的果农绝对有耐心，觑一眼苹果，觑一眼天空，当渴望的眼神等来了一年里的头一场雪的时候，喜悦便挂在脸上了。雪与苹果默契地拥抱在一起，时令就产生了某种神秘的感应，那苹果的味道便奇妙无比了。

民谚曰：“日食一苹果，医生远离我。”

中医认为，苹果性平味甘酸，具有补心益气、生津止渴、润肺止泻、健脾和胃、增强记忆、除烦、解暑、醒酒等功效。常吃苹果，自然是有利于身体健康了。

早年间，芮城苹果保鲜主要是用果窖储藏。说是果窖，其实就是土窑洞。——这也叫原生态苹果保鲜法吧！地道，蛮实，粗犷，接地气，也透着芮城果农的智慧。

芮城黄土层深厚，沟壑纵横，正好适合打窑洞，果农就选择果园附近的深沟崖畔，打窑洞作果窖。好家伙，这种窑洞果窖，遍布芮城乡间。具体有多少呢？据芮城县果业中心主任王亚军说，至少也有一万个，年储藏苹果二十万吨以上呢。最有知名度的，是岭底乡张家滑村的四个巨无霸果窖，纵深蜿蜒数里，储藏量惊人。果窖里苹果窖藏温度基本控制在十摄氏度左右。果箱、果筐码放的垛形为花垛，底部留有空隙。严格控制窖门和通气孔，保持空气通透，并调节湿度和温度。这些果窖看起来很土气，实际上相当实用，成本也低廉。苹果可在当年十月窖藏至来年六月。这样就确保了苹果“果见果”均衡上市。有道是：“旺季果不烂，淡季果不断。”

当然，芮城也建了数十个现代化的恒温库，几百吨几千吨的苹果储藏在里面都不是问题。电脑设定，遥控装置，湿度温度想要多少摄氏度，就能控制在多少摄氏度。可是，老辈的果农还是对土窑洞果窖怀着感情，刚刚采下的果子还是习惯放进土窑果窖里，才踏实，才心里有底儿。

不过，现在芮城苹果无须进果窖，无须进恒温库就被订购了。苹果园直接连着各大超市的货架，甚至消费者通过视频，可以直接看到果农的劳作过程，以及果子的品质情况。

张建军还告诉我，芮城苹果正在加快营销模式转型升级，电子商务销售渠道的作用越来越明显。如今，芮城许多果农靠种植和经营苹果，买上了小汽车，盖上了新房子。

在芮城乡间，果农们美美的小日子，充溢着满足和幸福。

是呀，一枚苹果可以改变生活。

是呀，一枚苹果也可以实现梦想。

八月炸

头一次吃八月炸是在秦岭山区。

那是若干年前的事情了。当时，盘子里一颗外形粗鄙的野果张着嘴巴——不知是什么果子，但当地的朋友说这是好东西。好东西是什么东西？就剥开果壳，吃了一口果肉，立马就噤声了——因为舌尖上乾坤颠倒，天旋地转，甜得人差点从地球上跳下去。幸亏没跳，要不然跳了也是白跳，八月炸就是那么甜——那是一种惊心动魄的甜！

当地民谣——

三月开花八月瓜，

心有甘饴气自华。

平时害羞不见客，

今日开门笑哈哈。

民谣中的八月瓜就是八月炸。八月炸属藤本缠绕植物，主藤分出枝藤，藤绕着枝，枝勾着藤。枝枝蔓蔓，蔓蔓藤藤，数也数不清。然而，藤蔓繁茂，并不意味着果实结得就多。一般来说，一棵树结三两颗果子，多的也就七八颗。果子未成熟之前，颜色一般是绿的，随着成熟期的临近，果子会由绿渐渐变成紫红色，进而变成麻黄色，且在腹部中轴悄悄出现一条白线。——危险和意外就潜伏在白线上——这就是它将要炸裂的部位。

时令到了白露，来不及惆怅，夏天就过去了。也许，大自然中所有的野果都有自己的逻辑和节奏，多数野果慢慢数着天数渐渐成熟。熟了之后，倘若没人注意，也没昆虫和鸟雀理睬，便很无聊地落到地上，长叹一声，哀婉凄凉。八月炸，也是那么低调而安静。平日，就那么硬邦邦地的在树上，藏在叶子里。然而，这是一种假象——看似平常的一切，正在积聚着一种极端的能量。

农历八月底九月初的某一时刻，啪——！一声爆响，它就炸开了，露出里面白白的果肉，香气弥漫。瞬间，阳光就照进来了，果壳里的阳光也有了香气。也不知道蚂蚁、蜜蜂、苍蝇等昆虫是怎么得到的消息，它们以最快的速度从四面八方赶来，争相享用这片山林里最鲜香的美味。

接着，鸟也来了。鸟倒是斯文，没有表现出贪吃的一面。它先是在树上唱歌，唱累了就歇一歇，然后环顾四周，再看看天空看看地面，见没有天敌出现，就霍地一下把脑袋塞进果壳里，尾巴一翘一翘，用不了一会儿，八月炸就成了空壳了。果壳里的蚂蚁、蜜蜂、苍蝇等昆虫也没了踪影，只剩下了阳光，孤独而落寞。最后，鸟连阳光也没有放过，狠狠啄了一口，便扑棱棱飞走了。

八月炸一旦炸开，就一改以往的低调和安静，性情变得慷慨而激越。此时的它，需炸开即食，能吃它的时间，就是那么一两天。未炸开的果肉不能吃，淡而无味。若炸开的口子时间长了，也不能吃了——果肉已经氧化变黑，且干涩了。其实，后来在云贵、川北、赣南及闽西山区走动时，我亦多次遇到八月炸，但再也没有吃过，每每有些小小的遗憾。——或者季节不对，或者季节对却还没有炸开，或者炸开了果肉却不见了。

八月炸的籽，粒粒饱满。黑色，硬如铁粒，能把牙硌掉，人是不能吃的，要吐出来。果肉与籽紧紧抱在一起。或许，心急的人吃不了八月炸，因为八月炸不是果肉多于籽粒，而是籽粒多于果肉。一颗果子里有多少籽粒呢？没数过，应该是比多还多。——把籽粒上的果肉剔下来需要时间，需要耐性。

八月炸也叫拿子、八月拿、麻藤包、木通果、野香蕉、野木瓜、预知子、圣无忧、压惊子、三叶木通、牛腰子果、狗卵蛋子等等，别名可以列出一个长串。有雅名，有俗名，也有不雅不俗的名——就不一一列举了吧。八月炸最奇特的功能就是补肾。民间有“吃啥补啥”“以形补形”之说。不过，从外形看，八月炸确实像“牛腰子”，像“狗卵蛋子”，因此，八月炸又被唤作“肾果”。在秦岭及大巴山等一些山区，民间戏称常吃八月炸，“嫂嫂骚哥哥叫，新娘子不要不要”也许不无道理。

预知子是八月炸在中药里的名称。为何称作预知子呢？李时珍《本草纲目》里有注解，大意是其果有预警的功能——取果两颗缀之于衣领，遇有蛊毒，其果便发出嘎嘎的响声，故名预知子。此说是真是假？我没有验证过，但我宁愿相信李时珍。可是，何谓蛊毒呢？——有三解，一曰，谷久积，则变成会飞的毒虫，唤作蛊；一曰，以巫术致人毙命，令人不自知，谋害之法谓之蛊；一曰，取百虫置于皿中，经年开之，必有一虫尽食诸虫，此虫即蛊。

蛊是蛊，毒是毒。毒不一定都是蛊，但蛊一定带着毒。

蛊是悬疑的，毒是残忍的，蛊毒合谋往往就干出坏事了。然而，有蛊毒也一定有克蛊毒之物。《开宝本草》《医林纂要》皆有记述，预知子杀虫、治诸毒，辟蛇、虫毒。或许，八月炸果子里真的存在某种元素，遇毒便会产生激烈的反应，进而除邪解毒吧。然而，我好奇的是，缀于衣领上的果子是青果呢？是干果呢？还是炸裂后张着嘴巴的残果呢？李时珍却没有说清楚。

作为中药的八月炸，如何入药如何服用，《本草图经》倒是讲清楚了——“其根味苦，性极冷，其效愈于子（果实）。山民曰为圣无忧。冬月采阴干，石臼内捣，下筛。凡中蛊毒，则水煎三钱匕，温服，立已。杀虫诛蛊，诸毒并驱。”

瞧瞧，八月炸的根和果俱可入药。从药效来看，根比果的药效更强。果，可通乳，可起性。根，可杀蛊，可驱毒，可治病，也可治未病之病。常食八月炸能强身健体，能神清气爽是可以肯定的了。就道地性而言，蜀中的八月炸最好，滇地的亦难得了。

鸟是八月炸的挚友。八月炸的播种主要靠鸟，鸟把八月炸的籽粒吃到肚里，却不能消化，就连同粪便排出去，正好也就播种了。八月炸的生命力极强，它不择地势，善于攀缘，恣意生长。无论荒山野岭，还是废矿残垣；无论河边沟畔，还是裸岩崖壁，它都欢欢喜喜，繁衍成族，借势延伸。八月炸，由内而外的自我“炸裂”现象，也许正是此种野果生存与繁衍的智慧吧。

“八月瓜九月炸，九月不炸烂泥巴。”——又到了八月炸炸裂的季节，秦岭山区的朋友来电话说，要快递几颗果子过来，让我尝尝鲜，我却拒绝了。因为，我知道，食用八月炸需要一种机缘和运气，需要一种野性的激情和现场气氛。

那种惊心动魄的甜还是深藏在记忆中吧。

有些事物，空间和时间一变，味道就寡淡了。

味道寡淡了，心境也就不是当初的心境了。

万物有灵

北京的山

老鹰谷

之前，我从未见过上万只鹰聚群的壮观场面。

那座山谷里的鹰多为苍鹰，黑褐色，白羽尖，胸部密布灰褐与黑白相间横纹。飞行时，双翅宽阔，翼展蓬勃。细观之，翅下灰白色，并间杂黑褐色横带。好威武的鹰啊！

那座山谷，在大西北天山脚下。早先，这座山谷没有名字，当地人说起它时就叫“那块地”。我去后认为不妥，这么有故事的山谷怎么可以没有名字呢？应该有个名字呀，便曰之：老鹰谷。

当地村民都很赞同这个名字。于是，“老鹰谷”取代了

“那块地”，就被叫开了。

老鹰谷自西向东走向，两边是起伏的悬崖峭壁，裸岩狰狞。山谷是陡然沉下来的，沉到最底处，便是一条河了，蜿蜒曲折，河水静静地流着，滋润着两岸的万物。胡杨，一副忍辱负重样子，倔强地生长着。数不清的鹰栖在树枝上，远看如同树上挂满了黑褐色布条。红柳，虽然个体纤细柔弱，但个体组成的群落却密密实实，以绝对多的数量，占据着山谷里最惹眼的位置。它们在河水反衬下，泛着幽幽的暗红色的光。红柳丛中，跳跃着生命。野兔、野鸡、沙斑鸡、田鼠、刺猬、旱獭、草蛇出没其间。鹰，在高处盘旋，时而静止不动，时而滑翔翻转，一圈，一圈，又一圈，寻找抓捕时机。

老鹰谷的鹰可不好惹。性格暴烈，彪悍。

鹰的嘴和爪子如铁一般，强劲有力，抓取猎物时，犹如疾风扫落叶般凶猛。鹰的身躯壮健而厚实，肌肉紧实，羽毛坚硬。它的姿态是轩昂而英挺的。在浩茫的天宇间，动作疾骤，快如闪电。在所有鸟类中，鹰是飞得最高的。

清晨，当第一缕阳光照亮老鹰谷的时候，也照亮了这片斧削般的峭壁。黑褐色的羽毛微微动了动，鹰便睁开了眼睛。

“丢——溜——溜——！”

“丢——溜——溜——！”

飞翔的老鹰

长长的唳啸，唤醒了沉睡的山谷。——新的一天开始了。

鹰巢筑在悬崖峭壁上。这已经不是什么秘密了。牧羊人陈老爹知道，村民也知道。但是，没有人把这当回事。

鹰巢像是一个平底筐，用横七竖八的木棍枯枝树条，就那么毫无规则毫无逻辑搭建而成的。——不是凹下去的，而是杂乱无章胡乱堆起来的。“平底筐”往往建在两块岩石之间（那里干燥安静，少有干扰），简陋，粗鄙。看起来似乎并无多少道理，也没有多少美感。但是，错了——如果我们都那么认为，说明我们是多么的愚蠢。其实，“平底筐”恰恰透着鹰的大智慧——稳固、牢靠、避风、避险、耐用。

从生存学的角度来看，也许，“平底筐”的实用价值远大于美学价值。不过，“平底筐”的缝隙里也间或夹杂着一些羽毛，是为了装饰？还是为了舒服？大概只有鹰自己知道吧。

老鹰谷的鹰，虽说不是作恶多端的坏东西，但有时它们也会惹是生非，令人讨厌。

这天，陈老爹赶巴扎回来，手里拿着一个锅盖大的馕，边走边吃，不觉间就进了老鹰谷。一不留神，陈老爹手里的馕却丢了。他回头寻找，路上没有，旁边灌木丛没有。馕哪里去了呢？难道馕长了翅膀吗？对了——馕真的长了翅膀。陈老爹抬头向上看，原来，空中一只老鹰叼着他的馕，正忽闪忽闪抖动翅膀嘲笑他呢。陈老爹很是生气，捡起一块石头抛向空中，老鹰一惊，嘴巴一松，馕从空中滴溜溜落下来。陈老爹奋力去接，可还是没有接住，馕落在了一个沙坑里。腾地一下，沙坑里蹿出一个黄色的影子慌慌然逃进红柳丛中。是野兔吧？也可能不是。

陈老爹拾起馕，用嘴吹了吹沙，接着，狠狠咬了一口，往下咽，却噎住了，噎得直翻白眼。他挺了挺脖子，骂了一句：“狗日的老鹰！”

“丢——溜——溜——！”空中的鹰，排出几粒屎，陈老爹躲闪不及，屎落在脖颈上。臭！

鹰是在故意羞辱陈老爹。还没完呢。

次日，陈老爹家鸡窝里的鸡蛋被什么贼偷吃了，光剩下空蛋壳壳。次日的次日，正在下蛋的芦花老母鸡又不见了。陈老爹忍着，没言语，照旧在老鹰谷牧羊。可是，于崖壁的底端，陈老爹却发现了一堆芦花鸡的羽毛。一片狼藉。

陈老爹怒火满腔了。

陈老爹打算给老鹰点颜色看看。某日，在老鹰谷里牧羊的陈老爹一眼瞥见了崖壁上的老鹰巢，便举起牧羊的杆子要把它毁了。忽然，却听到“溜溜溜！”一声唤。细观之，崖壁上趴着一只老鹰，挣扎着动了几下，就又安静了。

原来，那只鹰的翅膀断了。

鹰的眼神里没了戾气，却满是恐惧、无奈和哀伤。

陈老爹心软了。

陈老爹爬上崖壁，把衣服脱下来罩住了受伤鹰的头，抱回家。找出接骨木叶子，捣成糊糊，涂在鹰翅伤口处，再用绷带小心翼翼地缠上。多日之后，在陈老爹细心照料下，老鹰翅膀上的伤口，渐渐愈合了。然而，在陈老爹看来，那只鹰还相当虚弱，元气和体力恢复尚需时日。陈老爹三天两头，从镇上屠宰场弄回一只鸡架子喂鹰。后来，鸡架子涨价了，陈老爹的开销有些吃紧，就去田里下夹子夹老鼠，给老鹰吃。伤筋动骨一百天，老鹰的伤终于养好，元气和体力也恢复了，翅膀一抖动呼呼生风。陈老爹知道，老鹰又可以把云和风踩在脚下，重返蓝天了。

选了个晴朗的日子，陈老爹便把它放飞了。

陈老爹徜徉于老鹰谷，心里空落落的，怅然若失。

——这是多年以前的事情了。

因之鹰，老鹰谷里的草木，从没有遭受过鼠害虫害。老鹰谷麦田里的麦穗粒粒饱满，年年丰收。

头一场春雨过后，老鹰谷沉静在超乎想象的宁静里。头顶晴空水洗过一般，瓦蓝瓦蓝。那些胡杨，那些红柳，又长出新叶，欣欣向荣。风仿佛是甜的，微微拂动着树梢。

然而，想不到的事情发生了。嘭！陈老爹在追赶一只走散的羊羔羔时不慎坠崖。从此，老鹰谷里不见了陈老爹的身影。

“丢——溜——溜——！”

“丢——溜——溜——！”

老鹰谷，不时传来一声声凄凉的唳啸。陈老爹并没有摔死，而是摔断了脊椎，再也不能健步如飞地行走，再也不能挥动着杆子牧羊了。在陈老爹养伤的日子里，家人清早开门的时候就会发现，门口总是有人隔三岔五地丢下一只野兔。

会是谁呢？

抬头望天，一只鹰在陈老爹家房子的上空，盘旋着。一圈，一圈，又一圈。久久不肯离去。

后来，每年四月间，老鹰谷就会出现上万只鹰聚群现象。

“丢——溜——溜——!”

“丢——溜——溜——！”

老鹰谷充满喧嚣。鹰鹰鹰鹰鹰。空中是鹰，胡杨枝头是鹰，红柳丛中是鹰，地上是鹰，河边是鹰，麦田里是鹰。鹰鹰鹰鹰鹰。如此多的鹰聚在一起，出现在这里，到底是什么原因呢？连鸟类专家也无法解释。

我出差恰巧来老鹰谷看退耕还林，却偏偏看到聚群的鹰。——唉，不禁吃惊地瞪大了眼睛。

生态需要空间的分布，也需要时间的积累。修复了自然，也就治愈了自然。我隐隐感觉到，随着生态系统的逐渐恢复和稳定，老鹰谷里，所有的美好，都会如期而至。

大麻哈鱼

等待，等待，等待，还是等待。

——嘭嘭嘭！——啪啪啪！终于，无数生猛的影子搅乱了乌苏里江上游江汊子里的宁静，那喧嚣的场面出现了——“达乌依麻哈！达乌依麻哈！”黑嘎爹兴奋不已，左手摁住自己的胸口，噤着，生怕喊出声来。

“达乌依麻哈”，是赫哲语，就是大麻哈鱼的意思，也是谐音呢。早年，赫哲人没有纪年的概念，而是根据大麻哈鱼到来的时令，便知又是一年了。秋风起，白露到，乌苏里江江汊子里就聚满了大麻哈鱼。——“驱之不去，充积甚厚，土人竟有履鱼背渡江者。”瞧瞧，鱼多得当地赫哲人可以踩着鱼背过江。

江岸上，景象更是壮观。晒干的鱼坯子摞起来，一垛连着一垛，就像劈柴垛一样蜿蜒数里。赫哲人把大麻哈鱼当马料，马要补膘的时候，就把大麻哈鱼的鱼坯子捣碎，掺在草料里喂马。那马就雄赳赳，气昂昂，撒欢儿尥蹶子，有使不完的劲儿，毛色也亮闪闪的。嗯，“达乌依麻哈”——准时回来的鱼回来了。

黑嘎爹是赫哲族渔民，肿眼泡，高颧骨，额头沟壑纵横，手掌满是老茧。一看就是个勤于劳作的人。他用木桨划着一条“威乎”，常年在这条江上打鱼。也撒网，也下缆钩，也下倒须笼。当然，他还是叉鱼的高手——十几米远的距离，把鱼叉抛出去，——嗖！能准确命中鱼背。

“威乎”是赫哲语，独木舟的意思。一根粗壮的黑桦木，截取最好的那段，沉水下沤七七四十九天，捞出来，用凿子凿出一个凹槽。为了防止木头腐烂变形虫蛀，再涂上一层熬制好的大麻哈鱼油，一个“威乎”就算做妥了。再配一支白桦木的木桨，就可划着它，下江捕鱼了。

然而，作为独木舟，“威乎”毕竟太原始了。村主任建议他换一条柴油机动船，一给油门突突突满江跑，又体面又省力气，作业效率也高，可黑嘎爹就是不换。他说，还是“威乎”好！

黑嘎爹住在江汊子边上一处“撮罗子”里，孤零零的，显得有点另类。“撮罗子”，是赫哲族具有原始气息的原生态建筑物。用若干根粗壮的桦木杆斜立撮在地上，顶端咬合在一起，作为骨架起支撑固定作用。然后再把细一些的桦木杆斜搭铺排在骨架上，外侧覆盖一层桦树皮，相当于挂了一层“瓦片”。里侧呢，用大麻哈鱼皮作内壁，保暖防寒。

高盈丈余，内阔八尺。

远观，形如未完全撑开的巨伞；近看，状如征战归来刚卸下的铠甲。

“撮罗子”的门不大，需猫着腰才能进去。只见，里面正中间是个火塘，火塘上方，整日烟熏火燎地烤着鱼坯子，还有一捆一捆的旱烟叶。角落有木板搭的地铺，上面铺着大麻哈鱼皮。旁边摆放的是工具箱、煮奶锅、鱼叉和网具等，除了这些东西，似乎也没什么了。哎呀，不对，漏了一件现代化的东西——地铺旁边的小木柜上摆着一个半导体收音机。哑嗓子的单田芳正绘声绘色地讲着《岳飞传》呢。“撮罗子”虽然有些简陋，但黑嘎爹却住着踏实，安稳，睡觉香。

前几年，政府搞新农村建设，给赫哲族渔民盖了崭新的海青房（东北民居，全部用青砖青瓦构筑）。每户院内迎门处立一“照壁”，“照壁”正面写一大字——“福”。还给每家配备了彩电冰箱。不掏一分钱，白住。——多温暖的政策啊！政府动员移民搬迁，大多数渔民都喜洋洋地搬进了新居，可黑嘎爹不搬。村主任磨破了嘴皮子，黑嘎爹就是不搬。

考虑到赫哲人的传统习惯，政府主要还是采取尊重赫哲人意愿的原则，不搞强迫，不搞“一刀切”，不搞硬性搬迁。搬有搬的道理，不搬也有不搬的原因嘛，也是可以理解的。

可是，村主任却觉得黑嘎爹不听“招呼”——想干啥呀？拿村主任不当干部吗？还是脑子进水犯傻呀？村主任就使出狠招儿——强行把黑嘎爹的“威乎”没收，让人扛走了。咔嚓一声响，一把大锁把“威乎”锁进了村委会的仓库里。一下子，断了黑嘎爹下江打鱼的念头。无奈，黑嘎爹只好也搬进了窗明几净的，有彩电有冰箱的海青房。一千个不情愿，一万个不情愿呢。黑嘎爹两眼发直。人，蔫蔫的，经霜打了的茄子一般，一下没了精神。住进去不到三天就病倒了——浑身奇痒，不思茶饭，胡言乱语。这是什么病呢？

村主任赶紧跑来一看，情形有点不妙。黑嘎爹口里吐着白沫沫就叨叨两个字：“——威乎！”“——威乎！”请来郎中号脉问诊，也没弄清楚到底得的啥病。有人说，可能是中邪了。请萨满跳大神的给驱驱邪吧。村主任说，都啥时代了还搞这一套？可是，又能有什么办法呢？也不能出人命啊！就摆摆手说——不妨试试吧。

跳大神的来了，满脸油彩，穿得花里胡哨，坠着响铃的布条条滴里当啷，手里敲着鱼皮鼓，又唱又跳，装神弄鬼整了半天也没管用。临了，还拎走两条鱼坯子，算是出场的酬资吧。

忽然，村主任想起什么，一拍脑门儿——啊呀，差点忘了！

村主任赶紧派人把“威乎”扛来，戳到屋中央，指给黑嘎爹看。黑嘎爹的头动了动，睨了一下——立时，眼睛亮了。

村主任骂了一句：“狗日的！一辈子就是个打鱼的命！贱！”

村主任喊人用门板把黑嘎爹又抬回了“撮罗子”。未出几日，没吃药没打针，病就神奇地好了。那个划着“威乎”的身影又出现在江面上。

江边，那个“撮罗子”的烟囱里，又飘出淡淡的炊烟。

万万没想到的是，后来，村里搞全域乡村旅游，那些蓝眼睛黄头发的外国游客，最感兴趣的竟是江边黑嘎爹的“撮罗子”。大呼小叫，赞叹不已。

这个一度差点被时代抛弃的“撮罗子”，竟成了赫哲族传统渔猎文化的符号——噌地一下，变成了稀罕之物，变得那么有价值了。

那些年，江边的那些散落的“撮罗子”全部被拆除了。仅存此处，仅有这一个了。村主任后悔不迭，可是，又能有什么办法呢。——唉！

这天，黑嘎爹坐在“撮罗子”门口的一个木墩上，掏出枣木杆的烟袋，点燃，吧唧吧唧，使劲吸了两口。一缕青烟，升腾起来，扩散开去，一点一点被江面上吹来的甜丝丝的风吃掉了。“撮罗子”旁边的架杆上，挂满了大麻哈鱼的鱼坯子。风一吹，悠悠晃晃，晃晃悠悠。

黑嘎爹用左手大拇指摁了摁铜烟袋锅子里的烟丝，吧唧吧唧，又吸了两口。看看远处渐渐起雾的江面，看看近处满架婆娑摇曳的鱼坯子，心满意足。

可是，一个阴影又罩在他的心口。——有那么几年，大麻哈鱼竟谜一般没有来。这是出人意料的。怎么会呢？

一定是出了什么问题。是人蹂躏了海？还是人糟蹋了江？

“一网泥两网草，三网四网没鱼毛。”俗话说，靠山吃山，靠水吃水。赫哲人靠江，吃的就是江，吃的就是江里的鱼。江靠不住了，有人丢下船，上岸去城里打工了；有人卷起网，胡乱抛到木障子边上，抄起镐头开荒种土豆去了。屯子里脑子灵光的人走个精光。没走的，整天蹲在墙根儿晒太阳。

然而，黑嘎爹始终相信，大麻哈鱼一定会回来的。因为，大麻哈鱼是乌苏里江的魂儿啊！

江在，水在流，魂儿就不会丢。

黑嘎爹一直在岸上“撮罗子”里等待。虽说手里结着网，忙着活计，但他的心思全在江里。时不时，觑一眼。时不时，觑一眼。凭江面上飞蛾聚群的反常现象，他判断，洄游的大麻哈鱼就要到了。这不，说到就到了。

大麻哈鱼，略似纺锤形，鱼身上有淡青色和粉紫色条纹，腹部有一明显红印。别名：大马哈鱼、达发哈鱼、麻特哈鱼、果多鱼、罗锅鱼。还有……不说了吧，一大串呢。

回到原点。——从哪里开始，到哪里辉煌，在哪里终结。——这就是大麻哈鱼。任凭什么东西也拦不住它，这东西真是个犟种。

海外鱼来亿万浮，逆流方口是鳑头。

至今腹上留红印，曾说孤东入御舟。

——这是清人描述大麻哈鱼的诗。大麻哈鱼主要分布在太平洋，所以也称太平洋鲑鱼。亦海亦江，只要时令一到，中国的黑龙江、乌苏里江就会有大麻哈鱼逆流而上，寻找它们的故乡。有道是：奔死奔活乌苏里，死去活来黑龙江。

大麻哈鱼听到了什么？有一种神秘的声音在召唤吗？

穿越浩瀚的海洋，能准确找到自己的出生地，科学至今仍然无法解释清楚。有研究说，大麻哈鱼大脑里可能有一种铁质微粒，像指南针一样，能够使它们准确找到前进的方向和出生地点。然而，这毕竟是一种“可能”，那个铁质微粒是否真的存在，这本身就是一个谜团。

这是一次不可思议的生态循环运动。大麻哈鱼把在海洋中吸收的大量营养物质带到了内陆，哺育了兽类，哺育了鸟类，哺育了森林，哺育了灌木，哺育了菌类，哺育了苔藓，哺育了地衣。大麻哈鱼本身就是一个生态系统呀！

通常，它们在大海里生活四到五年后，进入性成熟期。于是，一个声音便召唤着它们——回家。这似乎不是作为个体鱼的事情，而是一个物种的事情。它们在某个早晨聚集起来，庞大的队伍，浩浩荡荡，向着一个方向出发了。

它们日夜兼程，不辞劳苦，拼死前行，由日本海、鄂霍次克海溯水而上，进入黑龙江或乌苏里江，每昼夜可行四十公里（加上水流速度六十公里，实际上每昼夜要逆水而行一百公里），劈波斩浪，势甚汹涌，訇然有声，数里可闻。不管是遇到险滩飞瀑峡谷，还是激流旋涡断崖，从不退却，一往无前。为了越过一道一道的障碍，它们不断跳跃，一次，两次，三次……跳跃高度可达两米三米，甚至四五米。

途中危险重重，它们全然不顾。在海中，海豚、虎鲸的围剿杀戮不断。在河中，棕熊、狐狸和狼的盛宴更是在劫难逃。一个洄游季，一只棕熊就能吃掉两吨多大麻哈鱼。还有白尾海雕、北极鸥也是虎视眈眈。——无数食肉动物等着它们呢。它们是美味，也是脂肪。这些家伙，吃得滚圆肥硕，才能得以顺利度过寒冷的冬天。有多少条大麻哈鱼，命丧这些家伙的口中？数也数不清。

有无数的大麻哈鱼死了，也有无数的大麻哈鱼活着，继续，继续，继续前行。它们要去完成那件伟大的事情——繁衍后代，然后死亡。

这一行为，即便生物学，目前也无法给出合理的答案。为什么会这样？许多鱼类有洄游现象，而以死作为代价的洄游，除了大麻哈鱼，还很难说出第二个。

大麻哈鱼洄游最远的里程可达三千五百公里，持续洄游六十余天。整个洄游旅程中，它们居然不摄入食物——这种极端的行为，令人不可思议。也许，摄取食物会玷污了至高的目标？也许，摄入食物会扰乱了圣洁的信念？

它们从出生那一刻起，就开始为回到原点做准备了——充分索食，养精蓄锐。积蓄脂肪，锻炼肌肉。强健体魄，锻炼耐力。然而，一旦洄游进入内陆河流，就再也不吃不喝了。我始终弄不明白——它们的能量仅仅是来自体内积蓄的脂肪吗？还是它本来就存在一种我们无法看见无法感知的神力？

洄游时，大麻哈鱼的体色由银白色变成了红色或紫色。逆流而行的大麻哈鱼，至霜降时游至黑龙江的支流呼玛尔河、汤旺河、木兰达河。它们产下的籽，就在它们死去的地方孵化、生长。

生于江河，长于海洋。

往来生死，周而复始，一代一代。

大麻哈鱼的繁殖，是它生命临到尽头最辉煌的时刻。一次生产，就可产下四千粒鱼子。其籽，如同黄豆粒那么大，粒粒饱满，晶莹剔透，像玛瑙一样的鲜红。

黑嘎爹说，大麻哈鱼的繁殖地一般都是比较僻静的河段，河底为砂砾地，水质澄清，水流舒缓。水温在五摄氏度至七摄氏度之间。雌鱼追啮雄鱼之尾不放，到达出生地时，全身已经鲜红，这是产籽前体征信号。在布满乱石的河道中用鱼鳍用鱼尾啪啪挖出一个沟槽，便产下鱼子，雄鱼及时释放出精子，使其受精。受精的鱼子在河水里慢慢孵化。小仔鱼长到足够大，就会离开它们的出生地。每当暮春时节，江河解冻，大麻哈鱼幼鱼，即乘流冰入海，最远可以到达白令海峡和北冰洋。

大麻哈鱼一生只繁殖一次，一次仅此一回。产子后，雌雄大麻哈鱼就在旁边巡护，狠命撕咬敢于来犯者。七八天后，筋疲力尽，遍体鳞伤的大麻哈鱼便会双双悲壮地死去。河里布满了成千上万的大麻哈鱼的尸体，有些河段江段，堆积的鱼尸长达数里，高达数尺。当鱼子孵化出生后，父母的尸肉，就是它们最早摄入的食物，就是它们开始生命之旅时，最初的能量来源。——怎么会是这样？我的心一阵战栗。

不能看着仔鱼出生，也没有积蓄留给它们，那就用双双的死，为它们备下食物吧。——免得它们一出生就饥肠辘辘。

也许，悲壮的结局能使新的开始更有力量。

大麻哈鱼子，营养成分甚是丰富。俄罗斯远东地区和中国东北很多西餐厅里都有这东西。

哈尔滨中央大街上，马迭尔旅馆对面，有一家始建于一九二五年的老号西餐厅——华梅西餐厅，里面的西餐是俄罗斯式西餐。据说，那里的大麻哈鱼子非常地道。吃俄式大列巴时，要先用刀切下两片，然后把大麻哈鱼子夹在中间，吃起来才有嚼头，够劲儿。手拿列巴片要用力捏住了，不然鱼子掉下来，噼里啪啦，满地滚。二十世纪八十年代，我在哈尔滨的一个基层法院实习时，曾在拿到一笔稿费后邀几位同学去吃过一次，不是太合口味。吃到嘴里，感觉鱼腥气太重，有点受不了。

但是，俄人似乎喜欢这东西。我们旁边就餐的俄人，手拿刀叉，咯嘣咯嘣，嘴里嚼着一粒一粒的大麻哈鱼子，表情绝对舒坦。大麻哈鱼子酱也是美味，用它拌米饭吃想不承认奢侈都不行。

大麻哈鱼皮淡黄色，可制成衣服。赫哲人称其为“鱼皮靰子”。此鱼皮柔软、保暖、轻便、耐磨、防水，可染成各种颜色。阳光一照，色彩斑斓。

黑嘎爹会缝制鱼皮衣，是黑嘎爹祖辈传下来的手艺。先将大麻哈鱼的鱼皮剥下来，在背阴里晾干，或者在“撮罗子”里的火塘上烘干，然后去掉鱼鳞，刮掉赘肉，再用木榔头砸，嘭嘭嘭！使其柔韧，嘭嘭嘭！近似棉花的感觉。——此为“熟皮”，就可做衣服，做套裤，做披肩，做褡裢，做帽子和鞋子了。

这是一门手艺活儿，既费功夫，又费时间。一般做一件大麻哈鱼的鱼皮制品，前前后后，需要二十多天才能完成。如今，赫哲人很少穿这种衣服了，只是一些来旅游的游客，觉得好奇，作为工艺品，买走收藏了。据说，北京的国家博物馆专门派人找到黑嘎爹，定制了一件大麻哈鱼皮衣。那是黑嘎爹的荣耀呢。

某日，在俄罗斯远东城市——符拉迪沃斯托克打工的儿子黑嘎回来了，还带回一个漂亮的克罗地亚姑娘，名叫冬妮娅。那姑娘水灵灵的，散发着一股紫罗兰香气。蓝眼睛，黄头发，皮肤那个白呀，跟葱白似的！黑嘎爹慌了，悄悄跟黑嘎说，这怎么行呢——人家洋姑娘怎么住得惯“撮罗子”呢？你们还是去城里吧。黑嘎爹就赶黑嘎带着冬妮娅走。可是，冬妮娅说，她就喜欢“撮罗子”，哈拉哨！（俄语：好的意思）哈拉哨！赶也不走。还一声爹爹，一声爹爹地叫着。唉，面对这么嘴甜的克罗地亚姑娘，也真是没办法。

黑嘎和冬妮娅在“撮罗子”里说说笑笑，时而，也发出一些尽量压低的窸窸窣窣的声音。累了，双双就倒在地铺上睡着了。

当晚，黑嘎爹坐在“撮罗子”门口的木墩上，吸了半宿旱烟，枣木杆的烟袋握在手里，铜烟袋锅子都烧热了。吸了一袋又一袋。吧唧吧唧，吧唧。“撮罗子”门口，那团火星，时明时暗。天上的星星倒是清清楚楚，看着黑嘎爹想心事。

吧唧吧唧。吧唧。眼看着头顶上的北斗七星的“饭勺子把儿”都歪了，横竖也想不出个眉目——到底想啥呢？是想起了黑嘎娘？还是想起了别的什么？他自己也说不清。

黑嘎就出生在这个“撮罗子”里，黑嘎娘生他时难产，导致大出血，血喷四溅。当黑嘎呱呱坠地，睁开眼睛开始打量这个世界的时候，黑嘎娘却永远闭上了眼睛。

一天晌午，江上的空气很闷。黑嘎爹正划着“威乎”起缆钩，一连起了五个钩了，钩上却是空空如也。怪了，怎么没有一条鱼上钩呢？突然，江对岸的白桦树森林里，传来断断续续的呼救声：救——救命啊！——救命！是个女人的声音。黑嘎爹丢下缆钩，掉转“威乎”赶紧往对岸划，用力，用力，再用力，最后使劲一划，“威乎”靠了岸。黑嘎爹抄起木桨，疾风般向森林里冲去。

救——救——救命啊！接着，是呜呜呜的呻吟声。怎么只闻声音未见人呀？黑嘎爹腾地收住脚步，立时瞪大了眼睛。——只听嗷的一声吼，一只黑熊忽地立在他的面前，脖子上的那撮白毛都看得清清楚楚。那呼救的女人被“黑瞎子”（在东北，黑熊俗称黑瞎子）坐在屁股底下，正痛苦地呻吟着呢。说时迟那时快，黑嘎爹抡起木桨，照着“黑瞎子”的嘴巴狠狠打去——啪！木桨顿时炸成数段，飞入灌丛。而“黑瞎子”嗷地大叫一声，疼痛难忍，逃之夭夭。

黑嘎爹一看，那女人的鼻子被黑熊的屁股坐塌了，成了“朝天鼻”。脸上全是血糊糊，已经奄奄一息，快不行了。黑嘎爹来不及多想，弓腰把女人背到背上，一路小跑着，就把女人背回“撮罗子”。早年间，黑嘎爹在完达山深山老林里采的“还魂草”，这回派上了用场。三天后，那女人醒了。——怎么会在这里？大哥是你救的我吗？一照镜子，发现自己成了塌鼻子的女人。嘤嘤嘤！她大哭起来。

女人老家在四川洪雅，是被人贩子拐卖到乌苏里江边一个屯子里，给一个哑巴当媳妇。女人性子烈，当知晓真相后，就趁进林子里采蘑菇之机，逃了。哪知在森林里迷了路，却偏偏遇上了“黑瞎子”。嘤嘤嘤!嘤嘤嘤！眼泪哭干了，女人就不再哭了。剩下的问题是去哪里？怎么活下去？

你有女人吗？

黑嘎爹摇摇头。

碰过女人吗？

黑嘎爹摇摇头。

你嫌弃塌鼻子的女人吗？

黑嘎爹摇摇头。

想要我吗？

黑嘎爹点点头。呼吸急促。

我要你要我——要吗？

黑嘎爹点点头。呼吸急促，腿有些抖。

别碰鼻子，别的地方都给你。

黑嘎爹点点头。呼吸急促，腿有些抖，体内有一股莫名的东西迅速往上蹿。

要留个种吗?——要是带把儿的就叫黑嘎吧。四川洪雅老家我出生的那个村子叫黑嘎。

黑嘎爹呼哧呼哧喘着，点点头。——嗯，黑嘎。

后来，那女人就成了黑嘎娘。

日子，总得一天一天地过，好是过，孬是过，不好不孬也是过。然而，“撮罗子”里有了女人，那过的日子才是日子呢。

唉，不想不想，怎么又想起这些？黑嘎爹的眼睛有点潮。

黑嘎爹收起枣木杆的旱烟袋，把铜烟袋嘴儿一端往后衣领子里一插，鱼皮烟口袋坠在胸前，当啷着，悠荡悠荡。他干脆把“威乎”的缆绳解开，哗哗哗！下江捕鱼了。

黑嘎和冬妮娅在黑嘎爹的“撮罗子”旁边，又搭建了一个更大的“撮罗子”，开了一家江鱼馆——取名“撮罗子江鱼馆”。江水炖哲罗鱼、红烧江白鱼、咸鱼贴饼子、酱烧大麻哈鱼——这四道菜，很快闻名遐迩了。

冬妮娅有一双巧手，从江边采来许多野生蓝莓果，找来坛坛罐罐，自己酿制出了蓝莓酒，芳香扑鼻。还弄来四箱土蜂，养土蜂割蜜。蜂蜜是椴树蜜，白蜡一样的白，又稠又黏又甜。某晚，竟引来两只“黑瞎子”光顾，围着“撮罗子”转圈圈，企图偷吃蜂蜜。幸亏黑嘎爹早有防备，一则蜂箱外加装了铁栅栏装置，“黑瞎子”嘴巴根本伸不进去，二则在铁栅栏外面放了几穗玉米棒子，故意让“黑瞎子”偷走。“黑瞎子”得手后，就不再纠缠了。

黑嘎和冬妮娅还抡着镐头，在江边开辟出一小块菜田，种了豆角、黄瓜、小葱、芹菜、莴苣、大头菜和西红柿等，应有尽有，自产自用，其乐陶陶。

当然，——“撮罗子江鱼馆”，人气巨旺，生意巨好。

距离不是问题，只要有美味。佳木斯、绥芬河、同江、抚远、饶河、虎林等城市里的许多人特意开车来吃鱼。当然啦，也顺便瞄一眼，那个克罗地亚姑娘——冬妮娅，到底有多漂亮呀！

不久，江边戳起了一座移动发射塔，在“撮罗子”里也能上网，手机也有信号了。于是，黑嘎和冬妮娅不但经营着鱼馆生意，也做起了互联网生意。网店名曰：“撮罗子网店”。网店里卖得最火的东西，就是大麻哈鱼子酱和冬妮娅酿的野生蓝莓酒及椴树蜜，还有就是黑嘎爹缝制的鱼皮制品。订单一个接着一个。黑嘎爹感叹，世道真是跟过去不一样了。

一条江汊子的浅滩上，水流湍急。

一对大麻哈鱼在急流中露出了伤痕累累的脊背，双双的嘴儿均钩钩着，全身暗红。一条鱼的嘴巴咬着前面那条鱼的尾巴，皮开肉绽的身体扭动着，击打着水流，嘭嘭嘭！啪啪啪！冲过了那道浅滩。

突然，一个黑影在岸边的灌木丛中晃了一下，就隐了。接着，灌木丛一阵乱抖，惊起来两只花尾榛鸡（飞龙），——咕咕咕！——咕咕咕！双双飞往森林的深处。原来，那个贪吃的家伙早嗅到了大麻哈鱼的气味，在此已经等候多时。此刻，它出场了。——“黑瞎子”。

然而，出乎意料的是，大树后霍地跳出两个人来，锋利的鱼叉拦住了它的去路。“黑瞎子”嘴里呜噜呜噜地叫着，收住了脚步。那鱼叉并没有伤害它，叉尖上反倒是甩出一穗青玉米棒子，丢在它的面前。“黑瞎子”也出奇地乖顺，叼起那穗青玉米棒子，转头看了看江汊子里的大麻哈鱼，悻悻然离去。

终于，那对大麻哈鱼在一处乱石横生的水域双双停了下来，一个声音告诉它们，此处就是它们出生的地方，此处就是它们的家园。——真是令人百思不得其解，它们千里万里逆水而行，历经重重艰难险阻，无数条同类为此丧命，难道要回的家，就是这一堆乱石？就是这几根横七竖八的水草？

啪啪啪！嘭嘭嘭！鱼鳍用力挖着沟槽。——是的，应该就是这里了。

“赶紧叉吧！”黑嘎心急地说。

黑嘎爹：“——嘘！不急。再等等。”

他蹲在水边，掏出枣木杆的烟袋，往铜烟袋锅子里装了一锅子旱烟丝，点燃，吸了一口，吧唧，再吸——吧唧吧唧！——噗！一口烟雾吐出去，立时，有只蚊子蹬蹬腿，一命呜呼了。

嘭嘭嘭！啪啪啪！沟槽开好了！两条鱼的身体挨着身体，互相依偎着，眼神温暖，充满爱意。我们无法知晓，大麻哈鱼之间，肢体动作传递的是什么信号，但可以肯定——那最重要的时刻就要来临。

只见，雌鱼身体颤抖一下——一股黏液包裹着的鱼子喷射出来，喷射到石砾上，水草上，枯木上。雄鱼立即上前，快速把精液喷到鱼子上去。——成功了！它们欢呼跃动，几乎是耗尽了所有力气。至此，那创造生命的伟大壮举就算完成了。仅仅几秒钟呀！

黑嘎爹把铜烟袋锅子在一块石头上磕了磕，噗！噗！又用嘴吹了吹余灰，干净了。烟袋插进鱼皮烟口袋里，大半截枣木杆及铜烟袋嘴儿露在外面。鱼皮烟口袋扎紧，收起来了。

黑嘎爹站起来，不紧不慢地抄起鱼叉，往水里猛地戳了一下，——嗖！一条大麻哈鱼甩到了岸上，又猛地戳了一下，——

嗖！另一条大麻哈鱼也甩到了岸上。两条鱼并不挣扎，只是嘴巴咔吧咔吧的，一张一合，一张一合。黑嘎上前，把两条鱼装进鱼篓。鱼篓里啪啦啪啦响了两声，就再也没有动静了。

“唉，你媳妇冬妮娅刚生孩子，需要吃这东西补补！”

“嗯！”

“收拾家什。”

“嗯！”

“走，回家。”

“嗯！”

一个扛着鱼叉，一个提着鱼篓。江边小路上，一前一后，两个身影一晃一晃。远处，雾霭中的“撮罗子”，隐隐约约。

蒿草上的露水，忽地就湿透了脚面。接着，愈加嚣张的大雾弥漫开来——罩住了江面，罩住了江汉子，罩住了草甸子，罩住了江边上的“撮罗子”。

一切寂静无声。只是偶尔，大雾深处挤出几声嘶嘶的虫鸣。

鳇鱼圈

鳇鱼鳇鱼——在哪里？

曰归曰归，岁亦莫止。

——题记

（一）

无数个世纪落叶一般飘逝了，然而一切事情仿佛都发生在今天。

望着江面上的薄雾，隐隐地，我仍存着一丝希望——鳇鱼，应该没有灭绝吧？虽然，江里几乎见不到它的身影了。虽然，关于它的话题，渐渐生疏了。

准确地讲，与其说对鳇鱼存着一丝希望，倒不如说，我对人类自身还没有绝望。——尽头，往往就是开头呀！

鳇鱼，食肉性鱼类，体大力强。一般体重二三百公斤，四五百公斤亦有之，大者可达一千公斤以上。存活于黑龙江、乌苏里江和松花江水域。是淡水鱼中最大的鱼，被称作“鱼王”。

鳇鱼前面加一个鲟字，鳇鱼就成了鲟鳇鱼了。鲟鳇鱼跟鳇鱼是什么关系？这是一个有意思的问题。——其实，鲟鱼是鲟鱼，鳇鱼是鳇鱼，但由于二者体形体态几乎一样，外行人很难把它们区别开来，故，干脆把它们统称鲟鳇鱼了。

然而，差别还是有的——其一，颜色不同。鲟鱼一般为青灰色，鳇鱼一般是浅黄色。其二，鳃膜不同。鲟鱼左右鳃膜不相连，鳇鱼左右鳃膜几乎连在一起。其三，流线不同。鲟鱼体面上的流线是虚实相间的，鳇鱼体面上的流线是实线。其四，体量不同。鲟鱼一般不会超过一百五十公斤，鳇鱼超过一百五十公斤很寻常。长丈余，甚至更长。我看过一张老照片：一条鳇鱼横卧在数个油桶上，俄人站成一排，与这条鳇鱼合影留念。

有意思的是，俄人站成一排的长度恰好是鳇鱼的长度。站成一排的俄人是多少人呢？——我数了数，二十三人。

鳇鱼一生都在长个子，从理论上来说，它可以无限长下去——长长长。鳇鱼的性成熟比较晚些，一般要到十六岁才懵懵懂懂地知道，需要寻找爱情了。它的年龄五六十岁常见，七八十岁并不稀罕，甚至可以达到百岁。

一种事物，一旦与政治联系起来，就不再是简单的事物了。

早年间，鳇鱼是贡品。清朝时，朝廷设有专门的“鳇鱼贡”制度，有专门的衙门和官员负责此事。规格和级别也是相当高的。由于锡伯族人擅长捕鱼，朝廷便下诏选调驻守京师八旗兵中的一些锡伯族人担当鳇鱼差，直接由清宫内务府管理，网具和鳇鱼差所需物资，均由内务府专供。

奉捕鳇鱼差的官网，在江上是分段的，每个官网都有一定的水域。衙门按段为官网编号，如松花江上的“拉林十网”“舒兰四网”“扶余七网”，等等。

春季开江时，捕鳇鱼又叫“打春水”。下江之前，要举行祭祀仪式——面对江湾深水处，摆上鸡鸭、饽饽、白酒之类的供品，烧上一束香，由网达（网长）主持祈祷。仪式后，鳇鱼差和网户们把供品吃掉，继而才能下江捕鱼。

在黑龙江、松花江和乌苏里江的江边，至今尚存一些鳇鱼圈的遗迹。圈，不是朋友圈的圈，不是圆圈的圈，不是圈地的圈，不是圈阅的圈。圈，是羊圈的圈，牛圈的圈，马圈的圈，圈肥的圈，圈养的圈。所谓鳇鱼圈，就是当年江上的网户，为临时饲养候贡鳇鱼而专设的水圈。说得直白一点，其实就是大水坑。东北话，叫大水泡子。只不过，那大水泡子有护网有围栏有房舍有船坞。鳇鱼圈与大江相通，为防鳇鱼逃之有栅栏门隔之。

松花江与嫩江交汇处的鳇鱼圈最为稠密了，光是肇源县境内的鳇鱼圈沿江至少就有六处。西北呼来、古恰屯、二站、薄合台、木头西北屯、三站等处都有鳇鱼圈遗迹。二〇一八年九月间，我专程到肇源寻访了那些鳇鱼圈。——遗憾的是，所看到的“圈”，几乎都是荒凉的芦苇塘了。寂寥，冷清。

当地民俗学家程加昌介绍说，史料中有确切的文字记载——肇源县江段捕获的最后一条鳇鱼，应该是在伪满洲国时期（一九四一年夏天）。茂兴马克图渔人，在嫩江下游三岔河江面捕获的。那时的肇源在行政建制上，还不叫肇源县，而叫郭尔罗斯后旗，伪旗长叫达瓦，是蒙古族。

渔人捕到的鳇鱼有两百多公斤。鱼鳞极细，若有若无，相当于无。遍体青色，略呈黄色。脊背上有三道鳍条，鼻长二十厘米，形似圆锥，粗可盈握。鱼嘴生于下颈前，眼小。

伪旗长达瓦闻讯后说，此为贡品（实际上，光绪年间“鳇鱼贡”制度就已经废弛，达瓦竟浑然不知），应充公。便差人准备给当时在新京（长春）执政的伪满洲国皇帝溥仪送去。结果，送鳇鱼的车辆刚要启程，却又被达瓦叫停了。因为达瓦忽然想到一个问题——鳇鱼送到新京，腐败溃烂了怎么办呢？——达瓦一时也没了主意。鳇鱼在伪旗政府的院子里放了三天，头两天嘴巴还咕嘎咕嘎地动，第三天就很少动了，眼珠子也渐渐涩了。——达瓦决定，既然溥仪没有这个口福，干脆自己替溥仪吃了吧。于是，酱炖鳇鱼，喝“高粱白”小烧。一连几天，天天如是。最后，那条鳇鱼全进了达瓦及日本参事官三浦直弥的肚子里，连一根骨头都没剩下。

今朝有酒今朝醉，管它今夕是何夕。——呕！——呕！——呕！达瓦打着响嗝，吐着酒气，心满意足。

一九四五年八月，苏联红军进攻东北，日本关东军溃败，日伪政府倒台，东北光复。达瓦摇身一变，成了维持会会长。然而，达瓦毕竟心虚，后潜逃蒙古，销声匿迹。

站在肇源县两江交汇处的三岔河湿地观测瞭望台上，我望着泛着亮光的江水，不禁感慨万端了。

东北有很多地名叫鳇鱼圈，其实，都跟一个人有关。

一八六六年，一个叫王尚德的鳇鱼差向衙门报告：“窃因网户自道光二年间江水涨发，冬网碍难捕打。当经报明衙门，饬令于罗金、报马、哈尔滨等处设立鳇鱼圈，修造渔船，着夏秋捕鱼上圈，备输贡鲜。”

鳇鱼衙门还算开明，采纳了王尚德的建议，很快在松花江哈尔滨段设置了鳇鱼圈（今老江桥附近）。接着，在吉林、农安、德惠、榆树、舒兰、扶余等江段也设置了鳇鱼圈。肇源的西北呼来、古恰屯、木头西北等鳇鱼圈，还有扶余县的双屯子、达户、罗斯和溪良河等鳇鱼圈，也是在那时设置或开辟的。

“鳇鱼贡”制度规定，民间不得私捕鳇鱼，也不得擅自食用。每捕到鳇鱼，衙门要造册登记，派专人送往“鳇鱼圈”饲养。等到冬季，江水结冰之后，再将冻挺的鳇鱼送往紫禁城。鳇鱼用黄色的锦缎包裹着，装在花轱辘马车上，有官员和卫兵押运。长路漫漫，要经过数个驿站，走一个多月的时间才能到达京城。

在紫禁城里，也不是人人可享用鳇鱼的，除了皇帝及妃子之外，其他人断不可以。——也就是说鳇鱼是“皇家特供”。鳇鱼，浑身都是软骨头，没有一根硬刺，头盖骨也是软得哈的，呼囔呼囔。肉，特鲜。煎炒烹炸，想咋吃就咋吃，随便。有道是：吃了此鱼，天下无鱼。

光绪二十六年（一九〇〇），“鳇鱼贡”制度废弛。

——这一年的八月十八日，沙俄军队以保护中东铁路为名，侵入雅克萨城。随之，墨儿根、瑷珲、齐齐哈尔等城市纷纷陷落，城中官员，包括负责“鳇鱼贡”事务的官员弃城逃走。

至此，“鳇鱼贡”不废也不可能了。

(二)

鳇鱼，性格孤僻，沉稳低调。一般在深水底部活动，很少抛头露面。

每年白露前后，是捕鳇鱼的最佳季节。此间，江面上的鱼蛾就渐渐多了，就渐渐集群了。那些鱼蛾，最多也就一两天的存活期。它们在江面上雪片般乱舞，铺天盖地，近乎疯狂地表演之后，便悄无声息地死去。

鱼蛾尸体布满江面，白花花一层，惨淡不堪。

鳇鱼就从深水中游出来，张开大嘴，吃江面上的鱼蛾。鳇鱼越冬的食物主要就是那些鱼蛾。鱼蛾蛋白质丰富，给鳇鱼提供了充分的营养。

当然，嗜吃鱼蛾的不光是鳇鱼。

林区开发初期，在黑龙江岸边伐木人架起铁锅，这边添柴烧水，那边下网捕鱼。经常是这边未及水烧开，那边捕鱼的已经提着一串鱼回来了。

黑龙江里的鱼有“三花五罗”之称。——“三花”曰：鳌花、鲋花、鲫花。“三花”是三种鱼的合称。“五罗”曰：哲罗、法罗、雅罗、同罗、胡罗。“五罗”是五种鱼的合称。黑龙江上游捕鱼点有二十多处，如，劈砬子、上马场、甩弯子、二道河子、三道河子、张湾大沟、套子等等。这些水域水流平缓，浮游生物丰富，常常引来大量鱼类觅食。

捕鱼需要智慧。工具是人类能力的延伸，而工具本身就是人类的创造。因而，工具所能即是人类所能。

捕鱼的智慧体现在用什么捕鱼和怎样捕鱼。

早先，鄂伦春人和鄂温克人捕鱼主要用须笼和挡鱼亮子。

须笼是用柳条编成的，主体是个大肚子，底部系了一个网筒，迎着水流安设，鱼会顺着水流进入。起出时解下网筒，由此向外倒鱼。入口处是个锥形漏斗，有倒须，防止鱼进入后逃逸。

挡鱼亮子，多在河汊子浅水有落差的地方设置——即在河汊子流水上下落差之处的两边，向中间夹障子，只在中间留半米左右的口，口处设置一柳条编的夽子，自上游来的鱼落入夽子上，水却漏下去了。那时，江汊子里的鱼类巨多，哲罗鱼、细鳞鱼、江白鱼、葫芦仔鱼铺满河底。

挡鱼亮子是比较原始的工具，一般是在秋季，用它捕获洄游鱼。二十世纪五十年代，有人在额木尔河用挡鱼亮子捕鱼，不到二十天时间，捕鱼八万公斤。大个的哲罗鱼生猛，把挡鱼亮子撞碎，是常有的事情。

冬季呢，江面结冰了怎么捕鱼？——用冰穿凿冰眼，开冰窟窿，然后，往冰底下下拉线挂网，照样可以捕鱼。挂网的原理是用网眼挂住鱼鳃或鱼身，达到捕鱼的目的。捕鳇鱼使用的挂网，一般是大小网眼不同的多层网，最多是三层网。

渔人的心，贪不贪，看网就知道。张网，也称“绝户网”，网具张开形同一个大口袋。越向网底，网眼越小，结尾处形成一个网兜，称作“袖子”。张网的主纲系于岸边的大树上，网底绑上石头，深入水底，专等经过的鱼入网。这种网之所以称为“绝户网”，是因为它不论大鱼小鱼，均可以捕获。

趟网是黑龙江上特有的捕鱼网具。趟网较长，长达二十多米，为多片连接而成。与挂网不同，趟网主纲上有一个活动的漂子，称为“网头”，以便顺水流向江心漂浮。人在岸上撑住网的这一头，顺江走上一二里路，鱼入网时，从水里传到手上的那种一动一动的感觉，令人的心也在兴奋地动。漂子一般是木头做的——也称“耙子”。“耙子”中间有一个活动轴，由一条线连接主纲，待需收网时，一扯那条线，“耙子”啪的一下变成一个平板，便可自如收网摘鱼了。

没有网具也能捕鱼。在黑龙江开库康段的一条渔船上，一位老渔人用手指了指自己的脑袋说：“没有网，就用这个捕鱼。”老渔人说：“干什么事情都一样，得用脑子。”老渔人名叫白浪，人送绰号“浪里鱼鹰”。老渔人在江上打了一辈子鱼，黝黑的脸上尽是疙疙瘩瘩的糙肉，如同历经岁月和江水浸泡过的疙疙瘩瘩的老船帮。深谙水性，也深谙鱼性。老渔人说话的声音瓮声瓮气。话，一句一句落在船板上，把渔船弄得左摇右晃。关于鳇鱼的话题里弥漫一股湿气，也弥漫一股野性的腥气。老渔人绘声绘色地讲述了他“用脑子”捕鱼的故事。

——鱼往往夜间喜欢到江汊子觅食。他就在木船的船帮上绑一根白桦木杆子，小船慢慢自上而下在江汊子中间漂游。绑白桦木杆子的一侧对着江边，江边觅食的鱼一听到响动就往回跑。看到水面有道白线，就以为是网具，就急急地想跳过去。啪啪啪！跳出水面，却恰好跳进了船舱里。鱼群有一种现象——就是头鱼跳，其他鱼拼死拼活也跟着跳。啪啪啪！啪啪啪！顷刻间，船舱里就跳满鱼。

用不着撒网，用不着出力气，就能捕到鱼。老渔人说，此法叫“漂白杆子”捕鱼。我笑了，说，此乃“坐收渔利”也。

哈哈哈！老渔人也笑了。眼睛笑成一条线。

老渔人说，鳇鱼从来不“跳舱”，“漂白杆子”这招儿对鳇鱼不管用。但是，老渔人告诉我，早年间，在江里捕到鳇鱼也是常有的事。有一年冬天，他曾在冰窟里用缆钩捕到过一条个头甚大的鳇鱼。我问他，甚大是多大？他说，这么说吧——当时，用三张马爬犁连在一起拉一条鳇鱼，鳇鱼尾巴还在冰面上拖着呢。——你说那鳇鱼有多大？

县志中，民间捕获鳇鱼的记载多有闪烁——

一九四九年五月，松花江呼兰河口，渔人合力捕获一条三百八十公斤重的鳇鱼。一九八〇年，黑龙江漠河一处水域，有渔人捕到一条长四米，年龄五十四岁，重达五百四十二公斤的鳇鱼。一九八六年，漠河县兴安乡有渔民发现一条鳇鱼误入浅水滩，便唤来二十多个渔民，将其捕获。几个人把那条鳇鱼抬起来，上磅秤一称，重达四百五十公斤。

一九八九年，黑龙江闹春汛时，一条鳇鱼被冰块撞晕，随洪水涌入江湾，被渔人捕获。那家伙，个头也不小——三百七十公斤。

某天，黑龙江上游的北极村里多了一个从江对岸潜水过来的“老毛子”。他起了个中国名字——李德禄。据说，在江那边醉酒后，一刀把睡自己老婆的一个“哥萨克”杀了。酒醒后，悔之晚矣。在警方缉拿他的头一天夜里，他一猛子扎进江里，在漆黑的夜色中游到对岸——北极村。北极村人善良，没有告官，相反却悄悄接纳了他。

李德禄，蓝眼睛，棕色的头发胡乱打着卷卷，嗜酒如命，是捕鳇鱼的高手。他捕鳇鱼从不用网具，徒手就能把鳇鱼从水底牵上来。

他往往先踩点，观察水情，找到鳇鱼潜伏水域，然后一猛子扎下去，慢慢靠近鳇鱼，给鳇鱼挠痒痒。在不经意时，给鳇鱼戴上笼头。鳇鱼乖顺得很，轻轻一牵，就很顺从地跟他走了。

二十世纪七十年代，一批上海知青在开库康插队，常去江上打鱼，曾打到过二百七十公斤重的鳇鱼。当年的老知青回忆说：“我们几个知青，很费力地用杠子从江边把鳇鱼抬回知青点。用铡刀，把鳇鱼切成若干段。送给附近老乡一些，知青点留一些。留下的鱼段切成片，炖着吃，那鳇鱼肉香得很呀！”

距开库康不远，往上的盘古河口，浮游生物密集，是一处“鳇鱼窝子”。那年月，粮食不够吃，就有一位深谙水性的知青在河口汶水水域下滚钩，每天都能捕到一条鳇鱼，个头都在二三百公斤呢。捕到的鳇鱼，除了改善知青点伙食外，其余都换小麦了。一条鳇鱼换一麻袋小麦，解决了知青粮食不足的问题。据说，在那个“鳇鱼窝子”，那个知青总共捕到过十九条鳇鱼。

鳇鱼肚子里还能扒出许多鳇鱼子，黑亮黑亮的，像牛眼珠子似的。

鳇鱼子制成的“黑鱼子酱”，有“黑黄金”之称呢。

（三）

为了寻访鳇鱼，我来到漠河北极村。

北极镇北极村极昼街二号。一个唤作“极限农家院”的家庭旅馆，离黑龙江仅有二百米。老板叫高威，高颧骨，高鼻梁，卷头发。高威是八〇后。戴一副金边眼镜，穿鳄鱼牌T恤，灰色牛仔裤。看他的脸形和眼窝，及其神态，我判定他有俄人血统。一打问，果然，他姥姥是俄罗斯人。

“极限农家院”里有九间大瓦房，窗明几净。还有车库、水井、秋千架。院子里的一角是一片菜园，有豆角、黄瓜、南瓜、大头菜、西红柿等。时令菜蔬，一应俱全。

高威原是黑龙江上的渔民，跟随父亲打鱼。高威划船，父亲下网。父亲在江上捕鱼捕了一辈子，凭经验下网布钩，网网有收获，一般不会走空。在潜移默化中，高威跟父亲学到了打鱼的本领，也成了江上捕鱼的能手。

坐在江边的一根倒木上，我们聊了起来。高威是一九八五年一月出生的，属牛。父亲叫高洪山，辽宁台安人，闯关东来到北极村的。高威一家五口人，父母、他、媳妇和孩子。

高威告诉我，住在江边最怕的是发洪水和“倒开江”。

二〇一八年七月发了一场洪水，三十年不遇，洪水把“神州北极”的石碑和江滩上的庄稼都淹了。幸亏抢险及时，加高了江岸防洪大堤，洪水才没有漫出来灌进北极村。

“倒开江”是黑龙江上游早春时常发生的一种自然现象。这是由于江面解冻的时间差异性——下游先开而未开，上游后开却先开，致使大量冰块淤塞河道造成灾害。

“倒开江”产生的冰块和冰排，轰隆隆！连绵数里海啸山崩般涌向江岸，许多鱼虾被挤压冲撞，头破血流地被抛到江岸上，挣扎几下死去。如果“倒开江”的冰块和冰排进村，那就惨了——一准会房倒屋塌，沟满壕平。好在这几年加高了的江堤发挥了作用。出力，出汗，也算没白费功夫，住在江边的人家能睡上安稳觉了。

“捕到过鳇鱼吗？”

“捕到过。那都是早些年的事情了。”

“有多大？”

“一九九八年的夏季，曾用挂网捕过一条鳇鱼。——这是我仅有的一次捕获鳇鱼的经历。小船刚一靠岸，鳇鱼就被人买走了。一百元一公斤，一条鳇鱼卖了两千四百元。买鳇鱼的人连眼睛都不眨，把那条鳇鱼绑到摩托车后座上，一溜烟就没影了。”

“现在鱼价怎么样？”

“鱼价是越来越高。不要说鳇鱼，就是哲罗和鲤子的价格都要在一公斤两百元以上。”

从二〇〇〇年开始，黑龙江全面禁渔了——在禁渔期内打鱼是非法行为，捕鳇鱼更是违法的事情了。

现在很难见到鳇鱼的影子了。即便法律不禁止，让捕也捕不到了。除非到俄罗斯那边的江汊子里去，或许还能捕到鳇鱼。听老辈人说，之前，金鸡冠水域是一处“鳇鱼窝子”，那里的水是文水，水流平缓，常有鳇鱼活动。鳇鱼性情温和，没有暴脾气。白天在深水里沉潜，晚上便游到浅水水域觅食。

高威说，用缆钩钓鱼（也用缆钩钓鲇鱼和嘎牙子），倒钩是一项技术活儿，手必须快，否则就把自己的手钩住了。划船的人与倒钩的人要密切配合，效率才高。也用须笼捕鱼，但多半捕的是细鳞鱼和江白鱼，一晚上能捕十几公斤呢。

每年六月十日到七月二十五日是禁渔期。此间，除了江水汹涌，江面上的一切都是静静的。偶尔，有几只野鸭子飞过。——刷刷刷！

二〇一一年五月，北极村成立了旅游公司。这绝对是北极村历史上的大事——北极村所有的渔民都变成了职工。一夜之间，靠打鱼为生的人，成了挣工资的人。高威说，来北极村的人，一般都是来找北，找冷，找美的。冬天感受极夜，夏天感受极昼。高威在旅游公司的驿站搞接待，工作很体面。工资是根据学历、工龄、工作年限和工种确定的。他的工资每月三千多元，媳妇是两千四百多元。父母退休，每月领退休金一千多元。父母退休金不算，他和媳妇两人每年工资就收入七万多。家里早就买了轿车，还是越野车呢。小日子美美的。

“极限农家院”经营得也不错。每年八月一日至八月二十日，来旅游的人巨多，住宿的床位爆满。一九九三年前，高威家开的旅馆都是大通铺，一个洗手间，很快就不适宜了。游客的要求越来越高。到目前，高威家的家庭旅馆改造翻新三次了，原来每个房间七八平方米，现在二十多平方米。标准间二百元，三人间三百元。做生意重在诚信，有客人把钱包或者手机丢在旅馆的，高威发现后，都给快递回去了。后来，那些客人又都成了回头客——再来，就像走亲戚一样了。

高威望了望江面，回头对我说：“搞旅游比打鱼强多了，不用风里来雨里去。捕鱼的活儿太辛苦了，容易得腰腿疼病、风湿病。现在不愿去捕鱼了。即便江里还有鳇鱼，也不愿去捕鱼了。”

(四)

事实上，北极村跟北极圈没关系，它不过是中国版图上最北的一个村子。但是，它却紧靠一条界江——黑龙江，以江为北，以江为界。这些年，随着旅游的火爆，北极村闻名遐迩了。

江那边是俄罗斯，两边的打鱼人经常在江面上相遇，彼此相互问候！“——普里威特（你好）！”“——兹德拉斯特维捷（吉祥如意）！”也交换一些东西。——白酒啊香烟啊大列巴啊啥的。总体来说，那边人比这边少多了。早先，这边的渔民常过去到那边的江汊子里捕鳇鱼。对方睁一只眼闭一只眼。可自从普京执政后，由于俄方对边防军有奖励政策——抓到这边越境捕鱼的奖励士兵休假一个月。所以，俄方边防军的另一只眼不闭了，也睁开了。这边的人再过去捕鳇鱼，就常常被抓了。由于风险太大，这些年就几乎没人过去捕鳇鱼了。

靠山吃山，靠水吃水，靠林吃林。不靠山，不靠水，不靠林，就靠买东卖西。

二十世纪七八十年代之前，放排是黑龙江上常见的景象。在大兴安岭林区，黑龙江上游是重要的木材集散地。出现了洛古河、哈达、大马场、小马场、二道河子、三道河子、永和站和二十九站等较大的贮木场。

放排，就是把木头放到江水中，用小木杆做带，钉成排。排有大有小，用钯环和穿钉把排与排连接起来，场面甚是壮观。

早年间，北极村下游的开库康是木材编排的重要码头。从大兴安岭林区采伐下来的木头，在此集中编排后往下游流送。

经察哈彦、呼玛、旺哈达、大兴屯、张地营子等沿途码头，流送到黑河。有时，流送的木排铺满半个江面，首尾相连，蜿蜒数里。木排从黑河出水上岸，再通过公路，用汽车运送到哈尔滨。还有一条江道，就是沿松花江木排逆流而上，至双鸭山、佳木斯，直到哈尔滨，出水上岸，再通过火车发往各地。

木排流送过程中，常有皮货商上排，收购山货。他们知道，那些木排上的排工手上，会有从山里带出的许多好东西。皮张有——猞猁皮、罕皮、鹿皮、貂皮等等。药材有——鹿茸、鹿鞭、鹿胎、熊胆、麝香等等。当然了，也有熊肉干、野猪肉干、狍子肉干、犴肉干等等。不过，这些肉干都是排工在排上喝酒时的下酒美味，是自己留着吃的。贵贱不卖！——不卖！

直到二〇一四年，天然林全面停止采伐后，木排流送随即停止。江面上，再也见不到放排的场面了。

每年十月下旬，黑龙江就进入了冰封期。冰封是个渐进的过程——冰，结了化，化了结。突然，西北风一吹，寒流袭来，咔嚓一下，江面就彻底封住了。

早年的冬天，马爬犁是北极村伐木人“倒套子”（把伐倒的木材，用马爬犁拖拽到山下，集中到一起，然后再统一装车或流送，运出山外）的主要工具。冰封的江面上，任由马爬犁驰骋，马爬犁为林区木材生产立下了汗马功劳。

然而，光荣消歇，再也不用马爬犁“倒套子”了。马爬犁便闲置了。后来，村里脑子灵光的人就用马爬犁载客，在江面上，在林海雪原里，观光赏景，倒也蛮有意思。一张马爬犁一冬天下来，能收入一两万元。闲着也是闲着，有钱赚总比闲着强呀！

别人家一看，这东西能赚钱，也搞起来。一家一户各自为政，为了揽客，互相压价。张家一百元一次，韩家就八十元，徐家就六十元。高威一看这样不行，就成立了马爬犁协会，家家都是会员，统一定价，统一对外。四十八张爬犁一个价格，收益四十八家平均分配，避免了恶性竞争。

如今，北极村人的生活，跟鳇鱼已经没有任何关系了。

是啊，赚钱是为了活得更好，而幸福就是要找到如何活得更好，更有意思的感觉。

或许，没有了鳇鱼，北极村人生活的每一天也不会有太多的落寞和惶恐。太阳照样升起，大江照样奔流。

然而，鳇鱼怎么就不见了呢？——这是个问题。

(五)

鳇鱼，与森林及生态之间存在某种神秘的联系吗？一定的——物种从来就不是存在的，看似毫无联系的事物，其实，都是息息相关的。

历史，总是在自相矛盾中结束，又在自相矛盾中开始。没有了鳇鱼的江河，也便没有了神秘感，没有了故事和传说。

时间是最好的良药。随着林区大禁伐的实施，森林及其生态将恢复生机。鳇鱼是生物链条中的哪一环呢？我无法说清，但有一点可以肯定，它，是生态系统是否稳定的一个标志性的动物。

地球上的生物多样性，正在急剧下降，世界将变得越来越单一。当世界的改变速度超过物种的适应速度时，生物链条必然会面临这样的危险——崩溃。

在我们的世界存在之前，就存在另一个世界。那个世界就是自然。自然，是人类赖以生存的基础和条件。人类的进步和发展，都是先人在认识自然和改造自然的过程中获得的灵感和动力。而如今，在现代文明的进程中，科技不断进步，人类可以登上月球，进入太空了，然而，生命的源泉——自然却一天比一天糟糕了。人类在创造奇迹的同时，是否忽略了源头呢？

在物质喧嚣的现代社会，人类的焦虑越来越重。人类焦虑的内因，是欲望的升腾与扩展，遭到了现实世界的挫败和否定。人在，焦虑就在。人类，必须节制和收敛欲望，改变自己的发展方向了。

任性和纵欲是多么简单啊，内省和节制，并且自己对自己说不，那才叫费力呀！

因为，我们要的不是活着，而是生活。——该是怎样的生活？——需要我们认真思考了。

更需要认真思考的是，人类对那些濒临灭绝的物种该承担怎样的责任呢？或许，人类智慧可以拯救人类智慧所引发的任何问题。

黑龙江下游的抚远小城，是一个颇具鳇鱼文化元素的边城。抚远，有“华夏东极”之称，与俄罗斯远东城市哈巴罗夫斯克隔江相望。这里有鳇鱼博物馆，有世界上最大的鳇鱼标本，有鳇鱼保护协会，还有鳇鱼养殖企业。街巷、江边、早市、船头……甚至，抚远人的话题中都弥漫着鳇鱼的气息。

鳇鱼，是抚远的魂。研究鳇鱼文化不能不去抚远。

从漠河北极村回京不久，我又北飞抚远。为了解开心底的那些疑问，也为了亲眼看看世界上个头最大的鳇鱼。

在一个细雨蒙蒙的日子，我走进了抚远鲟鳇鱼保护协会那座白色的小楼。鲟鳇鱼养殖专家袭风祥热情接待了我。他说：“鳇鱼濒临灭绝的原因很复杂，但有两个原因是回避不了的——其一，江水污染；其二，过度捕捞。经过多年的努力，现在用人工授精方法，鳇鱼批量养殖已经取得成功。”这位浓眉大眼的八〇后，身穿迷彩绿T恤衫，T恤衫的正面印着一个大大的数字——“3”。我用手指了指，笑了。他低头看了看，也笑了。

我说：“一生二，二生三，三生万物啊！”

他说：“鳇鱼在江里重现身影，不是可能，而是肯定。”

——呀呀！鳇鱼鳇鱼鳇鱼——在哪里？

曰归曰归，岁亦莫止。

沙虫记

往南往南往南，一脚踏进海里的时候，就是北海了。北海的北边不是海，北海的南边才是海呢。北海的朋友高翔是个对吃吃喝喝颇有研究的家伙，整日里晃荡着个油亮亮的脑袋，嘻嘻哈哈的，出没于美食美味之间，北海街巷里的馆子让他吃遍了。哪家哪家的菜品如何如何，他闭着眼睛都能说出个一二五。

凡是高翔经常光顾的馆子个个生意兴隆，人气巨旺。

我刚到北海，他就问我，吃过沙虫吗？我说，不记得了——也许吃过，也许没吃过，就算是没吃过吧。他说，没吃过沙虫那怎么算是来过北海呢？我说，我这是第二次来北海了。他说，头一次来时没吃沙虫？我说，没有印象了。他说，不够意思，招呼你的朋友不够意思。不是我招呼的吧，若是我招呼的，肯定带你去吃沙虫的。他说，难怪你对北海的印象模模糊糊呢，找到原因了——没吃沙虫啊！吃了沙虫你就记住北海啦！哈哈哈！哈哈！哈哈哈！

八月的酷暑天里，油亮亮的脑袋，很有漫画的意味。七〇后的高翔上身穿一件花格子衬衫，下身穿半截子鸭蛋青色短裤，一副松松垮垮的样子。屁股后边呢，斜挎着个小包包。里面大概塞的是驾照、身份证、钞票、银行卡、钥匙、手机等等。脚上趿拉着人字拖，一走路，吧嗒吧嗒响个不停。我举目一望，不光是眼前的高翔呀，满大街的北海仔几乎都是这样的打扮，打着手机，发着短信，吧嗒吧嗒，你往路南去，他往路北走。大白腿晃来晃去的北海妹子也是趿拉着人字拖，吧嗒吧嗒吧嗒，你往东边走，她往西边去。给人感觉，这里从来就没有什么正经八本的事。休闲是这个城市和这个城市里人的永远的主题。

如果说老虎叫大虫，蛇叫长虫，整天上网的人叫网虫的话，那么趿拉着人字拖，吧嗒吧嗒吧嗒散漫惯了的北海人，该叫什么虫呢？——吃沙虫的虫。我刚要把我的感觉说给高翔听，可话到嘴边就打住了，因为他把我要说的话说了。

走，吃沙虫去！他说。听你安排吧。我说。

高翔所说的沙虫，其实就是海滩上的一种爬行的虫子，形似蚯蚓，是餐桌上的美味。沙虫退潮时藏身海滩的沙子里，涨潮时钻出沙子活动觅食。乌泱乌泱，群魔乱舞呢。

海边长大的高翔，从小就掌握了挖沙虫的技能。退潮后，拿把锄头，不断地在退潮漫过去的沙地上敲，——嘭嘭嘭！——嘭嘭嘭！就像敲饱餐后的肚皮发出的声响。敲几下后马上在敲过的地方猛挖，很快就从沙地里挖出沙虫来。这是什么原理呢？高翔告诉我，沙虫钻进沙地时，都会留下一条沙道（没有经验的人是看不出来的），在有沙道的地方用力敲，就会使沙地里的沙虫受到惊吓，慌了神的沙虫为了逃生，就拼命往沙里钻，沙虫钻沙的过程中就会有水柱溅出来。好啦！就是根据水柱情况来判断里面沙虫的去向，然后用力挖一下，刚好挖断它的逃走路途，继而擒之。

用小桶把沙虫提回家，鲜吃干吃都是美味。然而，无论是鲜吃还是干吃，把沙虫肚子里的沙粒处理干净才是关键。用竹签把沙虫的内脏翻出来，洗净里面的沙子和杂物，用开水烫两分钟捞出，即可作为食材，或是煎炒烹炸，或是煲汤，抑或是做沙虫粥，尽可由人了。但如果是做成沙虫干的话，则还有些工序呢——把开水烫过的沙虫捞出，放进竹筛里在烈日下晒干（若是遇上阴天或者是雨天，就用炭火烘烤）。为了让沙虫的形状好看，沙虫晒到七八成干的时候，把每条沙虫搓一下，让沙虫的内脏进入空气成圆形。像是一段一段细细的香肠，别有趣味。

高翔说，这东西补呢。怎么个补法？高翔说，这东西补气益肾，抑虚固本。我说，这好像是《本草纲目》的语言，你通俗点说说。他说，这么说吧——对治疗老年人尿频，小儿尿床的毛病有近乎神奇的疗效，往往吃上几条就可见效。喝沙虫泡的酒还能治跌打损伤，类风湿病。我说，想不到这小东西还有这么大的作用呢。等咱们成了老年人那天，就多吃这东西吧，免得系不住裤带，一趟一趟总去厕所。哈哈哈！

民谚曰：大鱼吃小鱼，小鱼吃虾米，虾米吃泥巴。那沙虫吃什么呢？这个民谚里没说，不过高翔说了——他说，沙虫吃的是沙粒，不不！不！准确地说，吃的是沙粒里的硅藻。他说，那东西用肉眼是看不到的。想想看，沙虫的一生也真够清苦的了。

高翔告诉我，在一定意义上，沙虫是海洋生态平衡的标志性动物。海水污染和海水水质轻微的改变，都会导致沙虫的大批死亡或成群成群地逃离。只有未被污染的海滩才会有沙虫栖息呢。我瞪大眼睛听着，并注意到高翔油亮亮的脑袋在正午的阳光下浸出一粒一粒的汗珠。那汗珠也似一条条虫哩。

北部湾地处亚热带海区，又是半封闭的海湾，水流平缓，再加上入海河流多，咸水和淡水交汇的水域生物丰富，给靠吃沙粒里的硅藻为生的沙虫提供了充足的饵料。同时，沙虫本身对海洋也起着重要的净化作用——海滩上的硅藻如果过多，就会呈富营养状态，影响海水的水质。所以，沙虫是海洋生物链中一个不可或缺的链条。

既然沙虫有如此不同寻常的生态意义，我倒不忍心吃了。我说。你看你看，我跟你絮叨半天，怎么会是这样的结果呢？高翔说，野生的沙虫我也早就不吃了，保护还来不及呢，灭绝了怎么办？人工养殖沙虫在我们北海如今是个大行业，每天有上亿条沙虫被端上餐桌，野生沙虫哪有那么多呀！放心吃吧，都是养殖的。唉，原来是这样啊！

这家伙居然与台湾那个白胡子蔡澜趣味相投。蔡澜说，每个人的生命跟整个宇宙相比，只是须臾一瞬罢了。他说，人生做什么都是副业，正业应该是享受人生，而最好的人生就是尽量地吃吃喝喝。油亮亮的脑袋也是这么认为吗？我不知道，我知道的是，这次来北海肯定是要吃沙虫了。

高翔带我去了一家小馆子吃了沙虫。一道菜叫香葱豆芽炒沙虫，另一道不叫菜了，是沙虫和鸡肉煮的粥——沙虫粥，味道果然很特别。香呢。嫩呢。脆呢。爽呢。美呢。

一个油亮亮的脑袋从青花瓷碗里抬起来，嘴角衔着半根沙虫，吧唧吧唧地嚼着，问我，怎么样？我说，我记住北海了。

猫头鹰

“哇的一声，夜游的恶鸟飞过了。”

多年前，我读鲁迅先生写下的这句话时，就在想——那只恶鸟是什么鸟呢？鲁迅先生接着写道：“我忽而听到夜半的笑声，吃吃地，似乎不愿意惊动睡着的人，然而周围的空气都应和着笑。”

唉，那只恶鸟还经常半夜发出笑声，够吓人的啊！后来，我渐渐知晓，鲁迅先生笔下的恶鸟是什么鸟了——它脑袋硕大，脸庞宽阔。它的名声，如同它的长相一样不怎么样，充满诡秘、悬疑，甚至是恐怖。它的眼神，能穿透黑暗，炯炯放着寒光。白天，它隐在树洞里或者荒草丛中睡觉。睁一只眼闭一只眼，样子似睡似醒。其实，不是醒，是真的在睡。它对事物的感知和判断，与人是颠倒的——傍晚，是它的早晨；笑声，则是它的焦虑，也是它发出的预警。

此鸟，是鹰——唤作猫头鹰。

它的头像猫，眼睛像狼。如果把它惊醒，它会双眼迷离，颇不情愿地飞起来，颠颠簸簸，晃晃荡荡，犹如被酒灌醉了一般。是边飞边睡吗？还是边睡边飞呢？真担心它忘了扇动翅膀，一头栽下来。

它的脸部永远戴着一个圆盘面具（我相信，它不是那些戴着面具抢劫银行的罪犯同伙），再配上两只大眼睛，整体跟猫脸相似。如此脸盘可不是为了讨猫欢喜，而是另有别用。别用何用？看看它的耳朵吧——两只长耳高耸，时刻保持警惕。当然，放松时，也可以随意扭动。它的耳朵是上下错位的，耳洞则位于脸盘两侧的羽毛下。耳洞开阔且幽深。脸盘的作用，类似于家用电视的卫星信号锅。换句话说，猫头鹰满脸都是耳朵，它可以更多地接收声波，汇总分析，并且通过算法判断声音来源。

由于它两只耳朵错位，导致两个耳洞并不对称，这就造成声源传到两耳的时间会有偏差。怎么办呢？还能怎么办？——它略微动一动脸盘的角度，就解决了偏差问题。何况它的脑袋可以转动两百七十度呢。在完全黑暗的情况下，它闭着眼睛，也能抓捕猎物，凭借的就是超级厉害的听觉，更进一步说，是头部“圆盘”提供的信号，使得它定位准确，毫厘不差。

猫头鹰

猫头鹰的嘴并不是很长。如钩，也如倒扣着的铜铃，捕之，抓之，啄之，刨之，抛之，拎之，生猛，强悍，有狠劲儿。

猫头鹰的羽毛有特殊的结构——自带消音功能，飞行时简直胜过隐形无人机。当夜幕降临时，它摇身一变，成为悄无声息的暗夜杀手。它每一次捕食都不随意，不出击则已，出击必是“闪电战”，斩首不犹豫。

猫头鹰常捕捉的猎物是田鼠、仓鼠、鼹鼠、野兔、跳兔等，能把整个猎物吞下去，肉消化后，再把不能消化的骨头、羽毛、毛发等残物渣滓聚成小团，从嘴里一团一团吐出来。也吃蝙蝠、蛇、蜥蜴、金龟子、蝗虫、蝲蛄、甲虫、昆虫、小鱼、小鸟等。一只猫头鹰每年可以吃掉一千多只老鼠，数不清的害虫，相当于为人类保护了数吨粮食。它不知疲倦，夜晚飞行时幽灵一般，飘忽无常，常常白影一闪，就消失了。

人惧怕黑暗，所以，借助火，发明了灯，为自己照亮，为自己壮胆。而猫头鹰却是黑暗的挚友，与黑暗同谋。虽说猫头鹰不讨厌阳光，但它更善于利用黑夜做事。

“不怕猫头鹰叫，就怕猫头鹰笑。”通常，猫头鹰的叫声，有点像发情期猫的叫声——“咕咕喵——！”“咕咕喵——！”只有焦虑或者发出警告时，才发出怪异的笑声。——“哈呀呀——呲啦！”“哈呀呀——呲啦！”声如装修工手里嚎叫的电钻，尾音撕裂，划破宁静的夜空，闻之令人毛骨悚然。

猫头鹰背负着恶名。

从不争辩，从不抱怨，从不解释。

村口，一株老榆树，树龄有七百多年了。蓊蓊郁郁，聚气巢云。村主任的桑塔纳常停在老榆树下。不想，有一天村主任从刘寡妇酒馆出来时，却发现桑塔纳的前挡风玻璃上，喷溅了两摊鸟屎。——晦气！狗日的！村主任狠狠骂了一句。抬头看看头顶的树冠，静悄悄的，却什么东西也没有。

看我怎么收拾你！狗日的！村主任差人搬来一把木梯，腾腾腾爬到树上，左寻右找，上探下捅，可还是连根鸟毛也没发现。他刚要退步下来，却发现一块树皮遮挡的树洞里，一双鬼魅的眼睛放射出杀气。啊呀！——村主任吓得大叫一声，腿一软，从树上跌落下来。幸亏树下有一个麦秸垛，否则，村主任必是一命呜呼了。

突突突，桑塔纳一溜烟开走了，朝着县城的方向。桑塔纳后备厢里装着两块腊肉、两串蘑菇。次日，县林业局来了两个专家，在老榆树下转了几圈，还蹲下来，戴上白手套，抠开树皮，小心翼翼用镊子夹出几个虫虫，放进玻璃罐里。还对着太阳，晃了晃。虫虫在玻璃罐里蠕动。末了，摇摇头。

伐树手续办妥了。村主任找到三德子。三德子开了一家木器行，加工制作旅游工艺品——比如，手串啊，笔筒啊，水杯啊，木勺啊，筷子啊什么的。家里有一把“狼牙牌”电锯，是锯大木料时才用的。村主任想好了，伐树的事就得三德子办。村主任说，三德子，你把村口的那株老榆树伐了吧。三德子正在闷头抠手机，给女朋友发微信呢。他抬头看看村主任，说，行啊，给多少工钱？村主任说，没工钱，村委会账上没钱了。上次林业局两个专家来，在刘寡妇酒馆招待的那顿饭，还打着欠条呢。

三德子说，我整天忙着呢，最近正赶制一批手串，人家等着发货呢，你还是去找别人吧。村主任说，找别人你不后悔吗？三德子说，后悔什么？村主任说，我听说老榆树地下的树根，可是制作手串的上等好料！谁伐倒老榆树，地下的老树根就归谁。说完，转身就走。

三德子眼睛一亮，冲着村主任的背影说了一个字，行。收起手机，就去角落里取电锯。

嗡嗡嗡——！嗡嗡嗡——！黄昏时分，村口响起“狼牙牌”电锯的轰鸣声。三德子正在埋头操作时，一个白影罩住了他的脑袋，接着，啪啪！三德子头部被什么东西狠狠抓拍了两下，立马口吐白沫，不省人事了。

电锯还在空转着，嗡嗡嗡！嗡嗡嗡！

正在刘寡妇酒馆喝酒的村主任闻讯后，大惊失色。他稳稳神后，立马招呼几个人，把三德子用门板抬到乡卫生所抢救。折腾半天，算是没白折腾，三德子醒过来了。可是，鼻子却歪向了一边，嘴巴也斜了，说话也呜啦呜啦的了。

村口，老榆树，被三德子锯过的老榆树，锯口流着褐色树液的老榆树仍然矗立在那里。

某日傍晚，老榆树下正在露天放电影。电影名字叫《追捕》，是日本电影，高仓健演的主角。电影里女主角叫真由美，长得真好看。当时，高仓健演的杜丘正被东京警视厅的警察追捕。“抓住他，别让他跑了！”眼看杜丘就要被警察抓住了，危急时刻，真由美骑着马，赶着马帮出现了。真由美拉了杜丘一把，杜丘翻身上马。杜丘抱着真由美骑着马，在东京街头狂奔。电影里的音乐响起——啦呀啦——呀啦呀——啦呀啦——啦呀啦——！

这一段刚刚演完，胳膊上挎着绷带的矢村警长出场了，他刚一张嘴，还未及说话，只听夜的深处，传来猫头鹰的一声狂笑——“哈呀呀——呲啦！”

闻者惊悸。

突然，就听有人喊“着火啦！”“着火啦！”——“三德子家的木器店着火了！”

银幕上满是雪花，纷纷扬扬，电影中断。

村主任高喊一声：“赶紧去救火！”

于是，人们呼啦啦迎着火光，就往三德子家木器店方向奔跑。现场人声嘈杂，救火的救火，看热闹的看热闹。村主任现场指挥，在老井旁架上水泵，接上水管子，发动马达，哒哒哒，一通猛滋，终于把火扑灭了。现场泥水横流，一片狼藉，弥漫着焦煳气味。有人拿手电筒晃了晃，只见冒着黑烟的灰烬里，有个东西拱了几下，拱出一个脑袋。村主任上前把那个脑袋拉出来，一看是三德子。眼睛，一眨一眨。

看着村主任，三德子笑了，满口白牙白得吓人。

此时，恍若有个白影在头顶一闪，就隐了。

那株老榆树的对面，就是刘寡妇酒馆。

酒馆为木刻楞建筑，一间厨舍，两间餐厅。酒馆的屋檐下，挂着一串一串蘑菇，一串一串红辣椒。风一吹，晃晃悠悠。无风，就蔫蔫的，晒太阳，也不动，也不摇。

刘寡妇很丰满，胸部浪，臀部翘。脸白白的，嘴角有个大酒窝，大眼睛看人忽闪忽闪。说话细声细语，人听了绵绵的。此时，刘寡妇系着碎花围裙，正在厨舍的案板上切腊肉。一块一块的老腊肉挂在灶台上方的横梁上，被熏得乌黑发亮。老腊肉渍出的油，偶尔就滴到灶台上。刘寡妇瞥一眼，想去擦，但一转身，总忘了擦。

村主任坐在临窗的桌子旁，守着一盘蒸腊肉、一碟油炸花生米，还有一壶二锅头白酒，透过窗子望着那株老榆树，两眼发呆。天，渐渐黑下来了，那壶酒，凉了，温。凉了，再温。反反复复，好多次了。村主任不动筷，也不动酒。就是那么望着对面的老榆树，一言不发。他好像在等什么，等什么呢？只有村主任自己知道了。

唰！一个白影一闪。立时，酒馆里似有一股风，旋了一下。接着，一只想要舔食腊肉油滴的老鼠，刚刚在灶台上露头，吱的一声就被擒住了。

吱吱吱！唰！白影就幽灵一般飞出去了。

三天后，村主任在老榆树下的麦秸垛旁边，发现了两只刚出蛋壳的小雏鸟，浑身沾满草屑，正在乱爬。一定是从树上掉下来的吧。他抬起右脚准备把这两个孽种踩死，可高高抬起的脚，又轻轻放下了。

看着小雏鸟似乎是哀求的眼神，村主任心软了。

他将那两只小雏鸟抱进刘寡妇酒馆。他嘱托刘寡妇，把两只小雏鸟喂大。买肉钱和工钱由他出。说着掏出三百元，拍到柜台台面上，顺手在刘寡妇的臀部拧了一把。刘寡妇撅着翘翘的臀，

目若朗星

忸怩说了一句，讨厌！

刘寡妇真是细心，用一个竹笼将两只小雏鸟装进去，里面置放了两个小碟子，一个每天定时投放肉粒，一个定时置放清水。还时不时为两只小雏鸟梳理羽毛、洗澡。为了增加小雏鸟腿劲儿，还在竹笼里固定了一根木棍，让它们练习抓杠。几个月后，两只小鸟就渐渐喂养大了。轮廓和面貌也更加的鲜明了——原来这是两只小猫头鹰呀!

村主任来刘寡妇酒馆喝酒，每次都不经意地瞄几眼。

突然，有一天傍晚，刘寡妇酒馆的窗台上，落下一只猫头鹰，咕咕喵——！咕咕喵——！叫个不停。

正在喝闷酒的村主任明白了——这两只小雏鸟是它的娃娃，它是领娃娃来了。村主任叫刘寡妇拎出装着小雏鸟的竹笼，置于窗台上。村主任打开笼门，转身回到屋里偷偷观察。只见猫头鹰的大脑袋快速转动，见四周没什么危险，就将一只爪子探进竹笼里，抓出一只小雏鸟。四处看了看，接着，又抓出另一只小雏鸟。于是，翅膀一抖，一只爪子各拎一只小雏鸟，就消失在了茫茫夜色中。

咕咕喵——！咕咕喵——！

村口的老榆树上，传来几声猫头鹰的叫声。

刘寡妇酒馆后院有一鸡舍，养了一群鸡，都是柴鸡。七只母鸡，五只公鸡。七只母鸡里有三只芦花鸡，两只乌鸡。一只橘黄鸡，一只珍珠鸡。五只公鸡里有三只大骨鸡，两只红冠鹤顶鸡。开酒馆嘛，除了蒸腊肉，小鸡炖蘑菇就是食客们最喜欢吃的硬菜。这天夜里，刘寡妇正在熟睡之际，后院的土墙上蹿上来一只黄鼠狼，要偷袭鸡舍里的鸡。

鸡舍里一阵躁动。受惊的鸡瑟瑟发抖，不知所措。说时迟，那时快，一个白影一闪，忽地一下，就摁住了黄鼠狼的脑袋，接着，用力一抛，就把黄鼠狼抛出了后院的院墙外。黄鼠狼哪里还敢打鸡的主意，一骨碌爬起来，惶惶然，遁之。

咕咕喵——！咕咕喵——！

刘寡妇翻个身，全然不知。她正做梦呢，梦里，村主任嘻嘻笑着，在她的臀部拧了一把。她软软地骂了一句，死鬼，滚！

雨季说来就来了。

大雨连下了三天。雨里看不见雨了，全是水。

村主任带领村民昼夜抗汛，还好，村民房屋和农田没有造成太大损失。傍晚，村主任开桑塔纳去县城开紧急防汛会议，连夜往回赶。车开到村口桥头时，嘭的一声响，一只大鸟就撞在了桑塔纳的前挡风玻璃上。他一脚踩下去，车刹住了。他定睛一看，是那只猫头鹰。猫头鹰大笑两声——“哈呀呀——呲啦！”“哈呀呀——呲啦！”顷刻间，白影一闪，就隐了。就在他惊魂未定之时，突然，一丈之外的水泥桥，轰隆一声，就垮塌下去了。洪水一卷，就无影无踪了。

目睹眼前的一切，村主任眼里，流下了泪水。

尽管遭受了洪灾，冲垮了一座桥，但秋天的时候，村里的庄稼收成还算乐观。黍子，粒粒饱满。稻米，粒粒饱满。谷子，粒粒饱满。玉米，粒粒饱满。大豆，粒粒饱满。

粮仓里五谷丰登。米缸面缸里并不羞涩。村里人没有一个饿肚子的。

是年，洪灾后百公里外的村庄相继发生鼠疫，这个村庄却安然无恙。

时间可以医治一切。三德子用电锯在老榆树身上留下的伤口渐渐愈合了。三德子的鼻子虽然没有正过来，但嘴巴基本复位，说话也清楚一些了。

不过，木器店再也没有开起来。真不错，他的女朋友没有嫌弃他。在一个晴朗的日子，女朋友（有点真由美的性格）带着他坐上一辆大客车，去城里打工了，再也没有回来。据说，三德子在城里打工时，发了一笔歪财，一夜间暴富，成了一个大老板。具体是什么歪财，三德子口风很严，没透出半个字。反正，从此三德子的人生改变了。

若干年过去了。某日，咔！一辆悍马越野车停在大榆树下。车门打开，一位脖子上挂着金链子的歪鼻子老板从车上下来了。他手里搓着两个核桃围着大榆树转了一圈，又转了一圈。而后，他搓着核桃，径直走进刘寡妇酒馆。对着镜子，正往脸上抹雪花膏的刘寡妇回头一见来客，大叫一声，啊呀，这不是三德子吗？什么三德子呀？三德子把核桃揣进兜里，腾出手来，拽了拽金链子，说，是德总，叫我德总，啊，德总！

刘寡妇：啥啥？德总？你不就是三德子吗？呀，几年不见，发达了。哈。

三德子：给村主任打个电话，叫他过来，我请他喝酒。当年，他带人救火把我从灰堆里拉出来，我还没说一句感谢的话呢。对了，我记得你家老腊肉好吃，来一盘子蒸腊肉。再宰一只柴鸡，小鸡炖蘑菇。别的菜，花生米、黄瓜条啥的，你看着上吧！

不多一会儿，村主任就来了。村主任一边往酒馆里走，一边说，什么情况啊？三德子，这么多年了，也不回村里看看。

主任啊，这不是回来了嘛！三德子掏出核桃，手里咔哧咔哧一边搓着，一边说。坐坐。村主任就在三德子的对面坐下了。村主任瞥一眼桌面，桌面上已经摆好了几碟小菜——一盘油炸花生米、一盘猪头肉、一盘辣椒油拌黄瓜条。酒是五十六度二锅头。——正用炭火温着呢。三德子随手将手里搓着的那对核桃塞到村主任手里，说，给，送你了——这一对核桃抵一辆桑塔纳。咔咔！咔咔！村主任接过那对核桃，磕了磕。耶，挺结实的嘛！这东西，村后面满山满岭都是。三德子说，村主任啊！这叫文玩核桃，跟吃的核桃是两码事。

村主任说：几码事也是核桃，还是我那辆桑塔纳比这玩意儿实用。

三德子摆摆手，说：好好，不说核桃了。我这次回村就为一件事。

村主任：啥事？

三德子努努嘴，说：就是为了那株老榆树。

村主任：还提那株老榆树，它差点要了你的命。猫头鹰的窝就在老榆树上的树洞里。谁动那株老榆树，它跟谁拼命！

三德子：我要把它买下来。

村主任：还不死心？还打老榆树根的主意？

三德子：不不，不是。这些年我想明白了一些事。这些事都跟老榆树和老榆树上的猫头鹰有关。

村主任：买下来，移到城里吗？——给多少钱不卖！

三德子：不是把它移走，是就地保护起来。老榆树的所有权还是归村集体，我买管护权，所有管护费用我来出。

村主任：三德子，你脑子没毛病吧？

三德子：我清醒得很！我每年给村委会的账上打三十万元。包括给老榆树围栏、透气、施肥、浇水等费用，够不？

村主任：够了够了！足够了！

三德子：对了，以后不能在老榆树下放露天电影了，声音太吵，恐对猫头鹰睡觉有影响。

村主任：嗯嗯。

说话间，满脸含笑的刘寡妇就把蒸腊肉和小鸡炖蘑菇端上来了。热气腾腾，满屋飘香。来来，吃吃。来来，喝喝。咣当，一仰脖儿，一杯子。咣当，一仰脖儿，一杯子。

唠着，吃着，喝着。吃着，喝着，唠着。村主任和三德子，就有点微醺了，就有点醉意了。天就黑下来了。对面老榆树上，传来几声猫头鹰的叫声，声音似乎也很悦耳，为乡村的夜晚注入了一丝有意味的音符。

咕咕喵——！咕咕喵——！

脑袋硕大，脸庞宽阔的猫头鹰，还是怪鸟吗？——还是怪鸟。我们对它的了解还只是一知半解。它为什么那样诡秘、悬疑，甚至恐怖？也许，我们永远也搞不清楚，永远也不会找到答案。然而，我们有理由坚定地相信，猫头鹰不是恶鸟，不是魔鬼，不是害人的妖怪。

画家黄永玉画过猫头鹰。那只睁一只眼闭一只眼的猫头鹰，使他名声大噪，也差点毁了他的人生。他也养过猫头鹰，别人对此颇有非议，他却善意地写了一张字条提醒来访者：“猫头鹰不咬人。”事实上，黄永玉只说对了一半，猫头鹰也咬人，但它不主动咬人，从不攻击良善者。可对居心叵测的人，对行为不端的人，对搬弄是非的人，对满嘴谎言的人，对造谣惑众的人，对狂妄自大的人，它一眼就能识破，并毫不客气地蔑视之。

猫头鹰是怎样的鸟？猫头鹰到底代表着什么？

忽然有一天，来刘寡妇酒馆的人发现，对面矗立着的那株老榆树，用围栏围起来了，有了专用浇水喷头。高处还安设了定位观测摄像头。据说，村上还制定了保护老榆树的乡规民约。不准折枝，不准攀爬，不准掏鸟蛋，不准施用除草剂，不准打农药，不准燃放鞭炮，云云。违者，罚置办酒席，请全村人吃酒三天。老榆树旁边还立起了一块石头。那是一块纹络清晰的青石，尖端长满绿茸茸的苔藓。青石的正面刻着六个大字——“猫头鹰益鸟也”。转过去看看，青石背面刻着黄永玉的一首打油诗。那首打油诗就像黄永玉本人一样诙谐有趣：

猫儿头，

鸟儿身，

嘴巴像铜铃。

白天睡大觉，

夜里忙不停，

捕捉贼老鼠，

勇猛又机灵。

“哇的一声，夜游的恶鸟飞过了。”——鲁迅先生虽然没有点破那只恶鸟就是猫头鹰，但从夜游的习性来看，不是猫头鹰，又会是别的什么鸟呢？猫头鹰，背负着恶名已经太久了。我想，是时候该把那个“恶”字拿掉了吧。

——“哇的一声，夜游的鸟飞过了。”

斑鸠来访

咕咕——舅！咕咕——舅！

叫声是从外面传来的。我抬头一看，一只斑鸠落到了窗台上。窗外，阳光灿烂，暖意融融。我的心中一阵惊喜。那是一只如鸽子一般大的灰褐色斑鸠——目光炯炯，双爪坚实，羽翼闪亮。它的颈项异常灵动，隐约环绕着一圈暗红色的珍珠，惹眼醒目，颇有贵妇人的气质。

咕咕——舅！咕咕——舅！

我百思不得其解。一层二层的窗台就不用说了，它没有落到三四五六七八九层，也没有落到十一层十二层十三层，为什么偏偏落到十层一〇二五室——我的窗台呢？一九八七年八月，我大学毕业来这座院落里工作至今，这是斑鸠首次光顾我办公室的窗台。时间与时间的延续中，有欢喜，有苦恼，有困惑，有伤感，有遗憾。或许，空间有了年轮的积累，空间里的时间就能创造出传奇。在这座院落里聚气巢云的雪松树下，我曾发现过一只黄鼬戏弄刺猬，也遇到过惶恐的野兔奔走如飞。至于喜鹊嘛，几乎天天能见到，它们或者在草坪上跳跃，或者在悬铃木上吵个不停。喳喳喳！喳喳喳！

然而，出乎意料的是，此时此刻，居然出现了斑鸠，并且是出现在十层楼上我办公室的窗台，这多多少少有些奇妙的意味了。在生态学上，斑鸠代表着什么？它怎么会出现在这里？

咕咕——舅！咕咕——舅！

斑鸠，俗名鹁鸪。它走路的姿态特别夸张，头是一点一点的，就像朴实厚道的农人耕作时点种。也许，脑袋跟身子比起来，似乎太轻了，要靠一点一点的幽默动作，来增加头部的重量，否则就会失衡呢。在空中，斑鸠的样子并不高雅，很难凭借气流轻松地滑翔，而是靠自己不停地用力拍打翅膀制造气流，才能飞翔。给人感觉，斑鸠拍打翅膀，不是为了飞翔，而是为了感受飞翔。

斑鸠的巢略显粗鄙凌乱，也不怎么符合逻辑。有的架在高树枝头，有的筑在灌木丛中，有的造在铁塔顶尖，有的搭建在悬崖峭壁上。巢呈碟状，用一些枯枝和芒草随意组合而成。巢底铺的是稀稀拉拉的树叶和羽毛。通常，一只斑鸠只产两枚蛋。白白的，一头大一头小，如同温润的玉，充盈着某种神秘的气息。

某年，我于南方某山区出差时，在高处无意间发现一只孵化期的斑鸠，紧紧抱着腹下巢里的蛋，任凭风吹雨淋。那天，风忒大，雨亦生猛，大树就像浮在海浪上飘摆。蛋在巢里滚来滚去，多次险些滚落到地上。风雨中，一只灰色的影子冲回来，哗地展开羽翼将蛋死死护住。野性的豆粒大的雨点齐刷刷砸下来，如同万箭穿背。如此孤单，如此无助，然而，斑鸠毫不畏惧。生命的繁衍是多么伟大的事情啊！——那一刻的情景深深感动了我。眼里湿湿的，也不知是雨水，还是泪水。

据说，斑鸠有预知天气的本领。它的叫声，明朗而激越，具有清冽的穿透性。民间有“单声叫雨，双声叫晴”之说。

咕咕——舅！咕咕——舅！——这是单声呢？还是双声呢？我一直没有搞明白。

北京和平里东街十八号——国家林草局主楼。这座格调很难归类的建筑总共十三层，有四百多个可以落脚的窗台，它完全可以落到别人的窗台，可它却没有做出另外的选择。它是信任我吗？知道我不会伤害它，不会惊扰它吗？我后悔事先没有在窗台上丢些米粒招待它。每一种动物在生态系统中都有独特

暖巢

的价值，不可或缺。有的给植物授粉，有的传播种子，有的控制另一种动物的数量。世界到底发生了什么？这只斑鸠的巢在哪里?它来到窗前有什么事情？是歇歇脚？是寻觅食物？是看看我的工作状态？还是传递什么消息？

我拿起手机，快速拍下若干张照片。心，怦怦跳着。唯恐它误解了我的举动。

咕咕——舅！咕咕——舅！

它，心事重重，来来回回地走动。反反复复。它还不断地翘着尾巴向四处张望。咕咕——舅！咕咕——舅！它足足停留了五六分钟，然后，用复杂的眼神看了我一眼就飞走了。

无痕无影无声。

我忽然想到了人生。其实，人生就是一个过程。人，活着就是一个一个日子的累积，以及一个一个欲望的叠加。日子从不倒置，欲望总是升腾。现代生活，是否值得以牺牲自然为代价？——从斑鸠那复杂的眼神里，我隐约感悟到了，只有它和我才知晓的某种东西，那是一种新的东西。若干年后的某一天，我终将离开这个办公室，离开这座大楼，离开这个熟悉的院落。岁月的尘埃会覆盖一切，记忆中的影像也不例外。尘埃下的昨天，以及昨天之前的一些事情注定会被忘掉，甚至，连办公室门号也会被渐渐遗忘。但无论怎样，可以肯定的是，落在窗台上的那只斑鸠复杂的眼神，我会永远记得。清晰如初。

斑鸠，斑鸠，还会光顾我的窗台吗？

于我而言，斑鸠的来访无疑是一个重大历史事件了。所有的遇见都有存念的意义吗？——未必吧。然而，所有的舍弃却是为美好事物的来临腾出空间。人，应该所求有度，有些时候，舍弃比拥有还要重要。干净，简单，抑或是一种至高的境界吧。

瞥之案头的台历：二〇二一年五月二十日。这一天并非是什么特别的日子呀。然而，它又怎能不是特别的日子呢？

我怅然若失。窗台上，空空荡荡。

网

▲

网上有悬疑，网上有聚散，网上有生死。

蜘蛛网，是几何与物理的混合物。常见的有圆网、横网、长条网、漏斗网、三角网、华盖网、不规则网。猎物落在网上，立即被粘住。被粘住的猎物都会本能地挣扎几下，一挣扎就会使网发生颤动，此时，饥肠辘辘的蜘蛛收到信号，便嗖嗖窜过来，开始用钳子收拾猎物，并享用饕餮美餐了。

法布尔说，蜘蛛不是昆虫。蜘蛛就是蜘蛛。自然之妙，在于天不重与——能走者夺其翼，善飞者减其指，有角者无上齿，丰后者无前足。——唉，可谓天道不使物有兼焉也。蜘蛛善造网，故无翅，不能翔。——这是遗憾呢，还是本该如此呢？

蜘蛛是食肉动物。食昆虫，也食自己的同类，哪怕是自己的亲生骨肉。蜘蛛生命中的头一件大事就是要远离家庭。否则，它就会被吞食。蜘蛛体态异端，面目狰狞。蜘蛛的头和胸都有坚硬的铠甲，是其他昆虫的长矛无法刺破的。它有八只眼睛，八只爪子。眼睛周围有尖锐的毛刺，防止敌方袭击。爪子如同龙爪，长且抓劲儿狠，捕猎如探囊取物。嘴巴上装备了一把钳子，咔咔，钳住的猎物，骨头必被钳断。它的腿部末端尤其强壮，比它体形和力量超大的敌方，它也不惧。它会瞬间喷出毒液和麻醉剂，令其窒息。

人，如果被蜘蛛毒液感染，皮肤会奇痒无比，严重的会造成溃烂，更严重的会昏迷毙命。某县城一家珠宝店，夜里屡遭盗匪行窃。后来，老板想出一招儿——珠宝店打烊后就挂出一个牌子，上书“有毒蜘蛛巡逻”几个字，自此这家珠宝店再未发生过盗窃案。看来，盗匪对蜘蛛之毒，也是心有恐惧。

蜘蛛的生存与繁衍全靠那张网。那张网是爱巢、食堂、库房，也是陷阱、猎场、屠宰场。蜘蛛多将网造在暗处，那是一些不被注意，或者是容易疏忽的角落。于是，那些莽撞的赤脚昆虫，那些行事草率过于自信的飞蛾，那些涉世不深，阅历浅薄，甚至有些吊儿郎当的蜻蜓和蝴蝶，就成了网上的猎物。

可以说，所有的猎物都是自投罗网的。蜘蛛从不用诱饵诱惑，不使美人计，也不用挖空心思使出什么别的计谋。那张网就设在那里。有时候，一天有二三十只猎物哐当哐当投到网上。有时候，十天半月网上不见一物，空空荡荡。

那张网就那么安静地悬挂着，以时间静待一切。

蜘蛛网无所不在。森林里，草丛中，谷仓间，屋檐之下，残垣豁口，老屋角落，废弃矿场的犄角旮旯，总之，一切容易疏忽的地方，都有可能有一张或者若干张蜘蛛网布设在那里。人在森林或者荒野中行走，经常被蜘蛛网罩住脸，弄得面上手上黏糊糊的，狼狈不堪。

与其说网是蜘蛛的生存智慧，毋宁说网是蜘蛛的艺术作品。蜘蛛造网的本领绝对是与生俱来的。造网的过程即是艺术创作的过程——蜘蛛总是竭尽全力，尽善尽美。丝，全在它的肚子里。一张网造完到底需要多少丝呢？没人说得清。造网时，它先固定一端，再固定另一端，然后将线拉紧。经线如此，纬线亦如此。如果造的是圆网，那一定是带有辐线的。辐线并不杂乱无章，而是均匀排列。相邻的辐线相交时所构成的夹角都是相等的。一张圆网，一般有四十二条辐线。无论是经线纬线，还是辐线，均自带黏性，有东西触之，必粘之。

蜘蛛每天都要抽出新丝去造网或者修补网。

为了使得网的某个部位更结实，抑或是更有美感，蜘蛛会别出心裁加固一个或者几个“保险带”。那些“保险带”有的像英文字母，有的像阿拉伯数字。然而，蜘蛛的这一习性却鲜为人知。

网上世界

讲一个故事吧。二十世纪七十年代（正是“深挖洞、广积粮、不称霸”和“备战备荒为人民”时期），东北某边境，两个民兵在巡逻执勤时，发现了蜘蛛网上呈现的神秘的英文字母——HERE，顿时瞪大了眼睛。然而，两个民兵都不懂英文，不知这些字母组合到一起是什么意思。两个民兵商量了一下，便做出决定，一个原地守候，一个火速回村里报告。不多一会儿，回去报告的民兵带着民兵连长和一位懂英文的老师赶来了。那位懂英文的老师围着蜘蛛网绕了三圈，然后驻足观察，左看右看，横看竖看，末了，嘴里吐出两个字——在此！

民兵连长：什么？

懂英文的老师：在此。

民兵连长：什么在此？

懂英文的老师：蜘蛛网上英文的字母的意思是在此。

民兵连长：啊？在此？在此干什么呢？

几个人面面相觑，神情都有些紧张。那位懂英文的老师围着蜘蛛网又转了三圈，没有发现新的蛛丝马迹。民兵连长望着蜘蛛网上的那几个英文字母，沉思不语。接着，他又望了一眼界河那边那个国家，似乎意识到了什么。他围着蜘蛛网也绕了三圈，自言自语，在此，在此，在此会干什么呢？突然，他拍了一下脑门——啊呀！妈拉个巴子的，还能在此干啥呀？分明是间谍特务在此接头啊！他手一挥，四个脑袋便聚在了一起，如此如此，这般这般。

于是，那张蜘蛛网旁边的树丛中，就埋伏下了数双警惕的眼睛。白日，也还算平静。夜里，露珠挂在蜘蛛网上，像排列整齐的珍珠。虫嘶蛙鸣不绝于耳，猫头鹰的叫声比汽车刹车声还要难听，闻之有撕心裂肺的感觉。然而，三天三夜，也未见间谍特务露面。

第四天清晨，当疲惫不堪的民兵连长，打着哈欠从朝露凝重的树丛中站起身来，正要掏出那东西，撒泡热尿，却不经意间发现了网上的蜘蛛抖落了露珠，正在拉丝加固“保险带”时，才恍然大悟。哈哈哈！——原来被狗日的蜘蛛戏弄了。几个脑袋也都从树丛中钻了出来。哗——！一泡热尿撒出去了。民兵连长抖了抖那东西，提上裤子扣实，便冲着那几个脑袋沮丧地喊了一句——撤！

蜘蛛的另一个天性——喜欢倒置，即头朝下，腹部和脚爪朝上才觉得舒服（蝙蝠睡觉时也是倒置着，把自己挂在树上）。如果把它置于某个容器中，它不会在容器的底部老老实实卧着。不消半个时辰，回头打开容器盖子时就会发现，容器里除了空气，竟然什么也没有。怎么回事？蜘蛛会脱身术吗？把盖子翻过来看看——蜘蛛在盖子的背面静静地倒置着呢。

早年间，老北京的天桥艺人变戏法，就有这项——“金蛛脱壳”。道具：一张桌子，一个黑瓷罐。黑瓷罐置于桌面上。噔噔噔！铜锣响起，穿长褂艺人出场。嗨，瞧一瞧啦，看一看啦！穿长褂艺人绕场一周。第一步，艺人拿起桌子上的黑瓷罐让人看，里面空空的。第二步，将一只蜘蛛放进黑瓷罐里，盖上盖子。第三步，将黑瓷罐拿在手里，摁住盖子晃几晃。然后，将黑瓷罐置于桌子上。嗨，瞧一瞧啦，看一看啦！艺人又绕场一周。第四步，打开盖子（盖子置于桌上），让人看黑瓷罐里面，又是空空的。用长褂的袖子在黑瓷罐里刷几刷，再让人看，里面还是空空的。其实，秘密就在那盖子底下呢，但盖子底下是不会暴露出来让人看的。

蜘蛛的四肢瘦削如柴，唯有肚子永远鼓鼓的。蜘蛛的消化系统具有惊人的能力，它可以把昆虫身内之物溶为液体，然后吸食（就像人用吸管吸饮可口可乐那样）。蜘蛛饱食一次，可以半个月不用进食，生命体能一点不减。它看起来大腹便便，实际上，那里不仅仅是食袋，更是丝囊。丝囊里的丝，似乎从来就没有穷尽过，需要多少就能抽出多少。

从一株树上到另一株树上怎么过去呢？

蜘蛛首先观察风向与风力，然后择机向对面树上抛出一个丝。在风的作用下，那根细丝的一端，飘忽不定，缥缥缈缈。忽然，突地一下，就缠绕到了对面的树枝上。这边，蜘蛛把端头拉紧，并迅速固定在树枝上。接着，它沿着那根细细的丝，唰——！就像溜索一样滑过去了。

如果它想纵身跳下悬崖，也不用担心摔死。它只要抛出一根丝线，那个丝线就会飘飘然然，起到降落伞的作用，使它缓缓着地。安然无恙。

蛛丝具有防腐功能。远远看去，有的蜘蛛网上偶尔有滴里当啷的坠物，随风摆动。那些东西，可不是可有可无的。——那是进食剩余的猎物。只有深谋远虑的蜘蛛才会居安思危，积累存货。蜘蛛用蛛丝把猎物一层一层裹起来，挂在网上，留待捕不到猎物时食用。

蛛丝坚韧无比，是钢强度的六倍。在零下六十摄氏度的极寒条件下，蛛丝仍然保持着良好的弹性。据说，一种叫作“生物钢”的新材料就是用蜘蛛丝线压缩合成的。这种“生物钢”能制造车轮外胎、防弹衣、降落伞，也可制造坦克、雷达、卫星。子弹打不穿，寒冷冻不透，腐败不能侵。

事实上，蜘蛛并非自然界的山贼草寇，也不是手段毒辣专干坏事的恶魔。蜘蛛是重要的标志性生物。蜘蛛及蜘蛛网存在的空间，说明其生态尚未被污染——土壤、水域、草木、空气是安全的。蜘蛛对农药说不，蜘蛛对杀虫剂说不，蜘蛛对除草剂说不。在那张网上，或许，还能看到人与自然关系的另外一些有价值的信息。

蜘蛛是生态链条上的重要一环，它可以控制某些害虫数量，防止其数量暴增，不致导致疫情或者灾害发生。从而，使得农田和森林生态系统处于稳定和平衡状态。在这个意义上说，蜘蛛具有控制器的作用。

蜘蛛形象，若“喜”字。在民间，蜘蛛被视为吉祥物，称之为亲客、喜子、喜母。旧时，民居门首、窗框，或者房梁上出现蜘蛛活动的踪影，有“望喜”之意——暗示着近期家里将有喜事发生。或者婚姻之喜，或者进学之喜，或者晋升之喜，或者出乎意料的天降之喜。——或许，这只是民间的一种朴素愿望吧。因为根本无法验证，民间的那些喜事与蜘蛛之间到底有什么必然联系。然而，无论怎样，蜘蛛带给人的，毕竟是喜悦和欢愉。

蜘蛛网之外，也是一张网。那是一张闭上眼睛能看见，睁开眼睛看不见的网。人在网上，日月错位，乾坤颠倒。没有方向，没有尽头。在虚幻和喧嚣的表象下，在速度与空间的矛盾中，人人不可避免地感到了迷茫、不安、凶险、焦虑、孤独、陌生、谎言、欺骗和恐慌的无所不在。因之网，固有的观念和逻辑枯萎凋零；因之网，旧有的生活方式分崩离析。人，置于网上轻易就忘记了自己的起因和传统，甚至对从前的自己也丧失了记忆。

网，到底是什么？该如何描述？

网——社会。

网——自然。

网——你们他们我们。

另一种自然

自然就是自然，但是，自然也是一切。

——题记

象牙

二十世纪六十年代初。

西双版纳某傣族村寨。芭蕉掩映，鸡犬相闻，炊烟袅袅。

是日中午，寨民岩先勇正蹲在火塘旁抱着水烟袋，咕噜咕噜吸烟。岩先勇是傣族，面部黝黑，满口黄牙。头用黑布裹着，脚上穿一双草鞋。水烟袋是用粗竹筒做成的，竹筒是新竹筒，皮绿绿的，竹节与竹节对接分明。咕噜咕噜。岩先勇用力吸了几口，烟雾从鼻孔喷出来，在火塘上空停了片刻，就被梁上挂着的腊肉吸去了。

他的嘴巴从水烟袋的端口移开，用黑黑的大拇指将烟丝往烟锅里续填了几缕，按了按，然后，抬头看一眼那块黝黑的腊肉。腊肉上落着两只苍蝇。苍蝇的脚蹬了几蹬，就将腊肉上的一滴油蹬下来，落到了火塘的火里——噗！火苗炸开，升腾出蓝色的火焰，就像是一条龙在舞动。岩先勇咧开嘴，露出满口的黄牙，笑了。

忽然，只听得窸窸窣窣一阵响，哗啦一声窗子被推开了。接着，咣当自己又关上了。岩先勇起身看看，什么也没有啊，就以为是风，就回到火塘旁抱起水烟袋，刚要继续吸，哗啦一声，窗子又开了。他惊得瞪大了眼睛——因为一只巨大的脚掌伸进了屋里，原来一根竹刺扎进了那个巨大脚掌脚底的肉里。他立时明白是什么意思了，便放下水烟袋，双手用力把那个竹刺从粗鄙的脚掌上拔了出来。那是一只大象的脚掌。

三天前，也是这头大象曾大闹寨子。

“野象来啦！”“野象来啦！”只听咔嚓一声，大象撞断了寨口一棵芒果树，接着，轰隆一声，一座谷仓塌了半边。大象挥动着巨大的鼻子，发疯似的横扫着面前的一切障碍。那对锋利的象牙，在阳光下闪着寒光。——愤怒的大象实在是太可怕了！可是，它为什么愤怒呢？

这时，有人拿出破铜锣、洗脸盆一阵猛敲；也有人挥起锄头、砍刀、长矛，高呼杀杀杀；还有人端起老火铳朝天鸣放，企图把它吓走。然而，大象根本不害怕。它转身向人群冲去，寨人四散而逃。大象把人丢下的脸盆一脚踩瘪，然后嘭一脚踢出老远。

砍柴回来的岩先勇背着一捆柴进寨，正赶上壮汉们跟大象对峙。岩先勇知道，大象一般不主动伤害人搞破坏，它今天进寨袭击人一定是有原因的。他摆摆手，让大家散去。他走上前去，把一串香蕉丢在大象面前。大象猛地挥起鼻子，在空中停留了片刻，就轻轻放下了。鼻孔嗅嗅那串香蕉，并没有卷起来吃。大象看了一眼岩先勇，眼神里透着某种哀婉。它晃了一下头，打了个响鼻，掉转身子，朝寨子外面的丛林走去。岩先勇暗暗注意到，那头大象走路时的步履一晃一晃的，似乎是前腿的一只脚掌上有什么问题。

他万万没想到，三天后大象居然求助他来了。

这会儿，岩先勇往拔出竹刺的脚掌伤口处敷了草药，然后进行了简单包扎处理。那头大象却扑通一声跪在他的面前，这是干什么呢？岩先勇丈二和尚摸不着头脑了。不过，他从大象的眼神里看出，大象好像还有什么事情需要他帮助。——莫非林子里还有受伤的大象吗？岩先勇便骑到那头大象的背上，大象慢慢起身，缓缓而行，驮着岩先勇沿着一条羊肠小路，向热带雨林深处走去。

小路旁边的荒草里，堆着圆滚滚的象粪蛋，一个一个比人脑袋还要大。该消化的东西都吸收到了体内，未能消化的树籽草籽和粗纤维就排出了体外。一些种子经过了象的肠胃处理后，就很容易发芽了。大象在什么范围活动，就把种子在什么范围播撒。象粪蛋，也是甲虫最爱吃的食物。一个粪蛋够一群甲虫享用几个月了。

不过，这头大象的肚子里有些空。竹刺造成的疼痛，痛苦难挨，几天来它无心觅食，更没有排出一个粪蛋。

这下好了——脚掌上的竹刺拔出后，浑身舒坦了不少。当它驮着岩先勇走到一块林间空地上时，便停了下来。前面双膝跪地，岩先勇从大象背上跳了下来。只见大象开始用前掌刨地，用象牙掘地，渐渐，土里就露出了三根白色的东西。

大象用鼻子卷起那三根白色的东西，送到岩先勇面前。

那是三根白色的象牙。

蟒桥

南方某山区。一寨子只有五六户人家，居于峭壁之上，一条刀劈斧削般的深渊，把寨子与外界隔绝了。寨人外出赶圩，只能走深渊之上横着的独木过去。深渊里常年积水，云雾缭绕，常有大蟒活动，身影隐隐约约。

此寨被称为“云端上的人家”。

民国初年，寨人还是刀耕火种。日子过得安稳，踏实。忽一日，暴雨狂泄，寨被水淹。深渊满盈，独木被大水冲走。寨人被困峭壁不能出。情急中，始见一黑影横卧深渊之上，搭桥救人。慌乱中，寨人相携相助自桥过，脱险。

回望之，寨人阿呆赶着耕牛正走到桥中间，耕牛惧之，腿抖不已，阿呆便用力推牛屁股，把耕牛强行推到对岸，耕牛无恙。然而，阿呆却用力过猛，不慎跌落深渊之水中，奋力挣扎。

“阿呆！”寨人惊呼。

忽地一阵风声，一道弧线横空荡过，将水中阿呆钩住，抛出深渊，阿呆得救。寨人定睛一看，那是一条大蟒的尾巴。原来，横卧深渊之上的“独木桥”便也是那条大蟒。它将首尾两端分别缠绕在树干上，用自己的躯体搭成了一座桥。

寨人叩首，无不感激。

三日后，水消。寨人置木建桥于渊上，曰之——蟒桥。寨人回寨，一切恢复如初。

是日，一蛇贩来寨，问：“此处有蟒乎？”寨人守口如瓶，半个字也未透漏。蛇贩不死心，说，“蟒皮制作二胡用，可高价收购。”阿呆看了一眼蛇贩，摇摇头。狡猾的蛇贩嘴角露出一丝不易察觉的表情。

傍晚，蛇贩悄悄来到阿呆家，掏出一枚“袁大头”银元，对着嘴巴，用力吹了一口，嗡——！回音响亮。蛇贩将“袁大头”置于案几上，不说话，走了。阿呆追出来，蛇贩摆摆手，照走。

次日傍晚，蛇贩又悄悄来到阿呆家，又掏出一枚“袁大头”，吹了一口，嗡——！又置于案几上。起身告辞。这回阿呆没有追出来。

第三日傍晚，蛇贩又来了。阿呆家的案几上已经摆了三块“袁大头”。这回，未及蛇贩开口，阿呆说：“大蟒在深渊里。”

蛇贩哈哈大笑。又掏出一块“袁大头”，吹了一口，嗡——！置于案几上。问计：“如何捕之？”

阿呆说："须网捕。"

蛇贩："然！"

蛇贩回，昼夜结网，穿梭不歇。

又过了几日，蛇贩带网临渊，并有帮手同来布网。用活鸡做诱饵。蟒入网被擒。阿呆藏在一石头后面，不敢近前。蟒被装入铁笼中欲运走。蛇贩高声喊："阿呆，蟒已被捉，你何惧之有？出来看看吧！"阿呆露出头来，往这边惶恐地悬望。大蟒也睨了一眼阿呆，目光里充满了愤怒。阿呆双腿乱颤，不能移步。

突然，笼中大蟒张开大口，对着阿呆喷出一股黄色液体。阿呆惨叫一声，一只眼睛瞬间失明。阿呆心里愧疚，纵身一跃，投渊而亡。

这时，寨人闻讯，持刀抡棒赶来。将蛇贩缚之以绳，将铁笼砸毁，大蟒放生。大蟒爬出铁笼，簌簌而动。

倏忽间，晴天一个响雷，大雨滂沱。接着，大雾涌来，大蟒无影无踪。

蛤蚌

长白山富儿岭有条河，叫富儿河，流向西南注入松花江。富儿河水流平缓，寡言少语，不急不躁。话说清朝光绪年间，有一支八旗兵，经此泗河调防。月夜，河面上人头攒动，马鸣啸啸，水中火光密如繁星。无人举火把，何来火光呢？俗语云——水火不相容。此河却水里有火，火里有水，众疑为怪。待过对岸后，回首依旧。

一个叫富尔汗的小卒悬望良久后，悄悄跟首长报告说：“此河必有珍珠!”

“何以见得？”首长问。

“水中火光即是珍珠所发。可入河捕之？”

“为甚不呢？——准。”

富尔汗脱衣赤条入河，泅水奔火光而去。不多时，得蛤蚌而归。察蚌体内果然有珠。首长甚喜。传令兵员统统下河，按火光去采，得蚌无数。蚌蚌皆有珠。大者如鸽子蛋，小者如米粒。将官兵员皆欢腾不已。

为何富尔汗能由水里的火光判定有珍珠呢？这源于他对珍珠的了解。珍珠的形成，与蛤蚌的痛苦密不可分。

本来，沙粒是沙粒，蛤蚌是蛤蚌，两者没有必然联系。但是，富尔汗自小在河边长大，深识水性，也深谙捕鱼采蚌之道。他知道，沙粒无意间进入蛤蚌体内后，便会粘在蛤蚌硬壳里面的外套膜上。这时，蛤蚌的痛苦就开始了——它必须分泌出一种叫作珍珠质的物质来排斥沙粒，才能减少痛苦。然而，无论怎样排斥，沙粒是无法出去了。这样，珍珠质就会不断分泌下去，日日，月月，年年，岁岁。不断分泌的珍珠质将沙粒一层层包裹起来，珍珠就一点点形成了。

珍珠，一向被尊崇为珍品宝物。因争夺珍珠甚至爆发过战争——恺撒大帝于公元前五十五年发动的对不列颠的战争，就是他听说苏格兰的河里盛产珍珠。罗马时代，上层的贵妇均以拥有珍珠首饰为荣。也有用珍珠强身健体的。传说成吉思汗率领蒙古铁骑西征时，每日都服用珍珠粉，滋补壮阳。

珍珠是会发光的，即便在水里，它也是会发光的。于是，寻光采捕即可得之。——这就是富尔汗的见识。见识可以帮助一个人做出正确的判断。

事实上，蛤蚌本无太大价值，肉也不怎么好吃。我小时候，在河里捕过蛤蚌。肉抠出来，扔进锅里煮，结果越煮越硬，嚼也嚼不动。·恼火，就都喂鸭子了。我捕的蛤蚌，体内从未抠出过珍珠。可见，珍珠不是轻易就能得到的。蛤蚌就是蛤蚌，但它创造了珍珠，就不是通常意义的蛤蚌了。也许，没有沙粒造成的痛苦，蛤蚌便不会产生珍珠。蛤蚌的生命及其价值，也因之珍珠的出现，而得以延伸，并有了美感和夺目的光彩。

那支八旗兵驻防后，以珠易银，充作兵饷，乐哉乐哉。

富尔汗有功，提拔为官。——什么官呢？大概相当于现在连部管兵饷管伙食的司务长吧。

猴怒

太行山腹地，某林场。山高坡陡，森林广袤。也有猕猴、野猪、狍子出没。森林里的主要树种是油松，松果满枝，颗颗饱满。松果是好东西，籽儿可以育苗，也可以熟食。

每年松果成熟的季节一到，天刚放亮，林场职工就上山采摘了。出售松果是林场的大宗经济收入。林场上百号人口主要靠松果养活着呢。然而，令林场场长头痛的是，每年采摘松果都要发生一些事故。因为人工采摘必须爬树，稍不留神，就有人从树上摔下来。前前后后，已经摔伤二十余人，摔死的也有七八个了。断腿断臂的职工越来越多，没了男人的寡妇也越来越多。

在其位，谋其政。场长寝食难安——必须得改变采摘方式了。可是，怎么改呢？有人给场长出主意说，不妨让猴子上树去采摘，人在树下捡拾即可。场长一听乐了，说，这主意好。于是，弄来一批猴子简单训练几天，就上树采摘松果，果然效果很好，甚至松果产量还多于往年。

场长走路也哼哼几句小曲了。——“天上星星千万颗，树上猴子多又多，树上猴子干什么？它把松果抛小哥。”

某日，一个外号叫“瘪嘴”的职工跟场长神秘地报告说：“山上发现宝石。”

“什么宝石？”

“腊八蒜宝石。价格很俏！”

“腊八蒜？”

“不是腊八蒜，是像腊八蒜的宝石。”“瘪嘴”从兜里掏出一块宝石递给场长，场长接过宝石朝太阳看了看。

“嗯，还真有点像腊八蒜的颜色。哪座山上发现的？”

“断头崖。”

场长一惊，说：“那上面可是没人能上去。”

“不一定吧！”“瘪嘴”说，“今年松果是怎么采摘的？”

“断头崖上有猴子吗？”

“有，二十余只，是一个家族。这颗宝石就是猴子从崖上抛下来的。”

“问题是怎么让它们把宝石抛下来呢？”

“逮一只猴子，折磨它，激怒崖上的猴子，它们就会往下抛石头，这样连宝石也就抛下来了。”

“然，就依你计。”

次日，场长及“瘪嘴”等一干人，缚猴子一只，来到断头崖下。仰视之，果然崖上树林里有猴子簌簌窜动。嗨！嗨！嗨嗨嗨——呀！“瘪嘴”大叫几声，故意引起猴子注意。不多时，崖顶一排棕色的脑袋，齐刷刷向下看。

场长说：“动手！”“瘪嘴”一刀削掉所缚猴子的一只耳朵，猴子疼痛难忍，哇哇乱叫。崖顶群猴见之，一片喧嚣——吼！吼！吼！吼！吼！随之，有零星石块投下来。

少顷，“瘪嘴”又手起一刀，猴子的另一只耳朵也被削下来。猴子头部鲜血直流，哀号不已。“瘪嘴”捏着削下来的猴子耳朵，晃了晃，故意给崖顶的群猴看。这时，崖顶的群猴被彻底激怒了，吼声如潮！石如雨下。

崖下，场长等一干人未及拾起宝石，就抱头鼠窜。慌乱中，“瘪嘴”躲闪不及，被一枚石块击中了嘴巴，满口牙齿，只剩下一颗。

从此，“瘪嘴”的嘴巴便彻底瘪了。

长嘴

某林区。护林员老孟巡山时，眼见两只长着獠牙的公野猪在打架。大个的长嘴，略小个的花腰。它们翻腾着厮杀，几个回合下来难分胜负。獠牙撞击声，咔咔咔！很沉闷。是争夺地盘呢？还是争夺跟某个母野猪发生性关系的权利呢？——老孟很好奇，干脆坐在一根倒木上看个究竟吧。

两只野猪打架太过投入，根本就没在意不远处有一双眼睛在看着它们呢。野猪打架用的武器就是獠牙，一挑，一撅，一扫，一拍，招数不多，主要看哪个更有耐力。

老孟看呆了。

只见“花腰”急速向悬崖奔去，“长嘴”以为“花腰”力气不支，败走了，哪里肯放过呢！便疯狂追赶，追到悬崖边上时，突然“花腰”一闪身，“长嘴”扑空了。——直接扑到悬崖底下，没影了。

那悬崖足足有五层楼房那么高啊！

“呀呀！不好！”老孟大叫一声，“妈拉个巴子的，花腰真坏！”叫声惊动了“花腰”，它看一眼老孟，掉头就跑，几秒后就消失在山林里。老孟起身，三步并作两步跑到悬崖边上向下看——崖底全是灌木丛，扑下去的“长嘴”砸断了很多灌木，一个黑乎乎的东西躺在地上。

那一准是“长嘴”了。

老孟急火火赶到崖底，一摸“长嘴”的鼻孔，已经断气了。

于是，老孟喊来几个护林员，大家七手八脚把“长嘴”抬回了林场场部。场长见之，高兴不已。说：“好啊！改善伙食！”就命人在场部的院子里，架起一口大锅，柴火烧得旺旺。嘴里叼着烟袋杆儿的老人，怀里抱着娃娃的少妇，鼻孔淌着黄鼻涕的小孩也赶来看热闹，院子里洋溢着欢声笑语。

大锅里的开水烧得翻滚，热气腾腾。

“来来！把野猪放到锅里褪毛。”场长撸起袖子，指挥几个小伙子下手抬野猪。哪知，“长嘴”放进锅里，被滚开的热水一烫，激灵一下，居然活了。它嘴里喷着白沫子，从锅里翻身跳起来，一下蹿到地面上，接着，又连续蹿了几下，就蹿到场部大院外面，眨眼间，就钻进一片玉米地，逃遁了。

“找——！”

场长带着老孟等人在玉米地里进行了地毯式的搜索，直到太阳落山，也没找到“长嘴”的踪影。场长看看时候不早了，就摆摆手，收工吧，各回各家。——唉，野猪肉没吃成，大家很是沮丧，但也没办法呀。

半年后，老孟发现，夜里总有个黑影时不时潜入林场家属区，猪圈里的猪哼哼几声也就没有动静了。但奇怪的是，并没有发生什么偷盗案件，老孟也就没有声张，更没有跟场长报告。

次年开春，林场职工家里养的母猪，都莫名其妙生出一窝小野猪。那小野猪个个长嘴，欢实，野性。浑身还有一股松油子味儿。

老屋

大别山脚下燕庄。

若干年前搞新农村建设，呼啦啦，村里土坯旧房全部拆除了，盖起统一标准的砖瓦结构的新屋。一幢幢，一户户，一家家，左看一条线，右看一条线。然而，村头大榆树底下一座老屋却没拆。墙上写着一个大大的字——拆！此字笔画粗壮，蛮横，很霸气，有不容商量的意味。不过，近前仔细一看“拆”字后面，还有两个字——不得！笔画瘦，薄，但很坚韧。从字迹看，“拆”是一个人写的，“不得”是另一个人写的。三个字连起来念——拆不得！

一年夏天，我途经燕庄，看到这座老屋，引起我的兴趣。直觉告诉我，这座老屋一定有什么故事。不妨探访一番，了解一下情况。轻叩柴门，一老人家开门将我迎进屋里。老人家姓许，七十余岁——就叫他许爹吧。

“别人家都住上了新房，你家的老屋是不是也该拆啦？”

“不能拆！”他指着屋顶让我看，“拆了，你说这东西该咋办？”

我抬头一看，怔住了。

屋顶房梁上居然有好几个燕子窝，每窝都有七八个粉红色的小脑袋露出来，唧唧唧唧叫个不停，透着顽皮和几分稚气。我数了数，一共七窝。大燕子在屋里穿梭，飞来飞去，不断把捕到的蚊虫，衔到窝里喂食雏燕。屋外的大燕子急匆匆飞进来，收拢翅膀，稳稳落在窝边上。动作轻盈准确。霎时间，窝里的小脑袋们吵闹着伸长了脖子，张开口袋一般的小黄嘴，边摆动边吵闹，争着要吃的。

燕子妈妈嘴对嘴把小虫子送到小黄口袋里。小宝宝急不可耐，三下两下就吞咽下去。然后，吵闹着再要，直到吃饱，就静静地趴下了，就藏起来了，小脑袋就隐了，不再露出来了。而大燕子呢，就箭一样飞出，接着觅食去了。

“好啊！这么多燕窝，这么多燕子。”我忽然想起了小时候，大人让猜的一条谜语：嘴像红辣椒，尾像剃头刀，天天都在土里宿，离土还有丈八高。谜底就是燕子窝——用泥垒成的，垒在离地一丈八尺高的屋梁上。

“过去，燕子垒窝不愁。一搞新农村建设，老屋全拆了，燕子没处安家了，就挤到我家这座老屋来了。”

“新屋不是一样能筑巢吗？”

“怎么垒窝啊？新屋前脸后腰是个四方块儿，屋顶悬空，全硬化了，不露梁，不露檩子，不露椽子，全封闭了，风都不透，燕子根本无法垒窝，即便垒窝了，光滑滑的也挂不住。”

我不语，觉得老人家说得在理儿。

“我们村之所以叫燕庄，是因为自古这里就是燕子的老家。早先，村里七十户人家，有六十户住着燕子。每年都有上千只燕子出生。燕子年年回来，吃害虫护庄稼，是功臣呢！可是，现在呢，全村的燕子就剩下了我家这七窝了。”老人家越说越伤感，眼眶也湿润了。他说，“如今，盖房子光考虑气派、洋气，人住着图舒服，根本不考虑燕子的垒窝问题。这是不对的。自古人燕同居，共存共荣。可是，人，过上了好日子，却把燕子甩了。这是不对的——早晚要出事情”。

“有道理，有道理。”

老人家问我：“见过龙吗？”我摇头。“见过伏地龙吗？”我再摇头。

“我这老屋里好东西多着呢！我带你看看。”老人指着老屋的灶台，说，“喏，这底下就是。”

原来，乡村老屋的灶口，都是烧柴的。木柴、秸秆、蒿草等木本草本可燃物，均可当柴。柴烧出的东西叫火龙，火舞动，龙就是活的。火熄了，龙就伏于土了。

年头久远的老房子，灶台固然也就老。

老灶台灶底中心烧得最红的那一块土，就是伏龙肝。老人家说：“这不是我说的，是李时珍说的。伏龙肝有什么用呢？伏龙肝是一味中药——专治腹痛腹泻、便血。灵验得很，几剂就可治愈。”他长叹一声，“可是，如今呢？——唉！”

是呀，乡村的灶口已经很少有烧薪柴的了，都改成了烧天然气，啪，一点火，蓝色的火焰就燃起来了。省时省力，不用去搞柴了。

伏龙肝渐渐退却到药典词典里了，其物渐渐难寻了。

告别老人家，告别老屋，我的脑子一直想着一个问题——在现代化进程中，我们一路丢掉的东西，还少吗？恐怕远远不止燕子，不止伏龙肝吧。

倏忽间，两只燕子从空中飞过，呢呢喃喃，掠过大榆树的树梢，便落到了老屋屋脊的老瓦上了。它们明年还会回来吗？即便明年能够回来，老屋还会在吗？

走出很远了，我又回望了一眼老屋墙上那三个字——拆不得！

虎威

何谓虎威？这个问题不太好回答。

还是从虎说起吧。古人认为，虎一生只产一胎。生一子者为虎。生二子者为一虎一豹。生三子者为二虎一彪。彪，似虎非虎。比虎凶，比豹猛。——彪，谁见过？

没见过也不要紧，世上有凤凰吗？但却有凤凰牌自行车。世上有龙吗？但却有龙的传人。

虎之性格孤僻，独来独往。每只虎都有自己的疆域，以虎尿和“挂爪”留痕划定疆界。“一山不容二虎”——这里的虎，应该是指雄虎。雄虎疆域意识极强，绝对不许另一只雄虎侵入自己的疆域，否则将有一场恶斗。雄虎生殖器生有倒钩刺。它和雌虎欢爱时，因那尖锐的刺钩钩住雌虎的阴道，拔出时钩刺是反向的，所以很难拔出。待用力拔出，阴道被刺破，鲜血直流，雌虎痛不欲生。

欢爱很美好，但是痛不欲生的欢爱抵消了所有的美好。

雌虎接受惨痛的教训，再也不敢欢爱了。

欢爱一回，风流不二——在自然中，老虎是最自律最节制最能控制自己欲望的动物。

虎是山林中的王。虎啸能使百兽胆寒。它行走时步履稳健，步态里充满底气和自信。或许，这种底气和自信，是源于它的利齿利爪利尾的强悍无比吧。

昔时，长白山林区常有药商出没，收购虎骨。虎骨与牛骨放在一起，绝难区分。有猎户图高价，屡用牛骨充虎骨。然而，药商自有办法。什么办法呢？让狗来鉴别——将骨头抛给狗，狗叼起来就走，一准为牛骨。反之，狗不敢近前，且哀鸣不已，夹尾远遁。此骨，必是虎骨了。

也有驯马者，用虎肠做马缰的。虽为烈性桀骜之马，可一旦戴上虎肠马缰后，四腿乱抖，浑身虚汗，纵使再大的脾气，顿时尽消。

未见虎，威却在。——此乃虎威也。

斗鹰

人人知道龟兔赛跑的故事——龟兔赛跑的结果：乌龟赢了，兔子输了。就速度而言，无疑应该是兔子赢，但它中途睡了一觉，疏忽大意了，乌龟慢慢赶上来反超了它。乌龟取胜的法宝，在于三个字——不停顿。

乌龟属于杂食动物，也食菜蔬，也食谷物，也食肉类。乌龟最爱吃的肉，是鹰肉。嘴里寡淡的时候，就在河边晒太阳。乌龟晒太阳，跟别的动物不同。别的动物是趴在地上晒后背，它是把自己搞反了——四脚朝天晒肚皮。其实，这样晒太阳是非常危险的，天敌来袭之时，且不说翻个身不容易，就是把自己搞正了也要耗费一定时间，即便全速逃遁恐怕也是来不及了。

是呀，这个天敌往往就是鹰。

乌龟晒肚皮时，会反射出白亮亮的光，很容易就被空中觅食的鹰发现目标。鹰就闪电一般俯冲下来，叼住乌龟的头。瞬间，乌龟的头就欻地一下缩了，缩进盔甲里。鹰嘴就被乌龟的铠甲钳住了。——疼痛难忍。然而，到嘴的肉是绝对不能放弃的。鹰抖动翅膀叼着乌龟起飞了。空中，鹰的翅膀下，乌龟悠荡悠荡。乌龟慢慢调整自己，将藏在铠甲里的尾巴伸张出来，卷曲着，用尾尖一下一下刺鹰的腹部，然后用侧面，咔哧咔哧，锯鹰脖子上的肉。原来，乌龟的尾巴是有锯齿的，那分明是一把钢锯呀。

乌龟会算好时间，在落地那一刻把鹰脖子上的气管锯断。鹰，一命呜呼了，乌龟也在瞬间安全着陆了。乌龟伸出头来，眨眨眼睛，睨一眼四周，张开嘴巴不紧不慢地开始享用美味了。

吧唧吧唧吧唧！

猞猁

吐痰成钉，撒尿成冰。

冬季，大兴安岭林区。天，嘎嘎冷。

一只饥肠辘辘的猞猁溜进林场职工老马家的鸡舍，叼起一只芦花鸡，就蹿到墙上，拟逃之。芦花鸡哀鸣不已，翅膀扑棱棱奋力挣扎。

老马出门一看，怒火满腔。抄起一根烧火棍，杀将过来。猞猁叼着芦花鸡腾地一跃，一条弧线就划向了后山。老马哪里肯放过呢，撒丫子就追。猞猁隐入一条石洞里，发出撕心裂肺的嚎叫。趴石洞口往里望，里面黑咕隆咚，什么也看不见。只是，里面有动物呼吸吐出的热气挂在石洞洞口成了白白的霜。

老马用烧火棍往里捅了捅，似有软乎乎的感觉，但烧火棍无论在里面怎样乱搅，那猞猁就是不出来。

这时，老马九岁的儿子闻讯，也呼哧呼哧赶来了。

老马把烧火棍往儿子面前一戳说："往上撒尿！"儿子掏出东西，哈着气，就往烧火棍上撒了一泡尿，末了，还打了个激灵。老马把烧火棍迅速插到石洞里，用力拧。拧拧拧。在拧的过程中，烧火棍上的尿液已经结冰，并把里面猞猁的皮毛紧紧粘住了。最后，老马猛地一用力，把猞猁拉出了石洞。定睛一看，不是猞猁，是一只獾。不对啊！明明看到是猞猁叼着鸡钻进去了，怎么拉出来的是獾呢？老马忽然想起来了，獾有冬眠的习性，也许，獾早就在里面呼呼睡大觉呢。

老马往烧火棍与獾粘连的部位踹了一脚，烧火棍与獾就分离了。獾就颠颠跑了。

老马把烧火棍又戳到儿子面前："再撒！"儿子掏出东西，脸憋得通红，撒出几滴，再抖，就没了。无奈，老马只好背过身去，掏出自己又粗又壮的东西，哗！一泡大尿就出来。老马迅速将烧火棍插到洞里，再拧，拧拧拧。再用力一拉，可拉出的又是一只獾。

到底有几只獾呀？老马有点蒙圈了。如此这般，这般如此，獾又放生了。

看来用“撒尿”法不行了——因为儿子没尿了，自己也没尿了。得换个法子了——他吩咐儿子说：“去，回家取一条麻袋，一个麻雷子。”麻雷子就是一个响的爆竹。一入冬，林区家家都备这东西，时不时就放几个，日子过得有点响动。也有鞭炮，也有“二踢脚”，也有烟花，也有“钻天猴”。

很快，儿子呼哧呼哧返回来了，将麻袋和麻雷子递到老马手上。“麻袋你先拿着，等一会儿捂洞口用。”老马一边说着，一边掏出火柴，嚓——！就把麻雷子的捻点着了，顺手就投进洞里，然后，扯过儿子手里的麻袋，用麻袋口把洞口就捂上了。只听嗵一声闷响，麻雷子就在洞里爆炸了。啪啦啦！——！一个东西就钻进了麻袋里。

“马拉巴子的，可逮着你啦！”老马把麻袋口收紧，生怕里面的东西跑了。老马背起麻袋刚要转身，洞口又欻地蹿出一个东西，三两个跳跃，就钻进了后山的林子里。——是那只猞猁。

麻袋里是什么呢？老马更蒙圈了。

不会又是獾吧？老马打开麻袋口一看——是瑟瑟乱抖的芦花鸡。好家伙！芦花鸡，居然还活着。

人与自然

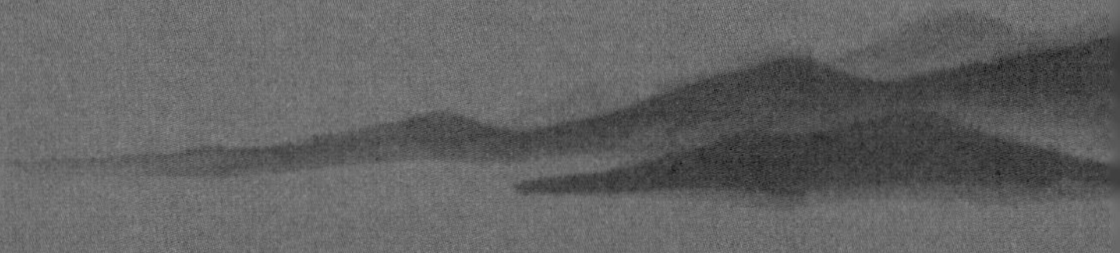

盐城纪事

回眸盐城那片土地，断不可少了这几个字——盐、场、垦、滩、麋、渔、植。搞清了这几个字，就搞清了盐城的历史根脉，就知晓了人与自然的关系。

——题记

盐

遥远的早先，地理上并没有盐城。

盐城是长江与淮河合谋，迫使大海妥协，并退缩让步而创造出来的。黄河离得远呢——原本没有黄河什么事情，可是，它却呜呜嚎叫着扑来了，蛮横地夺取了淮河的河道。二河并一河，水与水挤得生疼，疼得难以忍受，就必有一场恶战了。于是，水咬水，水撕水，你死我活，狂澜泛滥，制造出了一起又一起洪灾。后来，黄河耗尽了力气，渐渐疲软，便丢下淮河掉头奔渤海而去。然而，巨量泥沙是无法带走的，泥沙堆积于海岸滩涂，形成沙堤。当地人称之为“冈”——有西冈，也有东冈。

海纳百川，但不纳这些来路不明的东西。

大海也是有脾气的。它以海啸的方式反击，将冈淹于海中。不过，长江和淮河韧性刚健，在时间与时间的延续中，搬沙不止，淤泥不歇，硬是造沙堤成陆地，用时间改变了空间，让历史成为地理。

在这里，陆地一寸一寸向海里悄悄生长。愤怒的海，一次又一次地警告——不能这样！不能这样！但是，陆地不理睬。不是陆地不理睬，是长江与淮河不理睬。海，无奈地摊摊手，突然涌起一个浪，狠狠地砸在岸上，然后背过身去，身后留下的便是无边无际的滩涂。

我跺跺脚，试图感受一下这里的陆地与别处的陆地有什么不同。举步观之，脚下分明生出一个字——盐。

盐，卤也。天生曰卤，海生曰盐。

卤与盐是同一种物质。天然生成的是卤，海水通过烧煮蒸腾而结晶生成的谓之盐。于是，煮海为盐的地方，便顺理成章曰之盐城了。昔时，沿海岸线，盐场遍布。烟火三百里，灶煎满天星。——“煮海之利，重于东南，两淮为最。”清朝，盐税分灶课引课和杂课。朝廷财政收入“盐利十居其八”。当时，盐城产的盐称淮盐。有档案记载，淮盐课税当天下之半，仅中十场每年征盐税折银即达三万余两。——瞧瞧，当年，盐城的盐在国家经济中占有多重的分量啊！

行走在盐城的地界上，我隐隐感觉到，那种土气重，卤味足的气息，还时不时弥漫着。

盐，咸耶？淡耶？——海知道，风知道，阳光知道。

场

场，从事某种事务所需要的比较大的地方。有的场能看见，有的场看不见。剧场操场广场能看见，气场磁场情场看不见。

此场当然能看见，但此场非剧场操场广场的场，而是煮海熬盐晒盐的场。

在滩涂上造出阔达的场，潮涨时潮水袭来，灌入场中，潮落时潮水退回海里。但灌入场中的海水是退不回去了。对了，就是不能让它退回去。让风吹之太阳晒之，用锅灶煮之熬之，海水就成了盐。

盐城的海岸线，大小盐场无数。起初，盐场的盐，全靠人力肩挑背驮运出海滩。后来凿河入盐场，南北贯通，运盐的船只往来穿梭，不舍昼夜。解放了肩膀和脊背，船便成了运盐的主要工具。

贯通盐场的河，被称为串场河。即串联大大小小的盐场的河。串场河另有一个名字——下河。

当地朋友周俊说，通常所说的里下河，其实并非某条具体河流的名称，而是泛指西起里运河，东至串场河，北至苏北灌溉总渠，南抵老通扬运河的一个广袤平原地区。周俊没说错，某年，我曾参加在泰州召开的里下河文学研讨会，会上的专家也是这么说的。汪曾祺是里下河最有名的作家，他作品中的鸡斗米、菱角和豆腐干就是里下河的特产。

汪曾祺是不是在盐场煮过盐晒过盐不得而知。我无意中，却知道了这里还是另外两位作家的故乡。一位是翻译过高尔基《海燕》和普希金《金鱼与渔夫的故事》的俄罗斯文学翻译家戈宝权，另一位就是《水浒传》的作者施耐庵。我是在临别大丰时的中巴车上，才知道的。——啊，是吗？有些惊喜和意外，那一刻，我瞪大了眼睛。我对两位前辈怀着敬意，特别是施耐庵。本想去他的老宅看看，欲言又止。因为中巴车已经呼呼往前跑了。

车轮底下就是昔时的盐场。

如今，盐场早已没了踪影，可是，串场河还在汩汩地流。

串场河由北向南有十八道闸口。串场河也成了一条自然地理分界线——河东煮海为盐，盐岭积雪；河西稻黍飘香，桑麻俱美。

早先，盐城人对外介绍自己时，不说自己是盐城人，而是说自己是本场人。一个“场”字，透着亲切、乡情和特有的地域属性。当地文学爱好者办了一本刊物，刊名就叫《本场人》。我在一个书社见到了这本刊物，拿起来翻了半天，感觉很是朴素，有盐卤味儿，有海鲜味儿，也有草木儿。

垦

盐，给盐城带来繁盛，也成就了扬州富商。

然而，盐的根本在于海。海水是个问题，海滩是个问题，与海的距离是个更大的问题。

明朝宣宗年间，被称作瓢城的盐城城墙距海仅三十里，至清朝乾隆年间距海竟达一百里了，继之，至咸丰五年（一八五五）就更远了——一百四十里了。这说明什么？这说明盐城的地理和生态都发生了巨大变化，而且变化还在变化中。

对于变化了的问题，必须用变化了的认识来看待。

当黄河弃淮断然北上之后，妩媚动人的洪泽湖却原因不明地动怒了，一夜之间溃决千里，大水冲刷，致使无数盐场盐卤尽失。加之，海潮意志衰减，潮水有气无力，盐场有些尴尬了——潮水鲜进盐场，从而使得“卤气日淡，茅草日盛”。

盐场陡徒虚名，产盐量羞涩难言。盐民纷纷逃离，或者干脆就地垦殖谋生。或许，兴垦——是因之盐废，而不得不为之举。垦荒种什么？——种棉花。因滩涂土壤含盐碱巨重，而棉花喜盐碱，便大量种植棉花。

北洋政府时期，兴垦尤甚。垦区，多以丰字起名，比如年丰、鼎丰、仁丰、裕丰、益丰、同丰、德丰、阜丰、万丰、瑞丰、福丰、隆丰、盛丰、久丰、北丰等。——丰，是盐城人的祈盼和愿望。大丰，也是基于这样的思维而起的名字。

垦，是艰辛的——然而，盐城的历史绕不开这个垦字。

对于盐城人来说，垦，不是目的。

丰，才是。

滩

若干年前，我来过盐城——印象中，是参加《中国自然资源报》和盐城自然资源局举办的“首届全国自然文学论坛”活动。我的手机里一直保留着当时拍下的几张照片。就是那次的盐城之行，在东台条子泥海滩见到了一种奇异的动物——勺嘴鹬。后来我才知道，此鸟是“国际明星候鸟”，绝对稀有，全世界也不超过千只了。

勺嘴鹬并非海鸟，而是水鸟——涉禽。它似乎很少集群，常常单独活动。它的嘴巴扁扁的，就像一把勺子，随时插入水中取食。它总是疾走，欻欻欻，时而高昂着头，时而垂得低低。以滤食为主。海水退潮的时候，它就欻欻欻跑到退潮的海滩泥水中，

在觅食的勺嘴鹬

左右摇晃着脑袋，来来回回扫荡式取食，从水中过滤出小鱼、小虾、小蟹和沙虫等海生小动物。转身时，尾巴翘着，嘴巴并不抽出水面，依然在水里来来回回地扫荡，甚有趣。

东台条子泥海滩虽然不是勺嘴鹬的繁殖地，但却是全球最重要的栖息地。专家告诉我说，迄今为止，在地球上，还没有观测到哪个地方勺嘴鹬的数量超过东台条子泥的。从生态学的角度来说，这就很说明一点问题了。

勺嘴鹬的繁殖地在俄罗斯远东西伯利亚冻土地带，它的种群数量越来越少，少到在地球其他地方越来越难见到它的身影了。原因很复杂，总体来说，除了世界沿海国家的填海工程直接摧毁了勺嘴鹬迁徙时赖以取食的海岸滩涂，以及工业排污和农药污染也导致它的食物极度短缺等方面因素外，更主要的原因，地球变暖，冻土地带渐渐解冻，这就导致它的繁殖地生态改变，它偏爱的产蛋和孵化生境严重退缩和退化，处境非常糟糕。如果人类不采取措施，拯救这一物种，它走向灭绝也不是不可能的。

令我吃惊的是，盐城的东台条子泥却是例外——这里近年观测到勺嘴鹬数量却有增多的趋势。一望无际的滩涂，泛着亮亮的光。用望远镜观之，泥滩上咕嘟咕嘟直冒气泡——跳跳鱼、螃蟹、沙虫等四处蹿动。这里浮游生物和贝类相当丰富。除了勺嘴鹬，还有小青脚鹬和黑脸琵鹭等几百种候鸟，每年在这里停歇觅食的候鸟多达几十万只。如此，逻辑有些悖谬了——至少说明，盐城的东台条子泥海滩食物充足，浅水生物多样性丰富，生态系统安全。

勺嘴鹬是一个标志，是一个符号。在某种意义上，它意味着盐城的生态保护和修复取得了重要成果。它意味着，盐城人尊重自然，敬畏自然，顺应自然，保护自然并非是喊喊口号，而是落实到了具体的行动中。

东台条子泥海滩是一个动态的海滩。

潮汐涨落影响着海滩的一切。潮沟就像是伸展的动脉和静脉，勾连和疏通着潮滩湿地和外海之间生物、营养和能量交换关系。在潮涨潮落中，海洋的生物多样性也得到了充分体现。

海滩，潮滩，泥滩，沙滩——生生不息，在哺育万千生命的同时，也创造了故事和传奇。

麋

呦呦呦——！呦呦呦呦——！麋鹿昂起头，又在叫了。

麋鹿是一种奇异的动物，野外一度绝迹。

它似马非马，似牛非牛，似驴非驴，似鹿非鹿，俗称——四不像。麋鹿就是麋鹿，何必像这像那呢？

大丰麋鹿苑是国际重要湿地。它是上了国际重要湿地名录的——江苏仅有两个——另一个——还是不说了吧——只说大丰麋鹿苑吧——此处河汊纵横，泥滩湿地水域湿地大小不等，形态多多。西晋张华所著《博物志》载：千千为群，掘食草根，其处成泥，名曰麋畯，民随此畯种稻，不耕而获其利，其收百倍。

麋鹿竟能造出水田。

瞧瞧，麋鹿与人的关系是如此奇妙！

牙獐和白鹭是麋鹿的挚友。麋鹿到哪里，牙獐和白鹭就相伴相随到哪里。白鹭常常站到麋鹿的脊背上，有时也顽皮地落在麋鹿的鹿角上。涉水时，麋鹿迅疾奔走，尾巴是翘起来的，也许是防止尾巴被水弄湿吧。然而，奔走时溅起的水花，还是会把尾巴弄湿，上岸后，它会剧烈地抖动全身，也抖抖尾巴，把水珠抖落。噼里啪啦！噼里啪啦！此时的白鹭，只是在旁边伸长脖子看，帮不上任何忙。

麋鹿是怎么灭绝的？这是一个谜，就像恐龙的灭绝，我们无法知晓真正的原因一样。但无论怎样，与这样两个原因是有关系的。一则，栖息地减少或生态遭到严重破坏，湿地滩涂被垦为农田，麋鹿失去了野外生境。二则，无节制的捕猎，导致麋鹿种群数量严重减少，进而走向灭绝。

如今，通过人的努力，野外又有了麋鹿种群。这无疑是世界野生动物保护历史上的奇迹。我从条子泥去笆斗村，走的是一条海堤路，海堤路两侧芦苇丛生。当地朋友说，芦苇丛中随时有野生麋鹿出没其间。我瞪大眼睛，不时注意海堤两侧的动静。突然发现，有一个黑色的脊背在苇丛中穿行，疑为麋鹿。我站在高处静静观察，那涂满灰泥的黑色脊背动了动，终于露出头了——不是麋鹿，是一头吃草的水牛。嘴巴嚼着青草，头摇了摇，驱赶着蚊蝇。犄角跟着头摇了摇，划出了几道弧线。然后，照旧埋头吃草。

我有些怅然。

当地作家徐向林说，麋鹿喜湿喜泥，经常把自己弄得满身泥巴，一头杂草，然后站在高处炫耀。——在麋鹿看来，这是一种美。

呦呦呦——！呦呦呦呦——！忽然，苇丛深处传来麋鹿的叫声。闻之，我的心头一阵惊喜。

渔

东台县黄海之滨有个渔村，叫笆斗村。

笆斗是古时一种容器，笆斗是盛水的呢？还是盛米的呢？其实，盛水盛米都行，就看人想用它盛什么了。

怎么起了这么一个名字？名字后面一定有故事。时间仓促，而我却忽略了。

笆斗村闻名遐迩。据说，这里盛产黄泥螺。村里的餐馆，头牌主打菜必是爆炒黄泥螺。北京、天津、上海、南京和徐州等地的食客，不远千里万里来笆斗村，就是为了咂吧几粒爆炒黄泥螺。看来，爆炒黄泥螺真的是吃了还想吃的美味呀。

可惜，我来时已经过了饭口，没有吃到爆炒黄泥螺，甚遗憾呢。不然，约上好友，温上一壶老酒，一边咂吧爆炒黄泥螺，一边谈着生态文学，一定很惬意。

不管世界怎样变化，笆斗村以不变应万变。它固执地坚守着自己的传统和习俗。出乎意料的是，笆斗村竟然也有自己的语言体系。比如把世代与海打交道叫抱海。管盛饭叫添饭，管洗碗叫汰碗。

春季渔汛是笆斗村最重要的渔事。春节一过，正月初头就开始为迎接渔汛做各种准备了。结网，补船，加固风帆。笆斗人常常是一边劳作，一边喊着号子。嗨吆——！嗨吆——！汗水和快乐，也都在号子里了。

在笆斗村，我恰巧赶上一场渔人下海时的喊号子表演。表演者，皆为渔人。有的担着担子，有的扛着网具，有的提着篮子，有的挥着木桨。现场气氛热烈，看得人热血沸腾。

笆斗村人遵循“上船不光脚，下船不光头”祖训，生产和生活中，皆有严格的禁忌。比如，出海捕鱼时绝对不说翻、沉、破、离、散、倒、火等字眼。把船帆一律称为船篷，扯帆唤作扯篷。

番瓜不叫番瓜，叫转瓜。番茄叫什么呢？我却忘记问了。不过，不用问，我也知道了——西红柿呀！

呃——！万万不可跟翻字扯上关系。番与翻谐音呢。

植

它紧邻黄海，也可以称其为黄海岸边的一颗绿色明珠了。

——什么？明珠？明珠是稀有珍贵之物呀。可是，怎么能拿明珠与它比呢？它的生态价值和生态意义，胜过多少明珠啊！——我说的是黄海国家森林公园（原东台林场）。这里的关键词有三个。其一，黄海；其二，国家；其三，森林公园。——牌子是不是有点大呀？不过，大有大的道理，它意味着一定的规格和等级。

我先后两次来黄海森林公园，每次来对这里生态系统都有新的认识，新的理解。

时光也可以倒转。北宋年间，这里还是一片汪洋大海。

范仲淹在西溪任盐官时，为了防止海啸，兴修“范公堤”。“范公堤”以西广大地域，泥沙沉淀为滩涂，滩涂地富含盐碱，种农作物几乎颗粒无收。必须先降解土壤中的盐碱成分，才能耕作种植农作物。

可是，历朝历代没把这片土地当回事。

终于，历史掀开了新的一页。一九六五年六月二十六日，东台县林场建立。说是建立，实际上当时除了一张纸（建场文件），什么都没有。不过，要说什么都没有也不全对。这里也有盐蒿和白茅。然而，当时，建林场的目的，似乎并不是改善生态状况，而是利用沿海荒滩，植树造林，降解土壤中的盐碱成分，并逐步解决生产和生活的用材需要。

十八名青年来到盐碱滩上，将行李扔到一边，未植树，先造屋——用砖头和茅草盖起了工棚。有了遮风避雨的棚屋，就算有了栖身之所，就可以甩开膀子治理荒滩——植树造林了。

植树，植什么树？树种是个大问题。大家把目光齐刷刷投向那个戴眼镜的人——朱龙山——全场唯一的大学生。朱龙山毕业于南京林学院，学的是林学专业。他经过反复试验，反复植造，确定的头一个树种叫刺槐。刺槐这东西命贱，好活。刺槐要是植不活，那就没有能植活的东西了。

刺槐是当地的乡土树种，耐盐碱耐瘠薄，喜湿喜光。它可以使土壤迅速脱盐脱碱，虽然它生长缓慢、成材率不高，用途不广，但它是先锋，是勇士，是功臣。

朱龙山是林场的首任场长。他有理想有抱负有作为。他说话不多，但说的话管用。他说，植树不可树种单一，要讲究树种结构，既要适地适树，也要针叶树阔叶树混交，乔灌草结合。

接着，植下了刚竹。接着，植下了意杨。接着，植下了银杏。接着，植下了芦苇和菖蒲。

说话间，南京林学院传来消息——林学家郑万钧发现并繁育成功了孑遗树种——水杉。朱龙山得知后，兴奋得欢呼雀跃。因为，他的老师来信告诉他，水杉耐盐碱，不惧湿涝。朱龙山星夜兼程赶到南京，将老师培育的水杉苗运回林场，试植上百株，当年居然全部成活了。此后，朱龙山自己大批繁育，大批种植，迅速扩展了荒滩上的绿色面积。

植树植树植树。一代接着一代干，汗水和青春化作了绿色，化作了承载着梦想的秀美画卷。

直到今天，黄海国家森林公园的森林面积已达到六万八千亩。水杉林刚竹林意杨林银杏林刺槐林，蓊蓊郁郁，聚气巢云。

是的，树的背后是人——人的探索，人的苦干，人的奋进，人的抗争和坚持不懈的精神。

历经时间的积累，人工林的生物多样性也在日渐增多，生态功能也在逐渐提升。常有喜鹊、斑鸠、野鸡、秧鸡在林中跳跃，偶尔，也有牙獐和麋鹿光顾觅食。虽然，这里的人工林还不是完整意义的森林，但至少可以说，是近自然的森林。

举目四野，满眼翠绿。

一行一行，一丛一丛，一带一带，一片一片。

临别时，我为黄海国家森林公园写下这样一句话——起初，这里只有盐蒿和茅草，而今天这里有了一切。

闽与闽人

闽

何谓闽？在闽地问闽人，答曰：昔时，蛇为闽人图腾。门里奉蛇，即闽也。——闻之，惊悸，面有惧色。行走闽地数日，举足小心翼翼，恐蛇腾蹿，遭其袭击。然，却终未见一条蛇。每日里倒是涛声贯耳，海风濯面。

海涵闽地，闽在海中。闽人何人？曰——非捕蛇者，而乃讨海的人。闽人通海理识水性，习于斗浪，便于用舟。海，闽人之田也。食之用之，皆为海物。

闽地长乐，一面靠山，三面临海。此处自古就是造船基地。海湾里，松木料杉木料樟木料堆积如山，供造船之所用。闽地之木其性与水相宜，故海船以闽舟为上。叮叮当当！当当叮叮！——造船匠舞锯弄斧，日日造船不歇。所造之船有多大呢？曰：“可运米数千石。”古代量器，从小到大，依次为：龠、合、升、斗、石。怎么计量呢？——二龠一合，十合一升，十升一斗，十斗一石。石，乃最大的量器了。数千石有多重算算就知道了。

南宋时，长乐造船业全国闻名。有诗曰：“州南有海浩无穷，每岁造舟通异域。”长乐造的船，又称为“福船”。当时，海运所用之船多为“福船”或按“福船”标准造的船。看看一些史料，是怎么记载当时长乐造船业的吧——“福匠善守成，凡成船之格式赖之。”按说，浙人造船也很厉害，但技法与闽人相比，便也没了底气——“浙亦用福船耳，若浙中自为造船，必往闽中买料。”

“云帆高张，昼夜星驰”——明代，郑和下西洋（共七次）可谓盛况空前了。郑和，又名郑三宝，其所乘“宝船”，也是长乐建造。当时，郑和船队首次下西洋有六十二艘舰船，皆为“福船”。船队人数超过两万七千人。“福船”上配置了黄铜与钢铁制成的火炮，又被唤作“飞天喷筒”，亦曰“赛星飞”。船有多大呢？——大者，长四十四丈四尺，阔一十八丈。主龙骨与尾龙骨均用松木制成，连接在主龙骨前端的首龙骨用樟木制成，粗大坚实，纵向强度无比。帆有十二张，舵杆数百根。船体稳健，适合远洋航行。

数百名舵手操作之，“顺风相送”“牵星过洋”。

闽人不但识水性，擅操舵，且有血性，多骁勇志士。大清帝国水师管带多为闽人。战则战之，力战而胜，不知降。若不胜，则亡而入海。

在闽地，我一直思考一个问题——闽与海，以及闽人与海，到底是一种什么关系呢？

蟳

在闽地长乐，吃蟳。

起初，我以为那东西就是蟹，可闽地诗人林秀美告诉我，不是蟹，是蟳，很鲜。蟹跟蟳有什么区别呢？——我话到嘴边，却没有再问。林秀美在闽西山区长大，问她太多恐有不妥。不过，我想，或许它们本来就没有本质的差异，可能就是叫法的不同吧。

蟳产于闽江口，海水与江水的汇合处。蟳壳比蟹壳要厚些，颜色暗红。另一位闽地朋友阿根说，当地女人坐月子，吃蟳，补呢。男人败肾，中年秃头，老人眼浊，吃蟳，也补呢。闻之，我环顾左右，看在座的哪位需要补补呢？回京后，我翻阅汪曾祺谈美食的书，未见他提及蟳，估计老先生未吃过这东西，不然的话，依照其性情，一定会留下些许文字的。

海那边是台湾。据说，邓丽君爱吃蟳粥，台湾粥铺里必有这种粥。阿根告诉我，台湾还有一道小吃叫红蟳米糕，人人爱吃。

吃蟳跟吃蟹的方法相同。掰，拆，挤，咬，嚼，吸，吮。

我本来不爱吃蟹啦虾啦啥的，太麻烦，费事不说，还弄得手上尽是腥气。但那天盛情难却，还是吃了。不吃不知道，一吃才知晓：那东西果然是美味呢！

阿根在海边长大，小时候就是捕蟳的高手。他说，捕蟳有四种方法。一曰笼蟳，将竹篾制成的有倒须的蟳笼，置于岸脚，蟳自行爬入，退潮后即可手到蟳来。二曰摸蟳，退潮后沿还有流水的港汊泥滩摸，就能摸到蟳。三曰踩蟳，在滩涂找蟳洞，找到后用脚踩蟳。四曰钩蟳，判定蟳在洞中，即用铁钩把洞中的蟳钩出。

阿根说，煮蟳，万不可活着就下锅，那样出锅时，蟳脚会悉数脱落，蟳的气性很大，蟳脚会气掉的。怎么办呢？捕回蟳后，先不解草绳。用一根竹签，从蟳嘴插入，再放一会儿，蟳就不动了，这时下锅煮，蟳壳变红即可出锅。

啊呀呀！蟳味飘香，邻里皆知，闻者流涎。

岚

平潭，简称“岚”。何解？曰：山间的雾气经日照后发出的光彩。——如梦如幻。

然而，空中俯瞰平潭，却状如麒麟。岚在哪里？岚的天敌是风，遇风，岚便隐入海里了。

闽地风猛，尤以平潭为甚。平潭处在台湾海峡的峡口中，太平洋上所有的风，都挤压到这里，散而聚之，小风成了大风，大风成了狂风。时不时，还有台风。峡口被风挤得憋闷啊！——然而，憋闷也得咽下去。

风，嗷嗷叫，张着大口要吞噬一切。

到了平潭才知道，原来，风是有牙齿的。

平潭，本名平坛，因其主岛——海坛岛——在海上远望如坛而得名。古城南街有块巨石，民间称之为“平磹”，意为平坦的岩石。“磹”与“潭”谐音，后来，“磹”被渐渐遗忘，“潭”取而代之了。

也许，水同石头相比，岛民更喜欢水吧。

丈量一下平潭吧——南北长二十九公里，东西阔十九公里，总面积三百二十五平方公里。是大呢？是小呢？——闽地超过它的岛屿没有了，还不大吗？够大了吧！而就全国来说，超过它的岛屿还有四座，依次为台湾、海南、崇明，还有哪座呢？想不起来了。

其实，平潭非孤岛也——除了海坛岛，还有一百二十六座岛屿，七百余个岩礁。称之“千礁百岛”，一点不为过。

平潭民居皆为石头厝——石头垒起来的建筑，无屋檐，无翘角。木门和木窗都很窄小，屋顶的瓦上还压了许多石块，主要是为了抗拒台风和狂风袭击。树还是有的。平潭的海岸防护林多以木麻黄、三角梅、南洋杉、黑松和相思树为主。这些树木根系发达，木质韧性好，斗志昂扬。不惧风，不怕浪，不折不弯不倒不屈服。

早年间，大陆与平潭之间，“非舟楫不能往来”。二〇二〇年十月一日，中国首座公路铁路两用大桥通车，高铁入岚由梦想成为了现实。

据当地朋友说，平潭与台湾新竹的距离仅有六十八公里，隔海相望。我站在平潭的猴岩岛巨石上，往对面用力眺望，除了滔天巨浪，间或也有海鸟的翅膀划过视野，其余的一切都是空茫茫。

猴岩岛上怪石嶙峋，常年受风浪的侵袭。岩石的颜色，不尽相同。有的暗红，有的深灰，有的浅白，有的青绿，有的褐紫。

怪石在狂风的蹂躏下发出恐怖的叫声，若麒麟望天而吼。——嗷嗷嗷！

岩石，一定被风浪折磨得疼痛难忍呀！怎么办呢？还能怎么办？——叫呗！

嗷嗷嗷！嗷嗷嗷！

薯

闽地有座先薯亭，亭里立有先薯碑。为谁立的呢？——陈振龙——先薯之父。这里所言之薯，即红薯也，亦称甘薯、番薯、地瓜。

明末清初，倭患横生，闽地屡经海禁。开了，禁；禁了，开。开开禁禁，禁禁开开，几多反复。在禁与开的缝隙间，二十岁的陈振龙考取了秀才。然而，他放弃考取的功名，放弃了近在眼前的利禄，只身下南洋菲律宾吕宋岛搏击商海。他要换一种活法，他要闯闯世界，用自己喜欢的方式度过人生。起初，陈振龙只能倒腾一些“水货”。后又经营“行货”，打开局面，一跃成为闽人杰出富商。

在吕宋岛上，陈振龙被一种遍地生长的植物所吸引——其叶深绿，如猫儿大小；其茎如藤，善攀爬走窜；其根硕大，埋于土中，生熟可茹，食之甘饴。此物功同五谷，此物何物呢？询问夷人，咸称之薯。

陈振龙立刻意识到，此物充饥可当粮食，应当引到国内栽种，补充食物不足。然而，此物被视为“伊国之宝，民生所赖”，严禁出境。看来，用合法手段将此物运回国内是不行了。于是，他就寻求另外的办法。

头一次，他把红薯藏于藤箱底部，出关时却被查出来，收缴了。二一次，他把红薯藤编入竹篮，拎着竹篮过关，结果，也还是被拦住了。继之，三番五次，俱未成功。

然而，陈振龙不气馁，从未放弃努力。

一五九三年五月，陈振龙将薯藤编入船上的一根缆绳中，然后将缆绳抛入海中。如此这般，躲过通关时的查验。船启航了——船尾拖着缆绳，缓缓驶离吕宋岛。站在甲板上的陈振龙瞥一眼海中漂浮的长长的缆绳，终于长长舒了一口气。

是年，闽地遭受特大旱灾，田禾干枯，谷物绝收。就在闽地巡抚金学曾忧虑种种，寝食难安之际，有人悄悄献上“薯藤种法禀帖”——并告之，此物可食。巡抚金学曾大悦，曰：“既为民食计，速即觅地试栽，若收成之日，果有成效，将薯呈验。”

陈振龙把家乡一个水塘边的荒地开掘出来，试栽红薯。四个月后，刨开田垄，只见——“子母相连，小者如臂，大者如拳，味同梨枣，食之充饥，且生熟煨者均随其便。”由这段文字可以看出，当时的陈振龙是多么兴奋呀。是啊，经历了种种曲折，终于取得成功！红薯，可以在中国落地生根了。

红薯粗生贱养，不择田地肥瘦。“上地一亩约收万余斤，中地约收七八千斤，下地约收五六千斤。”正是由于红薯产量极高，很快成了当时闽地的代粮之物。

明朝万历年间，朝廷下诏将这种引自“番邦”的植物，定名为“番薯”。因巡抚金学曾大力推广种植此物有功，“番薯”又被称为“金薯”。当时，一位唤作叶向高的诗人闻讯，即兴作了一首《金薯歌》——“孰知传种一书生，畴及国计民生之大利。”农学家徐光启亦特意撰写《甘薯疏》，助推红薯种植技术。

康熙年间，红薯种植及相关技术传到浙江、江西、湖南、湖北、河南、河北及山东等地。如今，城市的街角，也常见烤红薯的摊位，烟火气缭绕。烤红薯的香味，为寒冷中的北方城市注入了一丝暖意。

我老家东北把红薯叫作地瓜。我记得，早先的农家火炕上，正月里铺上沙土开始育地瓜秧。来年春天将地瓜秧移栽到地里，水浇足了，几天之后，地瓜秧就会放开身段，铆足了劲儿生长。记忆中，缺粮少吃的日子里，肚子咕咕叫时，是用地瓜充饥平息腹内发出的嘶鸣，让我们的日子得以延续。

红薯、甘薯、番薯、地瓜——有多少生命靠它度过了饥荒？

这种其貌不扬，甚至有些粗鄙的食物，谁人不知？谁人不识？那个最早引种的人，功勋当得比神农啊！可是，他的名字，他的故事，谁人知？

——闽人陈振龙！我向你致以崇高的敬意！

汕尾之尾

山上鹧鸪羌，海里马鲛鲳。

——汕尾民谚

汕

海岸，是海的疆界，也是陆的边缘。

哗——！拉开窗帘，汕尾品清湖尽收眼底。站在酒店的窗前，远眺富有诗意的蓝色海湾，海湾里泊着的渔船，还有海湾上空飞翔着的翩翩鸥鸟，有令人迷醉的感觉。——那画面，实在太美了。

“葫芦头，沙坝尾。”——就是指这里吗？

一道长长的沙舌，伸进海里，不经意地造就了一个天然的避风港——汕尾港。那道沙舌，是挡浪遮风的屏障，也是港口赖以存在的生命长堤。

海浪，一波一波涌来，一波一波退去。

品清湖为潟湖，潮涨时碧波荡漾，潮落时优雅安静。在潮涨潮落的时间更迭中，生长出一座汕尾城。

清初，汕尾开埠，沟通海外，连通八方，商贾云集，逐渐繁荣。也曾灯红酒绿，也曾风月欢歌。——有“小香港”之称呢。

汕尾汕尾，何谓汕？当地朋友告诉我，汕，有三个意思。——其一，鱼在水中游动的样子。用汕造句，比如：鱼在水中汕汕然。其二，汕者，海滩高处也。其三，汕者，有山有海的地方。我听罢，禁不住笑了。——或许，这三个意思在“汕尾”一词中都存在吧。

汕尾当地的语言，更接近闽南的“福佬话”——“美”“尾”不分，“线”“汕”不分。

在汕尾期间，我隐隐感觉到，汕尾人似乎不太喜欢本地“汕尾”的名字。一则，汕尾与汕头容易混淆，并常被误当成汕头。某年，某歌星在汕尾举办演唱会，面对热情欢呼的汕尾观众，他大声喊道：“汕头的朋友们！你们好！”——汕尾观众闻之，很是不爽。二则，“尾”字在中国人的思维里，地位有点尴尬。——宁做鸡头，不做凤尾嘛。

不过，对此，我却另有看法。

——暂且搁下，后面再说吧。

蠔塭

塭，如我一样的北方人，多半是不会知道此字何意的。这并不奇怪，一方水土，养一方人；一方水土，也一定产生一方文化。到了汕尾，我才知晓：塭，跟温暖的温同音。有土地温暖之意。在汕尾，塭者，特指海水淡水交汇有暖意的渔场也。亦唤作塭场。

塭场，有养鱼的，有养虾的，有养蟹的。一般几十亩至百多亩不等。塭场，与海相通，也与河相连。水口处设闸若干，潮来任其涨满，潮退晒塭。每天干塭不超过四个小时。潮涨时便在闸口置网，网网不空。网里网住的是鱼是虾是蟹，还是什么别的生猛海鲜，那要看运气了。

塭场，汕尾海岸浅滩上多有之。近年，汕尾长沙湾晨洲村在塭场里养蠔闻名遐迩了。

蠔，别名：生蚝、牡蛎。蠔，是繁体字，简化字是蚝。我喜欢用繁体字的——蠔，笔画多，厚实，有蛮劲儿，符合蠔的性格。简化字的蚝，太单薄，太轻飘了。在汕尾，把产蠔的浅海曰之蠔浦。而养殖蠔的蠔田，则称之为蠔塭了。养蠔的渔人呢，当然叫蠔民了。

早年，晨洲村只是一个自然岛屿。这里的陆地面积不足一平方公里。然而，这里的浅海区域却阔达，水质优良，海水中浮游生物丰富。附近的生态系统完好，各种自然条件优越。水的盐度偏低，水温适中，在十五度至二十五度之间，特别适合蠔的生长。当地朋友开玩笑说："随便往水里扔块石头，都能长出蠔来！"

"真的吗？"我听得瞪大了眼睛。

走进晨洲村，真是大开眼界。这里用蠔壳砌墙，用蠔壳盖房子，用蠔壳屑铺路，用蠔壳屑筑堤堰……从村中心广场到村庄的角角落落，无处不弥漫着蠔的气息。

这里有中国首个（或许，也是全世界首个）蠔文化博物馆。蠔的前世今生，用文字和实物，一一展示出来。看罢晨洲村蠔文化博物馆，我们来到晨洲村后的海滩，只见海滩上到处都是一块一块的蠔塭。戴斗笠的蠔民正弯腰在塭里劳作。托石，打桩，摸蠔，采蠔。见我们来访，便远远地招招手，算是对客人的问候了。晨洲村共有一万四千亩蠔塭。好家伙，每年产蠔一万四千吨呢！晨洲蠔，以其肥、嫩、鲜、美，而饮誉四方。正宗的晨洲蠔，蠔肚子是白的，耳朵厚而黑，且有六片。非晨洲蠔，就难说了。

如今，晨洲村已经成为中国最著名的蠔乡了。

蠔，有“海底牛奶”之称。生蠔干，又被称为蠔豉。汕尾话“蠔豉”音近“好市”。早年，汕尾人往往开年时把发菜与蠔豉同烹，图的就是“发财好市”的好彩头。清代李调元曰：“蠔，生食曰蠔白，腌之曰蛎黄，皆美味。”汕尾人喜欢食生蠔——刚刚出海水的生蠔，还带着海洋的鲜度，肥硕鲜腴。把蠔肉抠出来，撒上几滴柠檬汁，或者蘸芥末食之，鲜美无比。汕尾朋友不无夸张地说：“一蠔下肚，雄风骤起。”

哈，够劲儿啊！

马鲛

马鲛，即马鲛鱼也。汕尾人称马鲛鱼时，马鲛马鲛地叫着，往往把“鱼”字省略了。

在碣石湾海滩，我们正逢渔民赶海回来，一担一担的鱼正往岸上搬运。有带鱼、黄鱼、螃蟹、皮皮虾，还有鲳鱼、马鲛鱼。看到马鲛鱼时，倏忽间，我想起清代画家聂璜。聂璜曾画过一幅马鲛鱼图，图上还题了一行小字：“此鱼尾如燕翅，身后小翅上八下六，尾末肉上又起三翅。”

聂璜的记述准确吗？——我蹲在沙滩上仔细观察渔民鱼篓里的马鲛鱼，数了数，小翅还真是“上八下六”呀！然而，尾末肉上并无三翅呢。怎么回事？是不是聂璜搞错了？我用手一摸，却明显感觉到那马鲛鱼的尾部有三个凸起的肉脊存在——这大概就是似翅非翅的“三翅”吧。

不知什么原因，聂璜对马鲛鱼却持着偏见。聂璜对马鲛鱼的评价是：“最腥，鱼品下之。”啧啧，评语够低了。

然而，汕尾人对马鲛却格外偏爱。

“山上鹧鸪羌，海里马鲛鲳。”

“鲳鱼嘴，马鲛尾。”

——这是两句汕尾民谚。瞧瞧，汕尾人把马鲛鱼与鲳鱼并列，并一语道出了马鲛最好吃的部位。

好嘛，马鲛鱼在汕尾人的心里，地位是多么高啊！

马鲛鱼体形溜长，鱼头及背部呈蓝黑色，侧面有数列蓝黑色圆斑点，腹部奇白。背鳍与臀鳍之后有角刺。马鲛鱼尾巴肉厚，刺少。肉质洁白细嫩，糯软甘爽，味道鲜美。

当地朋友说，马鲛鱼一般生活在海洋的中上层，为了保护自己，迷惑天敌或者猎物，才演化成这样的体色。

马鲛是充满智慧的鱼。从上往下看，由于鱼体背部在自然光下，与海水的颜色一致。从腹部下面往上看呢，马鲛鱼的腹部与水面颜色及天空的颜色，也几近相同。所以，即便离马鲛鱼很近，也不易发现它。

碣石滩上，很是热闹。摩托车往来穿梭，鱼贩子、餐馆的老板、海产品加工者均蜂拥而至，眼珠子叽里咕噜转着，嘴里哇啦哇啦说着当地土话，挑三拣四地选购渔民刚从渔船上卸下来的海货。几个小时后，广州、深圳等南方城市的餐桌上，就可以吃到汕尾马鲛鱼了。

——汕尾马鲛！鲜呢！

黄羌

我要说——黄麂就是黄羌。你信吗?

黄羌，跟“云朵上的民族”羌族无关；跟六音孔的羌笛乐器无关。它是汕尾山里的一处地名——汕尾东部的一个小镇。但我们去看的不是黄羌镇，而是黄羌林场。这里森林茂密，野猪、黄麂、水鹿、蟒蛇等野生动物出没其间。远远地，我们看到护林站小白楼的后山上立着一块牌子，上面写着两行大字——“前人栽树后人乘凉，前人伐木后人遭殃”。

当年，这一带绿色的山林里曾经是“红区”。

是的，汕尾东部山区及其海岸曾经是彭湃和杨其珊闹革命，建立中国第一个县级苏维埃政权的地方。彭湃当时做县教育局局长，在大树环抱的龙舌埔“得趣书屋”成立了“六人农会”。那时，彭湃就爱树木，爱自然。他带领学生上山植树的照片，至今仍挂在旧居的墙上。杨其珊懂医术，会武功。他广开武馆，办诊所，为农民习武或者就医提供方便。其实，武馆和诊所也都是秘密交通站，传递情报，联络地下党。海陆丰农民运动搞得轰轰烈烈，深得毛泽东的赞赏!

革命也要穿衣吃饭，为了改善伙食打牙祭，上山打猎是常有的事。那时，革命队伍里最先进的家伙就是“汉阳造”步枪了。不过，打猎是舍不得用的，那是杀敌的武器。打猎用的，往往是土造的鸟铳。

嗵——！一家伙，猎到一两只鹧鸪并不稀罕。要是猎到一只黄羌，架上柴，火烧得旺旺，热气弥漫地炖上一锅肉，香喷喷，还真是够队伍改善一顿伙食了。黄羌是什么呀？——黄羌是汕尾土话，其实，黄羌就是——黄麂。

黄羌，也称麂子、黄猄、山羌。早年间，海陆丰一带的海岸山林里，黄羌身影多有闪现，觅食时，黄羌机警灵敏，不时跳跃，躲避危险。黄羌为食草动物，以灌木嫩叶和幼芽及嫩草为主要食物。喜欢独居，生性胆怯，遇敌害时会先静止不动，立耳观察动静，判断危险来自何处后，再蹭蹭跳起迅速逃窜。

黄羌皮熟制后，相当柔软，可制多种皮具。当年，寻一块羌皮，用于擦“汉阳造”，擦梭镖，擦长矛，擦药箱，擦眼镜，甚是讲究了。不过，如今，黄羌已列为国家保护的野生动物了，对猎捕行为一概说不。违者，还要追究法律责任呢。

生态需要时间的积累。护林站的负责人告诉我，这几年，护林员巡山时，经常见到黄羌。野猪更是多得成灾。

我盯着“羌”字，看了好久，不住地点头——嗯，从字形上看，“羌”字还真像黄麂呢！如此，此地地名叫黄羌，必是与这种虽然腿细，但机敏，弹跳功夫了得的野生动物有关了。

机警是生存的本领

不过，我们这次来黄羌林场，却没有见到黄羌。

山林里寂静无声。偶有鸟语滴落，啾啾啾——！啾啾啾！是鹧鸪吗？无人应。接着，一片空白。又静了。

突然，灌木丛簌簌一阵摇动。呀，——呀呀。我屏息驻足，等待那个跳跃的灵巧身影出现。可是，等了半晌，却什么也没有等到。

怅然若失。

尾

海的尽头，是海岸。

海的起点，是海岸。

东方红，太阳升。太阳跳出海平面那一刻，新的一天开始了。

一般而言，按照太阳的运行法则，东上西下，东前西后，东头西尾。然而，汕尾毕竟不同，汕尾是与海洋息息相关的地方。——在这里，尾，并非终点，而是陆地与海洋相遇之处，陆路与海路对接的端口。

汕尾的海岸，弯曲而复杂。这里有长沙湾、碣石湾、红海湾、遮浪滩、金厢滩等名字极具浪漫诗意的海岸，也有暗藏岬角、顽石、岛礁及悬崖峭壁等怪异险峻的海岸。

岬角，是汕尾海岸出人意料的景观。岬角，往往是海与海的分割器，湾与湾的隔离点。岬角，以不变应万变。因之岬角，海的一边，可能是汹涌澎湃的喧嚣世界，而另一边呢，则可能是风平浪静的沉思之所。

海岸，从来就不是静态的，每时每刻都处在动态的变化中。陆地生物和海洋生物都在海岸附近繁衍生息，一代一代，绵绵不绝。面对大海，海岸讲述陆地的故事。面对陆地，海岸讲述大海的故事。一遍一遍，一遍一遍。

哗！后边的浪，推着前面的浪。哗——！哗——！哗——！无数涌来的浪，造就了海岸上的沙滩。可是，浪在用力甩出一个传奇后，竟在海岸上眨眼间消失了，留下的只有白白的沙，还有无数饱满的生命。——海岸，长着牙齿吗？

汕尾汕尾，如果说汕尾是一尾鱼的话，那么，鱼之动力，不是取决于头，而是取决于摆动的尾了。

——汕尾汕尾。

——汕美汕美！

漆与漆人

“生漆光辉夺人眼，试点一点倾人城”——这是古人赞美生漆的诗句。中国是漆树的原产地。生漆，历史上曾被广泛利用。早在尧舜时期，黑色漆器就用作食器了。唐代以后，日用器具，甚至乐器、兵器，几乎无物不漆了。漆器，与丝绸、瓷器一道，成为中国文化向世界传播的重要载体。

二十世纪五十年代初期，周恩来总理为坝漆题词——“坝漆名冠全球”。据我所知，共和国总理专门就生漆给一个地方题词，仅此一次，仅此一例。坝漆，可谓漆中之王也。因坝漆主要产地在鄂西利川市毛坝镇山区，故名坝漆。毛坝镇地处武陵山山脉余脉，星斗山高耸于东，马鬃岭逶迤于北，山峦重叠，沟壑纵横。这里原为施南土司辖地，明朝时为宣抚司所属。境内最大的河流唤作毛坝河，由大小二十三条溪流汇聚而成，河水滔滔，清澈如碧。毛坝常年云雾缭绕，聚气巢云，雨量丰沛。自然条件得天独厚，特别适合漆树生长。

坝漆的品种有很多种，我能数出来的名字有“阳岗大木”“阳岗小木”“猪油皮”“毛叶柳”“冲天小木”，等等，可以数出一个长串，就不数了吧。

从坝漆资源情况来看，“阳岗大木”，毛坝镇有一百余万株，占坝漆总量七成以上。“阳岗大木”，主要分布在海拔五百米至一千二百米的山林中，树高多在八米至十米左右，树冠呈老式座钟形，幼时树皮灰褐色，成年树皮纵裂，紫红色。分枝低，漆叶茂密。漆的单产为坝漆之冠，漆质也好。

坝漆有什么特点呢？用行内的话说，就是二十个字——品质醇厚，色如琥珀，气味芳香，抓木力强，成膜坚实。当地土家族歌谣赞道：“坝漆清如油，照见美人头，摇起琥珀色，提起钓鱼钩。”瞧瞧，唱词如此形象生动，若是经由土家族妹子唱出来，也许更有味道了。

旧时，涂宫殿庙宇建筑，涂木船，涂家具，涂棺材，涂坑木等都用生漆。因之坝漆具有耐热，耐油，耐溶，耐腐的性能，加之绝缘和防渗的功能强，在清代就已闻名遐迩了。二十世纪八十年代之前，坝漆是国家重要军工物资，军舰、核潜艇、导弹等均用坝漆涂饰表面，防腐，防热，防辐射。

坝漆种植历史始于清代顺治年间，民国时已形成批量生产。有史料记载，一九三六年，毛坝镇坝漆年产量就已达五百九十担。一九七五年后，毛坝镇相继建起了坝漆研究所、坝漆职业中学和坝漆林场，为坝漆研究和生产培养了一批又一批人才，也培育了一个又一个坝漆漆林基地。一九四九年至一九八六年坝漆总产量达到四百四十四万斤。光是一九八六年一年的产量就有二十三万斤。斗与升，斤与担，都是重量单位。一斗等于十升，一担等于十斗等于一百升。一担谷与一担米是不同的，一担谷是一百二十斤，一担米是一百八十斤。一担漆是多少斤呢？或者，多少斤漆相当于一担呢？怎样换算，怎样折合呢？我的脑子里还真是不甚清晰了。

为了寻访坝漆，也为了见识一下漆人割漆的劳作场面，初秋的一天，我专程来到毛坝镇青岩村。

在一片坝漆漆林旁边，我结识了一位漆人，他叫吴兴海。一打问，才知晓，脸膛黝黑的吴兴海是土家族，一九五七年出生，现年六十二岁。爷爷、爸爸还有他，吴家三代都是割漆人。十三岁时，他就随父亲上山割漆，至今快五十个年头了。

这天清晨，吴兴海就接到利川市林业局造林股股长朱禄志的电话，说是有个作家要采访他。他吃过早饭，就戴上草帽，穿上一双解放鞋，背着漆具，趟着露水，来到这片漆树林旁等我了。

漆树是一种神秘的树。不是所有的人都能靠近漆树的，漆树能够散发一种无法描述的气息。有的人近前，可能会发生皮肤奇痒现象，几日后，甚至会导致皮肤溃烂。也有的人近前，可能会狂打喷嚏，甚至窒息，生不如死。

吴兴海提醒我，不要莽撞走进漆树林中，要保持一定距离，适应一下，看看漆树是否能接受我。如果皮肤和呼吸道都很正常，就说明得到了漆树的认可，可以走进漆林了。

吴兴海走到一株漆树的近前，先点燃一支烟吸着，眯眼静静地观察树干表皮显现的“漆路”和“水路”情况，然后吐出一口烟雾，长舒一口气。烟雾弥漫开来，蚊虫远远地避开了。此时，他已找准了位置，随手抽出刀子，割开一个口子，轻轻挑开树皮，用贝壳当漆笕嵌在口子的下方，不多时，漆液就缓缓地滴入了漆笕。漆液琥珀色，亮亮地，闪着光。他说，割口要割到“漆路”上，但要略带一点“水路”，因为漆本身是黏稠的，要靠水把它冲出来。否则，口子就白割了，采不到漆了。吴兴海说，割口的位置选择很重要，一般来说，流出的漆稠，水分少，质量就好。但没有水分，也不行，没有水分，漆就流不出来了。

“百里千刀一斤漆”。割漆是体力活儿，更是技术活儿。开口一般不能超过漆树胸径三分之一，超过了就有可能把漆树割死。割口也不能相隔太近，一个口子一年割漆至多二十刀。怎样才算是一刀呢？——口子的上面割一刀，下面割一刀，构成一个闭合环，称作一刀。好的漆树可以割二十年，再割就伤漆树的元气了，就对漆树生长有影响了。

吴兴海告诉我，不是割漆能导致漆树的死亡，而是割漆会导致树体的抗性弱了，免疫力下降，就会发生严重病虫害。由于某些病虫害的不可控，会导致漆树的死亡。我瞪大眼睛，听着他讲述的道理。唉，原来是这样一种逻辑关系呀！

吴兴海是割漆人，更是一个爱树人。虽然一个口子可以割二十刀，但吴兴海只割十六刀——上八刀，下八刀，七天割一刀。他说，凡事留有余地，不能太贪。操刀，也不能太狠，刀口开得不能太深，否则，会伤着木质部。一旦木质部受伤，漆树就生气了，就会发脾气，甚至会愤怒。刀口就会长出瘤子，抗拒割漆，排斥割漆人。如此这般，刀口就废了，漆人就再也割不到漆了。

其实，人与漆树之间是存在一种默契关系的。那种关系，需要长期的观察和实践，积累了一定的经验之后，才能建立起来。那种默契的关系，只能感觉，很难言说。人要懂树，操刀才会准，才不会伤害木质部，才会割到好漆。而树呢，也能懂人，把阳光，把雨露，把薄雾，把虫鸣，把星星和月亮的耳语以及湿漉漉的山歌，都默默创造成了漆液，流淌出来。割漆必须深谙漆道——割漆与养漆是同步进行的。这样，漆人割开的口子三五年后就合拢痊愈了，不会影响漆树的生长。漆树呢，依然健壮，生命力旺盛如初。

早晨六点之前，割“上八刀”，八九点钟的时候，割“下八刀”，晌午时分去收漆。这已经是吴兴海多年养成的习惯了。割漆，有许多行话，比如，上刀，也叫“内洗脸”。“内洗脸”割面要尽量割出弧度，下漆效果好；下刀，也叫“外洗脸”。“外洗脸”割面要尽量直一些，漆液流得才会旺。“上八刀”割的漆，水分多些，“下八刀”割的漆，水分少。最后的第十六刀，漆的品质是最好的，基本没水分了。而此时，他竟戛然收手，不割了。——断舍，或许，此为割漆的最高境界了。我的心里不禁暗暗佩服这个朴实的漆人了。

吴兴海家有六亩漆树林，是当年退耕还林种的漆树。漆树的效益也还可以。一亩地二十五株漆树，算下来就是一百五十株。漆树种下后，第六年起就可以割漆了。一般来说，一亩地的漆树一年可以割十四斤漆。一株树可以割二十年。吴兴海认为，漆树林下不能荒着，要耕种，种药材种菜蔬，也能增加一笔收入不说，还能促进漆树生长，增加漆的产量。

为了确保生漆品质，采回家的漆要经过两次高温过滤处理，把树叶草屑飞虫等残渣过滤掉，水分蒸发掉。生漆可以拉出几米长的细丝，涂在木板上如同镜子一般，光亮照人。——那一定是上等的好漆了。

近几年，漆价不菲，根本不愁销路。今年毛漆的价格是二百三十元一斤，都是订单割漆。一些漆老板，头一年就把漆款预付了，第二年来收漆。然而，漆的产量毕竟有限，还是不能满足需要。

漆树浑身都是宝，漆籽可榨油。据说，孕妇食之有保胎的作用。漆叶可鲜食，可酿酒。经常食用，有增强骨骼，坚固牙齿等功效，也能提高人体抗菌、抗癌等方面的能力。在毛坝镇乡间，生漆也可以生喝，能打掉肚子里的蛔虫。

早年间，毛坝镇还是生漆的集散地。街道两边，会馆商号林立，漆行多达几十家。赶圩的日子，人头攒动，摩肩接踵，甚是繁盛喧嚣。新中国成立后，坝漆一度是紧俏战略物资，出口日本、英国、德国、法国、美国和苏联，为国家换回了很多外汇。县志载，二十世纪六十至七十年代，利川毛坝镇每年坝漆出口约八万斤。八十年代，每年出口约十二万斤。一九七七年至一九八六年，坝漆总收购量为一百零六万斤，出口七十八万斤，出口占总收购量的七成以上。那是何等的荣耀和辉煌啊！谈起坝漆的过去，吴兴海的眼里充满自豪的神情。

吴兴海家里现有七口人。——母亲、他、他妻子、儿子、儿媳、孙子、孙女。儿子三十二岁了，不愿学割漆，去城里打工了。孙子和孙女都在读书，更不可能学割漆了。前些年，他一直担心，割漆的手艺会失传，打算教三个侄子学习割漆。但侄子们似乎对此也不感兴趣。

出乎意料的是，近些年，随着漆器漆艺被赋予新的精神和品格，一些有眼光的文化人开始关注漆道文化了。一向孤独的漆人，竟然有人来找了，还有记者来采访，让他演示割漆的技艺。吴兴海隐隐感到，或许，割漆这门手艺还能传承下去。

吴兴海家里还有八亩茶园，茶叶和生漆是家庭收入的主要来源。可是，吴兴海却抱怨说，今年的春茶价格不好，茶叶没卖上价钱，家里大宗收入就指望生漆这一项了。吴兴海除了喜欢抽烟，几乎没有别的嗜好，不喝酒，不打麻将，不玩扑克牌。他的心思，几乎全部用在割漆上了。

家里活物，还养了七只鸡。说是养，其实根本没用他劳神费力。鸡在漆树林里散养，吃桔梗，吃百合，吃蚯蚓，吃蚂蚱，吃害虫，吃露珠儿。鸡，也会飞，经常飞到漆树上过夜。两只公鸡，五只母鸡。过端午节，宰了一只芦花公鸡。盖新房上梁那天，摆酒席，宰了一只光会叫不下蛋的白脖子母鸡。如今，只剩下五只鸡了。一只公鸡，四只母鸡。没养猪，没养牛，没养羊，没养驴。

我问："为啥没养别的活物啊？"

吴兴海说："养别的活物，还要吃饲料。我没种苞谷没种粮食作物呢！"

我的心里突地抖了一下，联想到眼下的猪肉价格上涨，生猪吃紧问题，心里不免生出某种隐忧。

不过，好在那些漆树在。对于吴兴海来说，漆树在，一切就在。靠着那些漆树，吴兴海家早就是小康之家了。——小日子过得殷实，幸福，美满，自得其乐。

芒果园里的女村主任

▲

听说我们走进了那片芒果园，凌丹玲骑着一辆台铃电动车赶来了。电动车不同于摩托车，摩托车跑起来嗷嗷直吼，像是一头狮子，有一种蛮霸的野性。电动车则没有喧嚣张扬之气，给人感觉，低调沉稳，冷静从容。她把电动车停在芒果树下，自我介绍说，她是石坪村的村主任，有什么事情跟她说就行。她说话轻声慢语的，节奏如同澄碧湖微微皱起的水波。我诧异地打量着她——唉，无论如何，眼前这位文静的女子，与野性的跑起来嗷嗷直吼的摩托车是难以匹配的呀！

嗯，这就对了——电动车的特质符合她的性格。什么样的人，就会选择什么样的交通工具。就像什么样的人，就会选择什么样的人生。

然而，从事乡村基层工作，光靠低调沉稳够吗？光靠冷静从容够吗？光靠讲道理够吗？或许，有的时候，也需要吼一吼才能解决一些棘手问题呢。不过，我面前的这位女子，从面相来看，恐怕无论如何，也是吼不起来的吧。

澄碧湖岸边的芒果正值盛果期，在果园里穿行，一嘟噜一嘟噜的青芒果，时不时碰头。“你们来得不是时候，芒果还要等一个月才能成熟。”她说：“我们这里的芒果个儿大，味儿美，是最好吃的。”说这话时，她的眼睛里充盈着满满的自信。

澄碧湖生态地位非常重要——它是右江流域的一颗明珠，也是右江城区人口的重要饮用水源。在地理区位上，这里属于干热河谷地带，是中国芒果适生区。在阳光、空气、湿度、时间，以及人的劳作等合力作用下，此处出产的芒果甚好。然而，遗憾的是，芒果成熟的季节未到，我们没有品尝到果子，因而，这里的芒果到底好到什么程度，还真是无法具体描述。但是，从凌丹玲的眼神里，我们已经有了一个基本的判断——此处芒果的品质和味道应该是毋庸置疑了。

我注意到，凌丹玲的帽子有点特别——后端缀着一面纱巾，似乎重点保护的是头的后部——有点像是养蜂人戴的那种帽子，不过，面部没有那层罩子。或许，这种帽子的功能，主要是防止蚊虫叮咬人的后颈吧。我本想问问这个问题，却话到嘴边，终于还是没有问。

凌丹玲一九八七年出生，大学学的是外贸经济，可是，毕业后她却回到石坪村。当年，邓小平、张云逸、韦拔群等先辈带领穷苦人闹革命的红色老区，似乎与外贸经济这个词离得远了点。然而，她知道，红色老区更需要改变，更需要跟时代同步发展。于是，当她面对许多选择时，却放弃了所有的选择。

凌丹玲先是担任村里团支书。二〇二一年二月，当选村民委员会主任。这些年，村里年轻人或者出去打拼闯天下了，或者上了大学毕业后留在城里发展不再回村了。唯有这个凌丹玲逆向而行，偏偏回到村里。从她坚毅和执着的目光里，村民们看到了某种不一样的东西，那不一样的东西里或许就有石坪村的希望和未来。于是，村民们齐刷刷把选票投给她。

凌丹玲家里六口人。父母均是农民。丈夫黄天仁，跟她同年出生，在百色海事局工作。她有两个娃娃，大娃娃十岁，读小学。小娃娃刚满三岁，活泼可爱，顽皮而天真。她家有五十亩芒果园，十亩油茶林，四十亩湿地松。还养了二十三头山羊。山羊是黑山羊，个个生猛。除了丈夫的工资外，每年家庭收入在村里属于中等偏上的水平。盖了新房子，墙面砖块裸露着，还没来得及装修呢。有一辆客货两用的面包车，跑长路，跑短路，载人载货物也载各种农产品。一家人其乐融融，早就过上小康生活了。她本可以随同丈夫，举家搬到百色城里，但她对城里不感兴趣。

芒果

石坪村的一切已经融入了她的血脉中。她的根在这里，她离不开这里的山，这里的水，这里的人。

作为村主任，凌丹玲考虑更多的是村里经济如何发展，村民医疗保险如何完善，村里的道路、桥梁如何建设，村里脱贫家庭如何防止返贫。

石坪村位于澄碧湖岸边。全村一千一百四十一口人。早年间，村里经济以种植甘蔗为主。由于长期反复耕作，导致陡坡地水土流失甚为严重，土地越耕越薄。雨季，山上的陡坡耕地泥沙俱下，河水暴涨，灾害不断，农舍农田被淹被毁情况时有发生。

石坪村人终于认识到，生态是赖以生存和发展的根本。于是，村里制定村规民约保护森林，修复生态。特别是国家出台了退耕还林政策后，石坪村抓住机遇，二〇一五年，退耕还林二千一百亩，把过去的甘蔗地全部退耕还林。同时，封山育林措施跟进，让生态自我修复，取得了显著成效。经过多年的努力，稳定的生态系统正在逐步形成。澄碧湖水库里的水，如同自己的名字一样澄碧。生物多样性明显丰富了。多年未见的白鹇、穿山甲又重现了踪影。野猪、猕猴多起来了。当然啦，野猪和猕猴下山拱食、偷食，干些糟蹋果园和农作物的勾当也是常有的事。

生态不保护不行，经济不发展更不行。然而，生态保护与经济发展常常是一对矛盾，如果两者关系处理不好，就会产生一系列问题。

由于石坪村处在澄碧湖库区，属于自然保护区范围内，这就给当地经济发展带来很多限制。凌丹玲跟我讲出了自己憋在心里很久的困惑。她说："原有的机耕路，年久失修，我们打算投资用水泥硬化路面，可是上级有关部门不容许硬化，说是违反自然保护区管理条例规定。可是，路面不维修不硬化的话，秋天收获时，就有许多不便，农用车进不去，芒果等果品拉不出来，只能人工用担子担出来，费工费时间费力气，增加了生产成本。"

我一时不知该说什么，只是瞪大眼睛听着。她笑了，说："不过，村民从不把自己的力气算钱。"她用双手挑了挑帽子后面缀着的纱巾，继续说，"但是，我想不通啊，我们村一直坐落在这里，机耕路也是早年修的，保护区建立之前，那条路就已经存在了。有了保护区后，路却不准维修不准硬化了。哈哈哈！"

凌丹玲告诉我，下一步，村里将重点发展种桑养蚕产业。她说，从她考察的情况来看，种桑养蚕适合石坪村的实际情况——澄碧湖库区农作物和树木不能施农药，不能施化肥。种桑养蚕正好就是这样的项目。另外，她还打算发展电商，把村里芒果和油茶果都销出去。让村里人都过上富足、美满、幸福的生活——这是她最大的心愿。

凌丹玲喜欢读书，尤其喜欢读励志方面的书，比如《习近平的七年知青岁月》《乔布斯传》《佐藤可士和》。只是每天忙于村委会事务，以及家里农活，真正静下来读书的时间只有晚上睡觉前的半个小时了。由于经常去镇上开会办事，她意识到自己的语言表达能力有待提高，就在网上买了《高情商聊天术》《精准表达》，看看书里有什么可以借鉴的表达技巧。她敬佩的人是自己的父亲。她说，父亲虽然是农民，每天有干不完的农活儿，但对她的要求非常严格，常给她讲一些做人的道理。

太阳落山之前，我们必须赶下山去。因为芒果园与澄碧湖的中间地带是一片泥滩地，人走在上面呼呼冒水泡，险象环生。临别时，凌丹玲将一根竹竿递给我，嘱我走路千万小心。我们深一脚浅一脚，往山下走。回眸时，她还在芒果树下向我们招手。

狼牙蜜

他是一位养蜂人，名叫高登科。

显然，山里的深秋天气有些寒凉了。他穿一件芝麻花色粗布衫，外面套了一件马甲。有意思的是，马甲外面又套了一件马甲。四粒扣子，扣实了三粒，虚着一粒。但是，看得出，马甲外面套的这件马甲，实用功能大于保暖。——因为，它的上面缀满了兜兜。数一数，有七八个之多呢。兜兜里鼓鼓囊囊，塞满了东西，都塞了什么呢？这话不好问，也不便问。

再打量他穿的裤子，也是粗布的，灰黑色，裤脚处挂了一些灌木刺和草屑。鞋呢，是一双草鞋。鞋带呢，是灰色的布条，系得宽松适度，经纬分明。站立时，大脚趾一下一下地蠕动着。

这是一个勤于劳作的人。每天早晨，蜜蜂还在梦中，他就起床了，开始了一天的忙碌。

高登科是陇南两当县杨店村土峰村村民，现年六十六岁。家里六口人，分别是妻王花，儿子高贤，儿媳吴亚红，孙子高兴瑞，孙女高兴怡。儿子和儿媳都在城里打工，孙子和孙女都在读书。平时，山里的老房子里，只居住着他和妻王花。虽然，屋子里略显冷清，但家里养的活物不少，院子里鸡鸣狗叫，此伏彼起，小日子过得殷实，安稳，如意。

高登科脸膛黝黑，双目炯炯。我见到他时，他正在一片核桃林里捕捉马蜂。核桃林间一片草地上置放了好多蜂箱。蜜蜂在空中飞舞，来往于花朵与花朵之间，忙着采蜜。马蜂是蜜蜂的天敌。马蜂吃昆虫吃蚂蚁吃蜜蜂。马蜂常常偷袭蜜蜂，有时甚至给蜜蜂种群造成毁灭性的杀伤。

高登科说："马蜂这东西贼头贼脑的，精明得很！"

我问："马蜂采蜜吗？"

他说："不采蜜。但马蜂的蛋和蛹烧熟后是美味，高蛋白呢！"

"听说，每年山里都发生马蜂伤人事件？"

"是的，我们村里就有人被蜇过，但都无大碍。"高登科说，"其实，马蜂从不主动攻击人。它之所以蜇人，一定是人招惹了它，或者毁了它的巢，它才拼命的。”

“嗯。”

“观察马蜂的巢可以知天气情况。”

“怎么观察？”

“一般来说，马蜂在树上挂包筑巢，就说明冬季气温偏暖。若是它在土里打洞筑巢，就说明冬季偏冷，甚至有霜冻灾害要发生了。”

“唉，马蜂也不光是干坏事嘛！”

“除了吃蜜蜂惹人恨，其他方面都挺好的。”

“光说马蜂了，还没问你蜜蜂的情况呢。”

于是，我们坐在蜂箱群旁边的石头上，聊起了蜜蜂。高登科告诉我，他总共养了八十七箱蜜蜂。蜜蜂采的蜜主要是狼牙蜜。狼牙蜜品质好，一斤能卖上七十元，一箱蜂一年能收入一千元左右。八十七箱能收入多少呢？算一算，就清楚了。

闻讯赶来的两当县自然资源局局长成仁才告诉我，狼牙蜜来自一种野生灌木——狼牙刺开的花。狼牙刺生长在陇南山区，恣意横生，无规则，无逻辑。它根系发达，萌生能力强，是护坡护堤护堰的好树种。枝干枝条有什么用途呢？枝干枝条用火烧烤后，可弯曲可卷缩，拧巴拧巴用于做耙子，是耙田垄耙田泥的传统农具。

然而，狼牙刺却毫无地位，也没有名分。官方统计森林覆盖率时，它不在其内；统计林木资源总量时，也没有它。人工造林选择树种时，更没人种它了。它全靠自己，自己萌生，自己繁衍种群。可以说，在陇南山区，所有的狼牙刺都是天然生长的。它，分布面积有多少呢？——不清楚。因为从来就没有人把它当回事。

狼牙刺，以粗鄙卑微之躯，创造了最甜蜜的美物。

狼牙蜜呈琥珀色，迎光观之，稍带绿色。在常态下，狼牙蜜表现为或者透明，或者半透明的黏稠液状，口感甜润，弥漫一种狼牙刺花朵特有的淡淡芳香。不过，气温在十四摄氏度以下时，狼牙蜜就开始结晶了。结晶颗粒细腻，如悬雪般乳白，滑润若脂膏，甚是奇妙。

中医有云，蜂蜜生则性凉，故能清热；熟则性温，故能补中；柔则润滑，故能润燥；缓可去疾，故能止痛；和能致中，故和百药与甘草同功。——蜂蜜是好东西，狼牙蜜是好东西中的好东西呀。成仁才介绍说，两当县山区共养蜜蜂五万六千箱，每年产狼牙蜜十五万斤。在网店和微店上，狼牙蜜的销售情况相当生猛。

每年清明之后，狼牙刺就开花了，花期可达两个月。花朵呈白黄色，花瓣如狼牙，故名狼牙刺。狼牙刺花盛开之时，成群的蜜蜂云集而来，追花啄蜜，好不热闹。

狼牙刺生命周期可达二十年，在进入衰老状态后，就渐渐无刺了。早年间，干枯的狼牙刺往往被山民砍下来，捆成捆扛回家，当薪柴。狼牙刺喂灶口，火焰硬朗，坚挺，劲儿足，做出的农家饭菜好吃可口。在高登科家的院落里，就堆着一捆一捆的干枯狼牙刺。

走进高登科家院落时，其妻王花正在往石板上撒米喂鸡。

——咕咕咕！——咕咕咕！——咕咕咕！四散林间的鸡，听到呼唤，便嗖嗖嗖迅疾聚拢，撅着屁股，争而食之。

那些鸡个个彪悍，野性十足。敢跟黄鼬对抗，敢跟老鹰叫板。傍晚，经常飞到树上，栖在枝头夜宿。

除了养蜜蜂和养鸡外，高登科家里还养了二十头猪，七只鸭，九只鹅。还有两只猫。一只黑猫，一只黄猫。还有三只狗。一只比较凶狠，面目狰狞，始终用铁链拴着，看家护院。另外两只，都是小狗，乖顺顽皮。我们聊天时，它们就在我们身边摇尾巴。

高登科家总共有二十亩坡耕地，原来种苞谷，种红薯，种黄豆了，结果土壤越耕越薄，造成严重的水土流失。十年前便索性退耕还林了，种了十亩核桃，十亩花椒。现在核桃和花椒都进入了果子盛产期，效益很好!

瞥一眼晒场，只见晒场上晒着刚刚打下来的核桃，黑褐色的，滚圆滚圆。也晒着花椒，是名字唤作“大红袍”的花椒，空气里弥漫着椒香呢。

“为啥不留几亩地种粮食作物呢？”

“山里野猪多得成灾。种粮食作物太操心，防野猪拱食就费尽脑筋。弄不好颗粒无收，全让野猪祸害了。”

高登科最高兴的一件事——就是孙子高兴瑞今年考上了大学。拿到录取通知书那天，宰鸡宰鸭，还取下梁上挂着的腊肉，办了一桌酒席。坛子里泡了多年的狼牙蜜蜡和蜂蛹的老酒，那天除去了坛口糊着的泥巴，开封了。高登科喝了不少，一仰脖儿，一杯子，一仰脖儿，一杯子。微醺中，还跟乡亲们说了一些扬眉吐气的话。——痛快！

孙子高兴瑞有画画的天赋，画人物肖像画得栩栩如生。上大学临走之前，画了四幅画，至今贴在老屋的墙上。一幅是爷爷高登科，一幅是奶奶王花，一幅是爸爸高贤，一幅是妈妈吴亚红。

我看到那四幅画后，竖起大拇指。

“考上的是美术学院吗？”

“不，是兰州财经大学。”高登科的脸上充溢着自豪。他说，“新生刚一入学，孙子就被选为班长，当了干部呢！”

高登科的家庭收入来源，主要还是林特产品和家里养的活物。其一，狼牙蜜；其二，核桃和花椒；其三，生猪和鸡鸭鹅之类。前些年，新盖了一排五间房子，买了摩托车，买了四轮农用车。

有人建议他，可以考虑在两当县城买楼房。他想了想，没有买。他说，攒钱主要是供孙子上大学，等孙子大学毕业后有了工作，娶了媳妇再说吧。他还说，无论怎样，农民不能离开土地，离开了土地就失去了根本。

“恐怕你家早是小康之家了吧！”

“比上不足，比下有余吧！——小康之家啥标准啊？”高登科答非所问，摆摆手，笑了。

嗡嗡嗡！嗡嗡嗡！说话时，蜜蜂在我们的头上不停地飞舞。

——嗡嗡嗡！

老号森铁

（一）

冬天，意味着寒冷和冰雪。

呜！——森林的宁静被一声巨吼撞开了个大窟窿。疲惫的森林小火车吭哧吭哧喘着粗气，然后，呲的一声喷出一口白雾，停在了林区某个小站。白雾飘舞，徐徐不散，或挂在行人的睫毛上，或挂在冻僵的树梢上，或挂在七扭八歪的木障子上，那场面很是有些喧嚣和野性。

曲波的《林海雪原》中有一句话“火车一响，黄金万两”。——在“大木头”年代，林区人是多么牛气和豪迈啊！森林小火车运木头，一节车皮只能载三两根。那家伙！杠杠的，多了装不下呀！一根木头有多粗呢？这么说吧，光是树皮就有砖头那么厚啊！可以毫不夸张地说，早年间，林区吃的喝的用的都是小火车运木头从山外换回来的。的确，当年林区的辉煌和荣耀是与森铁紧紧联系在一起的。

然而，此一时彼一时，今天东北林区实行大禁伐，对森林来说无疑是个福音，但对森铁而言，却是个致命的打击。斧锯入库，森林休养生息了，没有木头了，森铁运什么？林区人吃什么？喝什么？

传统意义的林区已经很难找到了。与世隔绝，封闭的林区只是电影或小说里的事情了，到处是堆积如山大木头的林区已经不见了踪影。林区所特有的那种遥遥路途业已不复存在。如今，林区已大致成了静态的地方，它在地理上已经定域，今非昔比。

告别伐木时代之后，林区的困惑和尴尬，只有林区人自己知道。无奈，有的林区干脆就把利用率低的森铁铁轨拆了，铁轨当废铁能卖几个钱算几个钱吧，总比在那里闲置着风吹雨淋地熬日月生锈烂掉变成土强。

然而，事情并不那么简单，森铁的问题并非一拆了之。

在黑龙江林区桦南林业局，我走访了森铁司机任景山。他开的是一辆老式外燃蒸汽机车，车号是“森055”，需两个司炉不停地往炉内填煤，蒸汽产生动力，机车才能行驶。开小火车是个很脏的活儿，任景山满脸都是油渍和煤灰，只有张口说话时的牙齿是白的。任景山干这个行当已有十余年了，对小火车怀有深厚的感情。他说，这家伙看起来很笨，但力气大，装上一座山也能拉走。他说开小火车不需要太多的技术，最重要的是瞭望，对路况的把握要准，到哪里该加速，哪里该减速，哪里拉笛，一打眼便知道才行。

任景山微微叹一口气，说，早先森铁两边的树还很密，那时一年四季都在这条线路上跑，现在只有冬季两个月出出车，运运煤，干着不过瘾。我问他，没想干点别的吗？他说，干别的活儿，一下又很难适应。咱这森铁工人，若是离了森铁还真难活呢。说到这里时，他的眼睛有些潮。

我赶紧把话题岔开了，说，咱们照张相吧。于是就喊当地的朋友傅刚为我们照相。咔嚓咔嚓，照了十几张，背景就是“森055”号蒸汽机车。

这些照片，也许记录的是中国最后的森铁了。

（二）

清朝初年，因清廷视东北为其发祥地，实行封禁制度，即禁止采伐森林、禁止农垦、禁止渔猎、禁止采矿，通称“四禁”。因而，东北林区基本没有开发。直到一八九五年，清廷设木植公司，山林的寂静才被打破。史料载，“黑龙江东部，山脉纵横，林木茂密。其中最富之处，则为大青山，青翠弥望。光绪时订税章，由征收局代收，作为国家正款，其办法由木把头领票入山采伐，木厂运销按照卖价而征其税”。出于税源的考虑，于是，清廷开始划分林区，组织木植公司开始采伐。

大雪封山之后，木植公司通过木把头雇用伐木工人，用大斧砍伐，木材运输采用牛拉爬犁和河水流送的方式。光绪年间，清政府派员外郎魏震赴长白山考察林业。魏震在日记中写道：“木税为奉省入款第一大宗。”好家伙，那意思就是说，奉天省最大宗的税收来源就是木头。魏震是个心细的官员，他在考察时把伐木人怎么伐木，怎么运输，政府在哪里征税都搞清楚了。他写道：“伐木把头每于冬初贷款携粮入山砍木，山雪封冻后道路溜滑如镜，马牛由山巅拉运而下，堆存山沟。四月间，雪消水涨，奔流自山沟而下。乃穿成木排，编成字号运之入江，直达安东县大东沟，俗称南海。南北木商在此定购，奉局在此征税。”魏震在日记中对临江还特意多写了几笔，“据云，临江自二道沟以上至二十二道沟，均在长白山之阳。山沟深处，丛林茂密，虽砍伐数十年不能尽，每年砍木把头有三万余人”。可见，当时的采伐规模之大，人数之众了。

然而，无论怎样，这都是中国自己的事情。至光绪三十年，北满中东铁路的修筑，掀开了沙俄掠夺中国森林资源的历史——此可视为中国森林史上惨痛的一页。

一八九八年八月，中东铁路开始动工，以哈尔滨为中心，分东、西、南部三线，由多处同时相向施工。北部干线（满洲里至绥芬河）和南满支线（宽城子至旅顺），全长约两千五百公里，干支线相连，呈“T”字形，分布中国东北广大地区。中东铁路修到哪里，哪里的森林就遭到毁灭性的破坏。著名林学家陈嵘痛心地写道：“沿铁路两侧五十里内之森林，均已采伐净尽。”

一个强盗尚未歇手，另一个强盗又抡起斧头。

一九〇四年“日俄战争”爆发。这场在中国国土上进行的两个列强间的战争，双方心照不宣争夺的肥肉竟然就是长白山鸭绿江流域的森林资源。沙俄战败后，日本无视中国主权，独家控制了这一地区森林采伐权，强行没收了中国木商存放于大东沟的原木，蛮横掠夺了鸭绿江上的一切漂流木。

在强盗的眼里，中国东北的森林，可谓“遥望其状，苍苍郁郁，若黑云横天，际数十里，不见涯溪，近入林中，数千里古树老树，若巨蛇横溪，白日犹暗，虎狼跳梁，麋鹿腾跃，菁丛深邃，幽溪潺湲，疑在太古之世”。

一九〇八年九月一日，日本在安东（丹东）成立鸭绿江采木公司，进行更大规模的森林采伐。所采木材，除了鸭绿江水上流送，还在临江十三道沟铺设森林铁轨，用森林小火车运输。

——呜呜！——呜呜呜！

从此，东北林区就有了森林小火车喷云吐雾的身影。

一九三一年，日寇侵占东北后，开始以“拔大毛”的方式盗伐红松、鱼鳞松、落叶松、水曲柳、黄菠萝、蒙古栎等珍贵木材。无数良材美干用森林小火车运出山外，再从安东（丹东）用轮船运往日本本土或沉于日本海域，等用时捞出。

日寇侵华时，总共从中国东北掠夺了多少木材，现在无任何资料可以查阅了，但有一个事实或许能说明一些问题。——日本投降后，东北林区的森林小火车光是运输日伪遗留下来的“困山材”（伐倒来不及运走的木材），就整整运了两年。

森林，疲惫不堪；森林，伤痕累累。

（三）

早年间，森铁牵引机车一般是自重二十八吨的蒸汽机车，最高时速达三十五公里，常速二十五公里。所谓蒸汽机车，就是以原煤做燃料，以炉火烧开的蒸汽做动力的机车。

机车内一般有正副司机各一人，司炉两人。司机叫“大车”，副司机叫“大副”，司炉叫“小烧”。一年四季，“大车”“大副”和“小烧”都穿着油渍麻花，且乌黑发亮的衣服，俗称“油包”。“油包”一般都是战利品，许多都是苏联红军留下的，用的饭盒和水壶都是小日本的东西。

林区生活并非传说中的顿顿都是大块肉大碗酒。同伐木人一样，森铁人吃的是高粱米和窝窝头，菜呢，多半是咸菜疙瘩和盐豆。如果猎到一头野猪，吃顿红烧野猪肉，就算解馋了。当然，森铁人也还是喜欢喝白酒的。白酒一碗疏筋血嘛。在东北林区，白酒属于劳动保护用品。某森铁司机出车回来，在一家小酒馆喝了不少酒。半夜回家，却找不到自家院门了，便跳木障子进院，不想，腰间皮带被木障子挂住了，醉意袭来，那老兄便被挂在木障子上呼呼睡去。次日凌晨醒来睁眼一看，自己被小咬和蚊子叮得周身都是红眼包，木障子底下却醉死一层小咬和蚊子。早年间，森铁时常发生事故，事故原因多与司机饮酒误事不能及时瞭望有关。

往台车上装木头是个力气活，体力消耗非常大。任景山告诉我，往小火车上装木材用的是卡钩。八八的，六六的，那时的木头那个粗那个大呀，现在见不着了。八八的就是左边八个人，右边八个人才能抬起来的木头。现在呢，现在的木头一个人扛起来就走。那会儿的木头都是上等的水曲柳和红松，大部分都是军需用材，做枪托、炮弹箱、枕木和坑木什么的。

那时候，森铁通信设施也很落后，每个车站值班室只有一台老式手摇电话。这台电话通到森铁的调度室。在运行过程中，小火车上的司机与车站的联络方式非常原始，通过的车辆进站时，值班人员手里举着一个八十公分左右的铁圈，铁圈上挂有一个很小的皮包。值班人员把调度传来的指令写在纸条上装进皮包里。纸条上的内容，诸如，在哪里停，在哪里会车，某某岔路往左还是往右，哪一站要加挂“摩斯嘎”，等等。“大副”站在右车门的踏板上，左手抓着扶手，右臂前伸，呼啸间，小火车通过时，铁圈已经套在他的右臂上了。

那个年代，能在森林小火车上工作是很风光的事情了。因为森铁人毕竟是挣工资的，还有劳保待遇。地方上人都愿意跟森铁人攀亲戚，姑娘找对象也愿意找森铁人。

新中国成立之初，东北林区上缴国家的利税曾名列全国前三位。东北林区的木材生产是新中国的第一大产业。从抗美援朝，到国民经济恢复乃至第一个五年计划的实施，几乎都是由大木头支撑起来的。那个时期的“林老大”可不得了，打个喷嚏全社会都得当回事。林业工人马永顺十四次进京受到毛泽东主席接见。毛泽东和周恩来都亲切地称他为小马。作为第一代伐木工人，马永顺曾创造了全国林区手工伐木产量最高纪录。在当伐木工人的三十四年里，共砍伐林木三万六千棵。那是何等的荣耀啊！

一九五九年，“国庆十大工程”（人民大会堂、革命历史博物馆、军事博物馆、钓鱼台国宾馆、农业展览馆、北京火车站、中国美术馆、北京展览馆、工人体育场、民族文化宫）相继竣工落成。全国人民欢欣鼓舞，奔走相告。著名建筑设计师张开济回忆说，人民大会堂的柱子是圆的，历史博物馆的柱子是方的，所用木料均是从东北林区调运来的。

一九七六年七月，唐山发生强烈地震。中央向小兴安岭的伊春林区下达了紧急调拨救灾木材的任务，不到一个月的时间，从伊春林区发往地震灾区的木材就有六十二车皮，计十万立方米。同年，建设毛主席纪念堂所需木材也是从伊春林区调运的。光是红松和水曲柳木材就有三万立方米。等等，等等。据记载，从建国至一九九八年，国家从伊春林区调运出的木材达两亿两千万立方米。有人说，如果这些木材用在一个建筑工程上，可以架一座从地球通往火星的桥。

这个数字，堆起来就是一座山，放倒了就是一片海。

——呜呜！——呜呜呜！

吃苦耐劳的森林小火车，每日吭哧吭哧地跑着，不停地把采伐下来的木材运出山外。为国家建设立下了汗马功劳。

与乘务组人员相比，地面上的巡道工也许是单调寂寞的。或许，世界上最孤独的工种，就是森铁的巡道工了。肩扛一把铁锤，斜背一个工具袋，不论严寒酷暑，还是风雪弥漫的恶劣天气，他们都坚持巡道。孤独的身影在两根铁轨之间，默默走着，时而抡起铁锤，敲几下松动的铁钉。没有人和他们说话，也没有人与他们为伴。

森铁是窄轨铁路，比通常铁路的铁轨窄许多。铁轨宽七百六十二毫米，每根铁轨长十米，每公里有两百根铁轨，每米有三根枕木。巡道工寂寞时，就数枕木，一、二、三、四、五、六、七……数着数着，突然有一只狍子横穿铁路而过，一闪，就在森林里消失了。数到哪儿啦？乱了，自己也不知道数到哪里了，便哈哈一乐，重新数。一、二、三、四、五、六、七……数着数着，日头就压树梢了，接着，啪嗒一声就坠到林子里了。

森林里便一片火红了。很快，又漆黑一片了。

渐渐地，巡道工的身影也被黑暗吞噬了。

（四）

因功能和用途不同，森林小火车分几种，有运输木材的台车，有森铁人员出工时乘坐的“摩斯嘎”，还有绿皮的森铁客车。

那时的林区，绿皮的森铁客车是连接山里山外的主要交通工具。

二十世纪八十年代末，我做记者时去林区采访，常坐绿皮森林小火车。绿皮的森铁客车没有卧铺，一律是硬板座，坐起来颠颠簸簸，不是很舒服。但是，窗外的景致却极美。浓郁凝重，无边无际的绿，汹涌澎湃地涌过来，忽地一闪，又汹涌澎湃地涌过去了。

一九六一年，著名作家叶圣陶先生来大兴安岭林区，曾坐过森林小火车。他在《林区二日记》里写道："早餐过后，我们上了小火车。小铁路是林业管理局所修，主要为运木材，也便利工人上班下班。我们所乘坐的小火车，构造与大小与哈尔滨儿童铁路的客车相仿，双人座椅坐两个人，左右四个人，中间走道挺宽舒。车开得相当慢，慢却好，使眷恋两旁景色的人感到心满意足。"

森林小火车上有车长、乘警、广播员、检车员、列车员。当然，最神气的是列车长。他的腋下总是夹着两面旗，一红一绿。他一挥绿旗，车就开了。他一挥红旗，车就停了。有时，车长将一个帆布袋子交给车站上的人，那是邮袋。里面装着山外寄来的报纸杂志、信件、包裹。林场的人，一听见小火车的吼声，就往车站跑，看看有没有自己盼望的亲人的来信。

当然，列车员都是漂亮的女生，眼睛忽闪忽闪，脸白白的，手绵绵的。从身边走过，扑鼻的雪花膏香味，真好闻呀。

张淑杰，四十年前的森铁广播员，现已退休在家，居伊春双丰林区。她与我的朋友傅刚是小学同学，我知悉她有过一段森铁经历后，特意找到她进行了采访。那天张淑杰穿一件青花旗袍，笑声朗朗，风采不减当年。当我同她谈起森铁，谈起当年的事情，她的眼神里闪烁出兴奋的光芒。

我：“当年做森铁广播员一定很风光吧？”

张淑杰：“嗯，当时年龄小，也就十六七岁吧，原来是林业局文艺宣传队的骨干，当报幕员。后来被森铁站选调到客运小火车上当了广播员。”

我：“小火车是蒸汽机车还是内燃机车？”

张淑杰：“就是烧煤的那种蒸汽机车。车厢有三四节，有时后面挂几个大闷罐车，装好多货物的那种车厢。”

我：“嗯，跑哪段线路呀？”

张淑杰：“始发站是双丰（以前叫田升），一、三、五跑爱林林场，二、四、六跑保林河林场。运行区间的车站有小站、十七公里、横太、三十一（也叫农场）、茂林、卫林、五十二、燕安、拉林、青林、曙光、爱林、保林河。保林河是最远的站了。其实，站名都是林场的名字。乘客都是林区人或来林区探亲的人。林区人都很朴实，一到站点，就像赶集似的，全是人。”

我：“广播有稿吗？还是即兴广播？你都广播什么呀？”

张淑杰：“有个简单的广播稿。主要是报站名，还有提醒旅客注意的事项。比如，各位旅客请注意：列车马上要发车啦！请大家在自己的座位上坐好！不要把头和手伸出车窗外面！注意安全！一到春天的防火期，就一遍一遍地广播防火的内容。比如，旅客们，林区大事，防火第一！上山不带火，野外不吸烟！”

我：“嗯，你的声音真有特点，难怪被选中当广播员。”

张淑杰：“森铁客车的票价很便宜，即便如此，那个年代块八毛钱能买好多东西的，所以逃票是司空见惯的现象。男人逃票我认为可耻没志气，女人逃票就可怜了。车长查票时，我就把我认为最可怜的逃票女人，塞进我的小广播室藏起来。有时候，里边藏四五个人，大气不敢出，唯恐被车长发现了。”

我：“你是同情弱者啊！”

张淑杰：“后来她们都成了我的好朋友。经常给我捎来一些山货，像臭李子，吃起来甜甜的，能把嘴唇染得黑黑的。还有松子、干蘑菇、木耳什么的。”

我：“森林小火车停运后，你有什么感受？”

张淑杰沉默了一会儿，说：“就像一个正常的人，一觉醒来，却突然发现自己没了双腿！”

——她的眼睛里噙着泪花。

（五）

终于来到长白山林区桦树小镇。要了解森铁的历史和现状，不能不到桦树。这里曾创造了森铁当年的辉煌，这里曾留下了一代森铁人抹不掉的记忆。

桦树小镇，实际上是临江林业局所属的一个林场的所在地，因此地森林里白桦树居多而得名。白桦，本身就是一个富有诗意的树种，具有浪漫的气息，能带给人无限的遐想。普希金在自己的诗中，把白桦树比喻成俄罗斯的新娘。早年间，桦树是临江森铁处所在地，房子以“木刻楞”和“泥拉哈”为主。那会儿的桦树林子还很密，在林子里光听到喊声，人就是转不出来。林子里有黑瞎子和狼。晚上人躺在“木刻楞”“泥拉哈”里睡觉，经常听到林子里的狼嚎，黑瞎子也常来扒门，一闹腾就是半宿。当时的森铁处直属辽东省林务局，管辖着临江境内二道沟、五道沟、三岔子、大羊岔四条森铁线路。首任森铁处主任陈光庭。

后来，随着居民的不断增多，森铁处有了商店，有了医院，有了托儿所，有了学校，有了森铁工人俱乐部，也有了森铁招待所。到二十世纪七十年代，桦树森铁处盖起两层小楼，改造了森铁工人俱乐部。俱乐部里可以开大会，有一千多个座位呢。蛮排场的。

森铁线路以桦树为中心向山里各个林场延伸。二道沟、五道沟、大沙河、桦皮河、秃尾巴河、漫江、高丽河、黑河口、小营子、向阳、金山、酒厂、烟筒砬子等，都有了森铁线。沿线有二十四个车站，森铁处职工由最初的二百余人，增加到二千余人。

至一九九〇年，临江林区共计已有森铁线路九百五十七公里。形成了主线、支线、侧线、岔线、装归线全线贯通的森铁网络。在那个年代，这可能是世界上最长的较为完备的森铁线路了。

那时，森铁的枕木都是木制枕木，虽然经过油浸处理，但腐烂情况还是很严重，每年光是更换枕木就达十三万根。据记载，从一九四九年至一九九〇年的四十一年间，临江森铁共运输木材一千七百多万立方米，客运量达到十万人次。

小镇街道两边的屋檐下，长着黑漆流光的冰溜子。酒幌子悬在半空随风摇曳，空气里弥漫着腥臭的酒味。一入冬，操着各种口音的全国各地的木材采购人员或木商云集桦树小镇，洽谈生意。饭店、小酒馆、烤串屋里的生意火爆。“五魁首啊！”“三星兆啊！”“六六顺啊！”呜嗷乱叫的猜拳声此起彼伏。常有邋遢的狗，在街边角落啃食醉酒人制造的秽物。

桦树小镇，一度是长白山林区一处繁华的所在，被誉为“林区小莫斯科”。

我到桦树小镇的那天，天空中下着绵绵秋雨，当地的朋友送上一把伞，被我拒绝了。我说：“这可能是二〇一六年的最后一场雨了。淋淋秋雨好，这样可以清醒。”我们来到森铁处的老站台，看东看西，看得十分仔细。尽管到处锈迹斑斑，破烂不堪，湿湿漉漉；尽管一片残局，光荣消歇，荒草连天。

窄轨铁路上，几节台车静静地淋着雨。我看完火车头看守车，心情复杂，无以言表。双手抚摸着守车车尾湿凉的门把手，分明感觉到了岁月的无情。

台车上装着两根粗大的原木，雨中的树皮泛着幽幽的光。我敢说，如今，在东北森林里再也见不到这样粗大的树了。恐怕，这样的画面已经成为绝版了。可到了近前，我隐隐感觉有点问题。这是木头吗？我问。当地朋友笑了，说，水泥制作的仿品，假的。我无语，心，立时悲凉了。

森林小火车，已经退出了历史舞台。当年的森林小火车定格在林区人的记忆中，即便能看到的它的身影，要么只剩下一堆废铁残骸被遗弃在角落里，被荒草藤蒿覆盖，要么孤独尴尬地被陈列在广场或者公园里，供好奇的游客或者孩子们照相、攀爬、观赏、凭吊。

林区人已经渐渐习惯了森铁淡出了视野的生活。日常的话题中也很少提及森铁了。

今天，桦树小镇给人一种简约散漫的印象，镇上的人把日子过成诗了。一位在门口晒太阳的老伯跟我说：“我只管开心地活着，其他的命运自有安排。”我在小镇上漫步，远处是若隐若现的长白山，秋风已经潜入桦树林，无边的红叶随风晃动，纷纷扬扬，满地都是来不及拾起的故事。

唉，昔日森铁的故事也不能拾起了吗？

（六）

兴隆也许是个特例。据说，兴隆的森铁不仅没拆，而且还要发展。兴隆拥有森铁线路近四百公里。

若干年前，我专门来到兴隆探访了森铁。

这条窄轨铁路，环绕小兴安岭南麓，横跨巴彦、木兰、通河三县，途经二十四个站点，九个林场所，七十二个村屯，不仅在林区经济发展建设中具有举足轻重的作用，而且是巴、木、通三县城乡沟通的重要交通工具。森铁是兴隆林业经济发展的命脉。在二十世纪七十年代乃至九十年代初期，仅商品材运输每年就达三十万立方米，自一九五三年以来，兴隆森铁已累计运输优质木材两千余万立方米。然而，无论怎样，随着林区大禁伐的一声令下，森铁无材可运已经和正在成为不争的事实。

兴隆林业局有见识的人并未消极，而是以变应变，很早便提出了利用森铁开发兴隆森林旅游的构想。我问："森铁干线两边景观如何？"

"你看看就知道了。"说着，那位局长掏出手机，电话打到森铁处，哇啦哇啦说了半天。末了，转过身来对我说："我安排了一辆森铁专列，明天请你到深山老林里转转，我们这里到底有没有旅游开发价值，你看看就知道了。”

次日早晨七点半，我们登上了森铁专列。从兴隆出发到二合营林场，专列整整运行了四个小时，沿途景观颇具北方林区特色，林海雪原，风光着实迷人。而对我来说乘坐森林小火车进山采访，这本身就是件极有诗意的事情。

兴隆森铁线路两边的旅游资源十分丰富，如尚未开发的原始林群落，穿冰冬钓的香磨山水库，东北虎出没的八砬子，终年积雪的小兴安岭最高山峰平顶山……一个一个的风景区既是相对独立的，又因森铁线路而有机地连在了一起。

可惜，后来我听说，由于种种原因，兴隆的森铁旅游也还是终究没有搞起来。如今，仅剩下兴隆林业局至东兴站一段的森铁还在运营，每天对发两班车。我闻之，久久的沉默。

吉林的朋友尹善普知悉我在关注老号森铁的事情，便建议我来长白山林区看看。在长白山林区，我遇到的临江林业局局长陈志倒是信心满满。长期在林区工作的陈志，对森铁怀着深厚的感情。他告诉我，风景是一种边际文化信息，而旅游则是寻找边际信息的过程，森铁则恰恰保留了这种边际信息。大口大口喷着蒸汽白雾的森林小火车就是这种边际信息的载体。他说，临江林业局将要恢复一段五公里的森铁线路开展森林旅游。

在临江北山公园，我看到一辆破旧的老式蒸汽机车上，正有几个工人在上面涂漆。相信，用不了多久，它就会喷云吐雾地重新运行了。

在日益商业化的今天，即将消失的东西往往会越具有价值。人的情绪是不能流通的，但它可以弥漫，引起共鸣，付诸行动便成为一种时尚。对今天的青年和中年人来说，“旧”恰恰是“新”，是未曾经历过、感受过的全新的人生情感和视觉形象。

怀旧是一种情绪。时代的变化越大，怀旧的情感也愈快捷愈浓烈了。据说，上海人正对二十世纪三十年代充满了追思之情。那时的上海外滩万国银行林立，建筑风格多样奇异，构成了它独特的风景，如今随着政治机构的全部撤出，又回复到它原有的风貌。这是历史在更高层面上的回归和再现，它鼓荡起人们对旧日时光的重新认识和缅怀。

在东北林区，喷着蒸汽白雾，吭哧吭哧喘着粗气的森林小火车日趋稀少了。实际上，这正昭示着辉煌的伐木时代的终结，代之的是一个全新的资源培育时代的开始。

林区的城镇均是在开发者的脚步和伐木人的号子声中诞生，并随着森林小火车铁轨的不断延伸而发展起来的。横道河子、兴隆、铁力、朗乡、双丰、桦南、绥棱、柴河、二道白河、大石头、临江、桦树、闹枝子……这些早先只有猎人和皮货商们才知晓的名字，谁能说它们现在不是以城镇的意义而存在呢？有人说这些城镇都是用森林小火车运来的。仔细想想，也不无道理呢。

我相信，那些关于森铁的记忆，将成为林区人生命中最温暖最津津乐道的部分。

我离开长白山林区的那天早晨，天空飘落下头一场雪，纷纷扬扬。空气中弥漫着雪野的鲜味，走在积雪覆盖的森铁轨道上，深一脚，浅一脚，咯吱咯吱的响声，富有韵感。

想起一首诗："每一场雪，都覆盖了过去。失去希望的人可以获得启示和重新生活的勇气。每一场雪，铺展开的都是未来。"未来在哪里？未来不在远方，而在脚下。因为脚下即是走向未来的起点。是的，林区人追寻快乐和幸福的脚步从未停歇。

此刻，在森林的上空，在我的耳畔，仿佛回荡着小火车的汽笛声。由远及近，又由近及远了。——呜呜！——呜呜呜！

经典人物

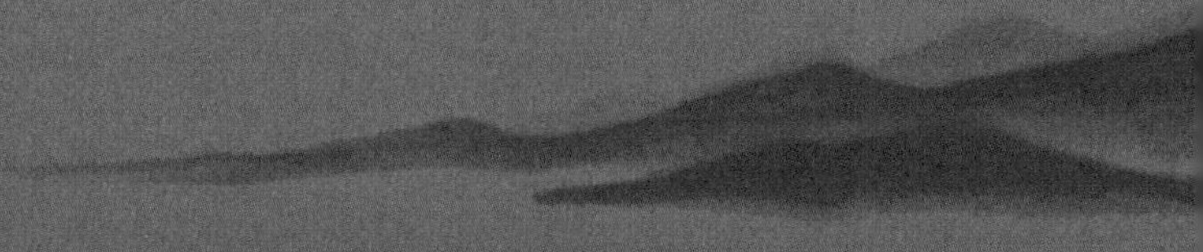

怀特的塞耳彭

这个夏天，我是在一个叫塞耳彭的村庄度过的。在那里，我结识了一个手拎灰色手杖，穿着齐膝短裤，经常出没于山谷和森林中的人。

酷暑中，我手捧着他的书，不禁感慨万端了。那本书的名字叫《塞耳彭自然史》，它把我带到了那个遥远的异域，那个安然地在不知邪恶的荫蔽之处蜷曲着的，远离城市和物质喧嚣的村庄。我仿佛置身其中的某个农舍里，正在静静地消磨慵懒的时光。

山丘、教堂、牧场、牛羊、荒野、草垛、小径、溪流、麦田，还有鸟鸣——这些乡村的事物都是塞耳彭不可或缺的组成部分。我熟悉了那里的白嘴鸦和野鸽子在橡树林的飞舞和歌唱；熟悉了那头十七岁的母猪老迈的体态和浪漫的爱情故事；熟悉了那里的蚯蚓为农作物的丰产，而辛劳地在土壤上钻孔、打洞和松土，劳作不歇；熟悉了那里的猫头鹰叫声所具有的表现力，什么情况下会发出呼呼声，什么情况下会发出嘘嘘声，叫声别致，宛若人声。

当然了，我对塞耳彭的地形，也是了然于胸的——就说山吧——有诺尔山、巴尼特山、巴斯特山和波茨岗山。正是由于这些山的存在，使得塞耳彭免受了每年夏天暴风雨的侵扰。因为暴风雨到达这里之前，就会因之山的阻隔，而转向东边或者西边。有时候，也会被劈成两半，一半去了东边一半去了西边。这里的云朵躁动不安，总是想法太多，但是那些云朵一触动树梢和山尖，腹部就会被刺破，突地一下就瘪了。晴空万里，不见了踪影。

塞耳彭有人口六百七十人。

村庄掩映在森林遮蔽的山谷中。村庄东西走向，只有一条街道，弯弯曲曲，长不到一英里，阔不过十步。村庄有两条小河流经，西端那条经常干涸，而东端那条却汩汩涌流，四时不竭。村口有一口水井，深六十三英尺。井里的水清冽而甘甜。不过，我从来没喝过。

村庄里的人多数都是农人。男人除了种田，还会伐木、剥树皮和打理啤酒花。女人呢，不但纺线织布，也下地除草，到九月就去摘啤酒花了。此时，村庄的上空整日弥漫着花香，令人心醉。

这个叫塞耳彭的村庄里最有名的人物——就是我结识的那位朋友——怀特了。他是一个谦逊而安静的人，他是一个寡欲而少言的人。他于一七二〇年出生，一七九三年去世。七十三岁，终生未娶。去世时的那座房子，就是他出生时的那座房子。那座房子是用石头砌成的，青石红瓦。共两层，窗户装了玻璃，卧室在上面那层。书架上摆放着许多书。有的书页里夹着蝴蝶或者树叶。

怀特的父亲是律师，祖父是牧师。他毕业于牛津大学，毕业后回到塞耳彭，一边做教堂里执事，一边对当地的植物和动物进行考察研究。后来，他做了教堂副牧师。据说，当时没有牧师，他实际上是主持教堂日常工作。可是，在他的书中对教堂里的事情只字未提。

一七八九年，《塞耳彭自然史》出版，开始没太有什么影响，后来居然成了读者最喜欢的英文书。到目前，已经印刷了一百多版。有可靠证据显示，它是英语世界重印频率排名第四的图书。排名第一的是《圣经》，排名第二第三的，我就不说了吧。《塞耳彭自然史》是一本书信集，一共六十六篇，记述了塞耳彭的动物、植物、物产、自然现象以及古迹和风俗。笔调简洁明快，语言清新灵动。

那些信是写给他的两个朋友的——一位是动物学家彭南特，另一位是律师巴林顿。这两位朋友都比怀特的年岁小，但在各自的领域都有独特的建树。《不列颠动物志》就是彭南特所著，而巴林顿在古文物和博物学研究方面，也是赫赫有名。

可是，有一点我始终存有疑问——怀特的信，除了少数几封外，很少看到就某一问题他与那两位朋友展开讨论，也很少看到那两位朋友具体回信时都说了什么。给人感觉，当时，怀特给朋友写信的热情，远远高于朋友回信的热情。不过，怀特在信中很少披露自己的内心世界，更不涉及政治和宗教。怎么能不涉及呢？——也许，这就是怀特的原则。对此，我们应该给予充分的理解。

怀特除了在大学读书和在牛津工作的一段时间之外，几乎一生都在塞耳彭生活，他注意力突出地集中在这块窄小的天地，集中在教区的自然和田野。

《塞耳彭自然史》中，候鸟和留鸟是主角。渡鸦、戴胜、燕子、柳莺、野鸭、鹌鹑、啄木鸟、大山雀、金丝雀、长脚秧鸡等反反复复地出现。他能辨别一些鸟的叫声，能根据踪迹和气味判断田鼠是否在洞穴里，对青蛙、猫头鹰、乌龟都有独特的研究。怀特最早发现，蚯蚓是鸟类的食物。蚯蚓通过松土，这种慢腾腾的虫子还能帮助农民为田地通气和施肥。——他说，这是一个自然的卓越安排，也是上帝创造世界的智慧。

在怀特眼里，塞耳彭是一个复杂的不断变化着统一的生态整体。他始终注意塞耳彭有多少种生物，习性如何，并了解它们是怎样联系并在怎样的自然状态中生活的。怀特认为，自然的产物，如果不是全部，也是部分为了给人类提供一种良好而有益的环境而存在的。——“造物主对我们如此慷慨”——他在作品中，以燕子为例写道——“它们是一种最不令人讨厌的鸟类。它们不触动我们果园的果实，燕子依附在我们的房舍屋檐下，用它们的季节性迁徙、唧唧声以及它们的机智，令我们惊喜，而且还清除我们由蚊虫和其他让人讨厌的昆虫所带来的烦恼。”

由于时代的局限，还很难说当时的怀特就已经有了自觉的生态意识。在怀特的作品中，他坚持认为，对自然的考察和研究应致力于更重要的目的，使野生动物和植物有可能为人类生活提供最大限度的舒适和精致。怀特特别提醒我们，不要忽略了植物。他说，植物对人类至关重要——有了植物，我们才能有木材、面包、啤酒、蜂蜜、油、亚麻和棉花等。植物不仅强健我们的身心，振奋我们的精神，还能使我们免受严酷天气的困扰，让我们有所可居，有衣可穿。他在塞耳彭的荒野漫步时，每每留心有研究价值的植物。有时，也采撷一些，或者做成标本，或者记录在案，日后深入研究。

几个世纪以来，《塞耳彭自然史》之所以能够成为经典，固然有许多原因，但有一点是可以肯定的，那就是书中出现的塞耳彭代表着一种观念和思潮，它是一个象征或者一个符号。它是一个人对那种久远年代人与自然关系的领悟与思考，这种思考和领悟能激起人对地球及其蓬勃活力的无限热爱和向往。字里行间表达的是，怀特急于把整个自然与塞耳彭教区融为一体的心情，也表达了他想通过外部调节重建人与自然关系的内在渴望。

塞耳彭的自然，非常接近于完整的状态——那是一幅丰饶、稳定和具有温暖情感的风景画。没有罪恶、恐怖和焦虑，城市的喧嚣、压力和困惑被置于遥远的地方，跟这里无关。它是一个自然且自在的世界，人一直使自己适应它。而不是反之。

达尔文朝拜过这里，美国自然文学作家巴勒斯也专门来塞耳彭访问过。——“这里具有家的氛围”“就像火炉边的角落一样舒适而宁静”。

就是在《塞耳彭自然史》出版的那一年，法国巴士底狱监狱被巴黎的革命者占领，华盛顿就任美利坚合众国首任总统，人类政治发生了一系列变革。然而，世界上发生的重大事件，似乎对塞耳彭没有产生任何影响。

塞耳彭是一个内在联系的整体，而不是一系列独立部分的组合。塞耳彭遵循着自己的法则和逻辑，拒绝一切与美无关的事物。

可是，瓦特发明蒸汽机之后，工业革命开始了——这种技术革命背后的推动力，当然是人的直接生产和财富的欲望。——“让两片草叶长在之前长着一片草叶的地方”。技术革命从不列颠传播到美国，甚至更远的地方。当然，离伦敦不足一百英里的塞耳彭不可能幸免——怀特的那种对自然的永恒和稳定的田园牧歌式的认识，将永远不复存在了——作为诗和远方的塞耳彭也不会有了。工业化进程及其技术革命，造成了自然和乡村生活的各种不适。技术为人类带来便利的同时，也可能带来了严重的灾难。

怀特告诫我们，技术如果忽视了自然的复杂性和整体性，那是很危险的。自然的整体性质不同于它的各个部分的总和。用实验室里的方程式和模型来研究自然是错误的，自然是不可挪动，不可腾移的。

怀特的观点具有颠覆性的意义，同时也带有深沉的怀旧的情感。它唤醒了人们心底某种沉睡已久的东西，让我们意识到了，自然是生命的共同体，人也归属其中。这已是无可争议的事实——《塞耳彭自然史》成为英美生态文学的经典范本。生态文学的一个重要思想——整体大于其部分的总和——大概就是始于怀特吧。自然是一个复杂的有机体，与人体不无相似之处。在生态文学看来——每一个自然的组成物——每一种植物或者动物——都只能是被看作参与并依赖于这个整体。

在这里，强调内在的联系和依赖性，而且它还描述了一个美妙的道德憧憬，而不仅仅是生态文学的主张了。在生态文学看来，它往往还包含着对个体的否定，而强调生命共同体意识，强调协作和个体与整体的关系。

一种思想的产生绝对不是孤立的，它需要一定的文化氛围。《塞耳彭自然史》产生在英国这样一个有些另类的乡村自然有它的道理。

就英美国家而言，十八世纪以来，一直存在两种对立的自然观，一种以生命为中心，一种以人类为中心。从实质上看，两者的分歧在于人类在自然中的位置。这两种观点体现在自然伦理中，对待自然的态度和标准也是不同的。以生命为中心的自然观主张，要敬畏自然，尊重自然，人不是自然的主宰；以人类为中心的自然观主张，自然是供人类索取和利用的资源。

怀特所持的是哪种自然观呢？我想，无论是谁，只要读过《塞耳彭自然史》就不会认为这还是问题吧——我们要以谦恭的态度对待地球，而对技术要持怀疑态度。是的，对于人类的未来而言，没有比人类与自然的关系更重要的了，没有什么事情比改善人类与自然的关系更能影响人类的幸福了。

当初，也许连怀特本人也没有意识到，几百年后的今天，他被推到了英美首个生态文学作家的位置。他创造了一种文体——自然随笔。尽管那是书信体的自然随笔。此后，艾默生、梭罗、缪尔、巴勒斯、奥尔森、贝斯顿、利奥波德，乃至卡尔逊——的文字里都或多或少地带有怀特的痕迹或影子。生态文学有很多定义，我们必须进行认真审慎选择。生态文学似乎成了一种创作运动，饱受争议，遭受指责，在理论上被各种观点摇撼，甚至蹂躏。这不是什么坏事，这说明在这个时代不能无视生态文学的影响力了——可能，这也意味着时间开始了——我们到了靠生态文学引领文学走出纷乱喧嚣困境的时候了。

在此，我们应该向怀特致敬！

在地图上，塞耳彭仅仅是一个村庄。它是怀特的塞耳彭。但是，对于生态文学来说，它是一个起点，一个举步迈向世界的开始。

巴依阔夫的暗影

一个强盗居然成了自然文学作家。看破不说破，但在此，我还是要说破一次——这个强盗名叫巴依阔夫。

说破了，不是不厚道，而是回归历史的本来面目。一方面，我们要声讨作为强盗的巴依阔夫，不能忘记他早年在中国东北森林里干的那些勾当。另一方面，我们也要正视并尊重作为自然文学作家的巴依阔夫，他的作品是俄罗斯文学的重要组成部分，具有独特的地位和重要的价值。也许，巴依阔夫是继屠格涅夫、普利什文之后，俄罗斯最具影响力的自然文学作家了。

我见过一张巴依阔夫的黑白照片。他面容清瘦，眼窝深阔，鼻梁坚挺，戴一副夹边眼镜。头型是捷尔任斯基那样的背头，下巴上的胡须，茂如灌丛。最下边一绺，微微翘起，若卷云。他穿西装，打领带，甚是讲究。

巴依阔夫一八七二年生于基辅一个贵族家庭，长期生活在中国东北，一九五六年离开中国。同年，于澳大利亚布里斯班去世。他军人出身，退役时是一名连长。参加过一次世界大战。因作战勇敢，枪法出色，曾多次被授予战斗勋章。

早年，他毕业于俄罗斯一所步兵士官学校，毕业后开始服兵役。在一个偶然的场合，他听门捷列夫说，俄国正准备在中国东北修建中东铁路——他还听门捷列夫绘声绘色地讲述了中国东北广袤森林里的故事，一下把他吸引了。门捷列夫来过中国吗？没有，估计也是道听途说得来的消息和传闻。但是，门捷列夫可不是一般的人物——他就是发现元素周期律的那位大名鼎鼎的科学家。

门捷列夫讲述的故事里，似乎还提到了“满洲里虎”。当时，在场的还有一些人，别人只是听听而已，可巴依阔夫听了却瞪大了眼睛。一个念头闪过他的脑际——他要改变自己的人生。

次日，巴依阔夫向上级提交了要求去满洲（当时的中国东北被俄国人称为满洲）的报告。

巴依阔夫如愿以偿。

一九〇一年，巴依阔夫举家来到中国哈尔滨。

一九〇三年七月，中东铁路正式通车。中东铁路，又称东清铁路。若干年前，在一堆旧书里，我曾意外翻出了一张发黄的中东铁路示意图。示意图上清晰地勾画出了中东铁路的走向及沿途各站的站名。它的干线西起满洲里，经海拉尔、博克图、扎兰屯、昂昂溪、安达、肇东、哈尔滨、一面坡、横道河子、穆棱，直至绥芬河。干线西端与俄罗斯赤塔相接，东端与俄罗斯的符拉迪沃斯托克（海参崴）相连。它的支线北起哈尔滨，经长春、沈阳，南抵旅顺口。

干线为横，支线为纵。

一横一纵穿越东北，横纵全长两千四百八十九公里。

中东铁路是李鸿章代表清政府与沙俄财政大臣维特签订的《中俄密约》的产物。当时的中国，正逢中日甲午战争战败，割地赔款，任人欺凌，任人宰割。是啊，苦难的中国太需要强国的帮助了。沙俄早看透了中国的心思。沙皇尼古拉会见李鸿章时说："俄地广人稀，断不侵占人尺寸土地。中俄交情近加亲密，东省接路实为调兵便捷，中国有事亦便帮助，非仅利俄。华自办恐力不足。或令在沪华俄银行承办，妥立章程，由华节制，定无流弊。各国多有此事例，劝请酌办。将来倭、英难保不再生事，俄可出力援助。"这一段话听起来颇为入情入理，而且不乏友善和仗义。——患难见真情，也许，这就是真情？

不过，疑虑重重的李鸿章，还是略略感到了一点暖意。

为了“联俄制日”“以夷制夷”，且“若回绝必至失欢，有碍大局”，万般无奈之下，李鸿章在那张纸上签下自己名字的时候，内心深处一定是极其痛苦的。

中东铁路动工之前的东北，长期处于封禁状态，可谓“万山环叠，窝集连绵”。窝集何意？——满语，森林之意。“窝集皆老干千尺，枝叶蔽天，白昼犹暗，多自古未受斧斤之森林。”单是看看那些满语的地名，就能知道那时的东北是多么野性和丰饶。昂昂溪——落雁之地；瑷珲——紫貂栖息的山林；伊通——榛鸡（飞龙）集群的地方；汪清——野猪出没的山岭；舒兰——果实多得铺满地之所；宝清——獾子打洞之处；虎林——沙鸥翔集的湿地；加格达奇——獐子饮水的溪流等等。可是，随着中东铁路的动工修筑，灾难也就降临东北了。

以修筑铁路需要为名，沙俄大量开采铁路沿线森林及附近林木。铺设中东铁路干线和支线，全部就地就近砍伐林木作为枕木。车站房舍和铁路局一切附属设施建筑，均以木结构为主，有的全是“木刻楞”房屋。那时，沙俄蒸汽机车的燃料，也用的是木材，耗材甚巨。仅仅几年时间，铁路沿线两侧三十公里以内的森林全部被砍伐殆尽。而后，采伐范围向林区纵深扩展。在伐木段内，木材堆积如山。沙俄还在林区开设锯木厂、制材厂、松脂油厂、木材蒸馏厂等，木材制品除了用于修路、开矿之外，其余全部高价出售或者运回俄国。用当时的货币计算的话，每年掠夺木材价值约在一亿银元以上。

对于沙俄来说，哐啷啷——！哐啷啷——！金币的声音很是悦耳动听。

事实上，通过中东铁路，被沙俄掠夺去的不光是木材，还有煤炭、矿产等自然资源不计其数。这是一条令中国人颇为屈辱的铁路，它不仅强化了沙俄对中国的政治、经济控制权，而且还为沙俄侵占中国东北运送兵力、武器及军事物资提供了便利。此外，李鸿章当初无论如何没有想到的是，它竟然还给中国东北森林里的野生动物带来了灭顶之灾——特别是东北虎。

巴依阔夫当时的身份——中东铁路护路队军官兼测量员。其实，他还有一个秘密身份——为俄罗斯皇家科学院采集动植物标本。这是什么身份？文雅一点的说法叫——猎人，猎动物，也猎植物。所猎取的动物、植物，具有重要科学价值的一律运回俄罗斯，由皇家科学院制作成标本，冠冕堂皇地曰之——供科学研究之用。还干什么用？当然，这是秘而不宣的了。好家伙！这是什么行为？——这不就是强盗行为吗？与八国联军进圆明园，随便洗劫国宝文物有什么区别呢？

巴依阔夫在中国东北整整生活了四十八年的时间。一九五六年才去了澳大利亚。可以说，他是一个“中国通”。以中东铁路为轴，从最初的亚布力一个林场到老爷岭、完达山、老秃顶子、张广才岭、长白山等广大地域，白山黑水间，几乎到处都留下了他的足迹，他对东北森林里的动物和植物情况了如指掌。巴依阔夫及其护路队军人在中东铁路沿线两侧森林里，以护路和勘测为名，长期猎杀东北虎（满洲里虎）及其他野生动物，用“血债累累”形容一点不为过。有可靠数据记载，猎杀的东北虎有一千五百只至一千八百只。直到一九四七年苏联政府下令禁止猎虎，巴依阔夫及护路队军人才不得不收手。

正是基于巴依阔夫为俄罗斯皇家科学院猎取和收集了大量标本，所以，一九〇八年俄罗斯财政部专门在远东南乌苏里地区划拨了一万俄亩田地，以资奖励他所做的“贡献”。

可是，我们必须看到，巴依阔夫所做的“贡献”背后，全是一条条血淋淋的生命啊!

俄国人将东北虎称为“满洲里虎”。巴依阔夫在《在满洲的密林深处》一书中，详细描写了沙俄猎人和军人在中东铁路沿线追杀东北虎的全部经过。他写道：“受俄罗斯皇家科学院的指派和命令，在对远东考察的时间里，我花了大量时间在这一荒凉地区追猎大型猛兽，当然，首当其冲的就是满洲里原始森林之王——满洲里虎。”据一些资料介绍，猎虎时，俄罗斯猎人通常使用小口径三线猎枪。此枪，射速快，杀伤力强。而护路军人用的则是现代化步枪和冲锋枪，只要扣动扳机，老虎多半是在劫难逃了。

一九〇一年，沙俄中东铁路护路队拥有兵力四个旅，两万五千人。护路队一些军人在休假和执勤之余，以猎虎为乐。由于长期驻扎在铁路沿线，这些护路队军人非常了解中国林区当地的习俗和森林里野生动物活动情况。在沙俄猎人和护路队军人看来，猎虎的最佳时节是每年的十一月至次年的三月，此间，老虎的皮毛最长，最柔软，最暄暖，色泽最美艳。季节一到，林海雪原，枪声四起，到处都是疯狂的猎杀场面。

俄罗斯人喜欢虎皮。

十九世纪末，一张虎皮在圣彼得堡的价格就高达一千五百卢布，因此，除了用猎枪和军用武器猎虎外，沙俄猎人和护路队军人也用毒药来猎杀东北虎。

所猎东北虎除了少量运回俄罗斯，供皇家科学院制作标本，其余大部分都在中国卖掉了。当时，哈尔滨、宁古塔（今宁安）、吉林、齐齐哈尔等处的皮货市场上，虎皮非常抢手。一张虎皮价格在二百至三百元之间（华俄道胜银行发行的纸币）。雄虎比雌虎及幼虎虎皮价格更高一些。作为名贵中药材，虎骨、虎须、虎心、虎血和虎眼珠及虎鞭，均按等级单独出售。

当时，一根虎须能卖到十元（华俄道胜银行发行的纸币）。雄虎虎须一般分为五排，每排十根。中间一排的虎须最粗壮，往往卖的价钱也最好。

世界各国动物园嗅觉灵敏，在俄国猎人和护路队军人的枪声中，那些翕动的鼻孔，先是嗅到中国东北的老虎气味，然后又嗅到了混杂在老虎气味中的金币的气味。于是，动物商贩们纷纷前来中国东北购买活体东北虎。当时活体虎价格一直飞涨。一九一五年，一只活体东北虎运到德国汉堡售价就可达到一千英镑，即便不满六个月的幼虎也能卖到一百英镑。

据巴依阔夫在《在满洲里的密林深处》记载，参与狩猎的护路队军人每人每年大约要猎杀三只东北虎，而俄罗斯猎人每人每年要猎杀六十只东北虎。猎杀东北虎最多的地方是宁安和珲春。

虎啸山林，哀鸣四野。真个是字字血，声声泪啊！

就是这个手上沾满中国东北虎鲜血的巴依阔夫，却又酷爱文学。他在测量土地、采集标本和打猎之余，居然写出了十三部反映中国东北林区生活的小说及随笔作品——除了前面反复提到的《在满洲里的密林深处》外，还有《远东熊》《大王》《满洲狩猎》《原始森林在喧嚣》《篝火》《母虎》《一个满洲人的札记》《圣诞之夜》《原始森林的真理》《兽夜情》等。当然，影响最大的还是那部被翻译成多国文字的长篇小说《大王》。在俄罗斯，《大王》被尊崇为俄罗斯自然文学经典之作。巴依阔夫从一只东北虎的出生写起，以虎的视角，用细腻的描写和出人意料的情节，生动记述了虎的生存状态和弱肉强食的森林法则，以及人的侵入给老虎及动物造成的困扰和伤害。随着生存空间的逐步缩小，悲剧是注定了的——老虎无法与人类对抗，死是必然的结局。小说的笔调凄凉哀婉，读之令人焦虑慨叹。

在他的作品中，原始森林中的野生动物是主角，而人仅仅是配角，是野生动物观察和思考的对象。他与屠格涅夫、普利什文的自然写作不同，他不局限于写风景，他是透过风景，呈现自然与人类的关系，尤其是自然对人类的影响，探讨人类在自然面前的生命救赎。在巴依阔夫笔下，自然给予人类的不仅仅是生存所需的物质上的一切，而且还有精神上的拯救之力。他善用拟人化的手法，把老虎、黑熊、野猪、喜鹊等动物当人来写，动物之间有对话，有交流，有情感。强调尊重森林法则，坚信生命的往复轮回。

在他看来，自然是人类的避难所。因为，自然最接近天空。接近天空，就意味着接近上帝。自然，远离喧嚣，远离欲念的膨胀，能够净化灵魂，能够获得信仰的力量。爱、良知、尊严、坚韧和寡欲等精神品格的健全与完善，是提升精神境界的基础，也是调整人与自然关系，以及人类自我改造的内在需求。虽然在他的作品中，我们找不到“生态”这个词，但在字里行间，他却播下了人类的欲望需要节制，森林及其生态系统需要保护的种子。

该怎样评价巴依阔夫呢?

无疑，巴依阔夫充满复杂性和多面性。——是否可以说，他既是冷酷残暴的强盗和屠夫，又是较早具有生态意识的，多情善良，并呼唤大爱的自然文学作家呢?

或许，人是人，作品是作品。

然而，作品毕竟是由人写出来的。作品里一定有人的观察，人的思想，人的灵魂，人的价值观。通过创作自然文学作品，巴依阔夫是要把内在的丑恶，重新命名为内心的至善吗?

不过，在某个宁静的早晨，当我们簌簌掀动书页的时候，就会发现，巴依阔夫的暗影里，确实有人性的慈悲和光彩不时闪烁。

被忽略了的莫厄特

谈起自然文学，我们张口就是梭罗，闭口就是卡尔逊，却很少提及另一位作家的名字。——他的作品，以及他的传奇般的经历，被我们生生忽略了。

一九四七年五月，他爬上了一列火车，哐当哐当哐当，向北向北向北，铁轨伸向哪里，他便往哪里去了。终于，铁轨到了尽头——北极圈——丘吉尔港。他站在寒风中，瑟瑟发抖，目光寻找着那些童话般的所在，然而，冷酷的现实使其美好的想象立刻化为了灰烬。

这里没有童话，除了一些散落的黑渍渍的棚屋和斑驳破败的渔船，一切都是白茫茫。

不过，倒也没关系，他是有备而来的。装备和器材——他带了一套旧军装和一个睡袋，一个旧相机，长短两个镜头，十几个胶卷。至于防身武器，只带了一件——第二次世界大战时就随身携带的美式卡宾枪。这支卡宾枪伴着他出生入死，无论是参加解放西西里岛的战斗，还是夺回荷兰的战役，他用的都是这支卡宾枪。

当然，这个丘吉尔港还不是他的目的地。

他要去哪里呢？其实，他自己也不知道，卡宾枪更不知道。但是，他要去找谁他知道。他要找的人在荒原中，也许他们就在荒原的某个角落里活着——要是还有能够使他们活下来的驯鹿的话——他把他们称为——“鹿之民”。

他是租乘一架飞机进入荒原的。好家伙，在那个年代，在北极的丘吉尔港居然还能租到商用飞机。飞行员只收了他两百加元。他买了两百五十公斤食品，都搬上了飞机，包括面粉、猪油、白糖、茶叶、茶面、熏肉和腌肉，以及脱水的水果和蔬菜。还有一箱水果汁。已经严重超载了——但是，皱着眉头的飞行员看看物品，又看看他，却没有说不。飞行了一上午的时间后，飞机把他连同那些食品和装备抛在了荒原上。道别时，飞行员对他说，如果冰冻之前不能来接他的话，他只能靠自己的脂肪活下去。因为，只有冰冻之后，飞机才能在冰面上着陆滑行。

飞行员生怕他后悔。头也不回，拉起操作杆，飞机即刻消失在雾蒙蒙的天空。

他找到了一处雪屋。他扒开积雪，走进雪屋——“黑咕隆咚，恶臭难闻，阴冷潮湿。”恶臭来自地板上经年的垃圾和食物的残骸。出乎意料，墙壁上居然还有一个壁炉——可是，用怎样的柴火来填满它的大炉膛呢？这是个问题。他从雪屋墙壁上布满的兽皮（狼皮、北极狐皮）来判断，雪屋的主人并没有放弃这里，或许，只是暂时出了一趟远门，他一定还会回来的。他在雪屋里等了七天，终于听到了几声狗吠。——九只大狗拖着一个雪橇，雪橇上装满了鹿皮，而鹿皮上面坐着一个人，晃晃悠悠，从白茫茫的天际驶来，神话般地出现在他的面前。

而对于雪橇上的人来说，他的出现更是神话。

因为，在这块荒原上，从来就没有来过陌生人——而来的，肯定不是善意的朋友。雪橇上的人端着枪盯着他——置于孤独状态下的人最怕的就是与自己的同类相遇——孤独状态下的同类必是敌人——这是一种返祖现象。

然而，酒却能消解敌意。一瓶烈酒下肚之后，他们终于成了好朋友。

要想找到“鹿之民”，必要先找到驯鹿。驯鹿在一年的某个时候突然出现，先是成群结队，随后惊恐的洪流盖住了荒原。此种情况要在这里持续好多天，然后又消失不见了。驯鹿过河的情景，混乱不堪，看不到冰面，全是驯鹿拥挤的棕色脊背。猎鹿人就在鹿群经过的狭窄通道猎鹿，只取走鹿舌。狭窄的通道上满是死鹿，湖上新结的冰被死鹿压得嘎嘎作响。经年累月，这条很深很深的水道被驯鹿的尸骨填满了，甚至，连独木舟都不能通行了。

他在他的书中写道：“从我眼前经过的驯鹿，恶臭难闻。它们根本算不上什么漂亮的东西，粗糙的毛皮正在更换，穿越密集的森林时把冬季的皮毛擦掉不少，露出大团大团的黑色皮肤。诚然，驯鹿并非优美，但四肢灵动，它们强健的长腿和巨大的脚掌，使它们在荒原上跑起来又快又稳。”

为了能在荒原上活下来，光靠带来的食品不行。他硬着头皮，学会了食用生的鹿骨髓，喝生的驯鹿血，当然，也吃驯鹿肉，来增加脂肪和能量，抗拒寒冷和各种疾病。为了跟当地人交流，他学会了伊哈尔缪特族语，慢慢试着适应并融入他们的生活。想想看，做到这一切，要克服多少困难啊！很多年以后，他说，这不单是一连串的回忆，还有某些更强烈的东西。伊哈尔缪特族人（因纽特人一族）把自己的眼睛借给他，他看到的不是被岁月早已忘怀了的遗物，而是那一特殊地域里的人，他们的思想和内心世界。

在漫长的冬天，唯独驯鹿才能使伊哈尔缪特族人得以生存。面粉和炒面不是他们食物的替代品。北极没有农作物，冻土上长不出农作物。北极唯一的作物是肉——驯鹿的肉。在北极，驯鹿的命运，即一切的命运。

可是，白人来了，一切都改变了。当贸易站开始建立，猎枪和滑膛枪立刻取代了当地人的老式猎具。使得猎鹿不需要技术了，有了先进的武器就可以无限制猎杀驯鹿了。贸易站的生意日渐兴隆。它收购猎人猎取的全部鹿舌，大量的弹药又卖给猎人。而成千上万的驯鹿只取了鹿舌，就被丢弃在荒原，任凭春雪融化时鹿尸腐烂发臭。同时，狼也惨遭猎杀——政府竟然对猎狼者进行奖赏——每猎杀一只狼奖赏二十五加元。

在他看来，白人和贸易没有到来之前，人、狼、驯鹿相互制约，形成了稳定的生态链条，已经共同生活了若干世纪。然而，所有这一切，都随着白人和贸易的到来打破了。到处都是堆积如山的驯鹿的尸骨，荒原上充满了绝望的气息。

他提醒政府并大声疾呼："北极生活的伊哈尔缪特族人，将永远保持自己历来吃肉的习惯，更为重要的是，他们将永远需要脂肪和肉中的特殊营养。让伊哈尔缪特族人改变饮食的论调是愚不可及的——就像让白人放弃食用面包和牛奶一样愚蠢。保护驯鹿，不需要限制伊哈尔缪特族人的生活习惯，只要管住白种人的行为——绝对禁止非法猎杀驯鹿，限制出售给土著人弹药量和武器的类型，禁止肆无忌惮的商业贸易进入北极，才是根本之策。"

他还注意到，伊哈尔缪特族人从不在岩石上作画，也不在泥土和石头上刻画。在他们看来，那是没有实用价值的东西。在他们的语言中，也没有"美丽"一词。但是，他经过观察发现，他们一样懂得欣赏美好的事物。他们可以蹲在山巅好几个小时不动，看日出日落。黄鼬光艳柔软的毛皮，会给他们带来愉悦和快乐。他们也会盯住石头缝隙里的小花，兴奋异常。他认为，虽然他们的语言中，没有“美丽”，但是他们的内心需要“美丽”这个词。

谈到伊哈尔缪特族人的未来，他说：“我们必须给他们一种自由，不是给他们小恩小惠，而是靠他们自己养活自己。对于一个原始民族而言，施舍往往是毁灭。其实，对于一个文明的民族也是如此。施舍——只会造成一种依赖，因为他们不了解我们的动机，他们错误地以为，我们可以无限地给下去。不，绝对不能再给他们食物，我们应该做的是，在土著居民的土地上让他们自己学会获取食物的方法。”

他是谁？在那个时代，能够说出这样的话？

他参加过第二次世界大战，曾担任排长。战后，成了一名作家，一九五二年出版了第一本书《鹿之民》——用他自己的话说：“我主要关切的是生活在自然逆境条件下人的故事和其他动物的故事。”后来，又出版了《被捕杀的困鲸》《屠海》《与狼共度》等。他的作品呈现了大地、海洋以及加拿大北部荒原上人与野生动物的关系，充满了强烈的生态意识和人道主义的关怀。

他初到北极时那支因纽特人的一族——伊哈尔缪特族人只有四十人了，为了生存他们苦苦挣扎，但最终还是难逃厄运。他在作品中，揭示了他们是怎样因为殖民贸易的侵入和唯利是图的商人的到来，而失去了生存的依托和生态平衡，并走向灭绝。

他最具争议的作品是《与狼共度》。第二次世界大战的硝烟刚刚散去，他被政府派往北极地区考察“狼灾”。因为北极地区向政府不断告状——当地驯鹿急剧减少，狼是罪魁祸首。他经过一年半的考察，认为情况并不属实。通过调查和与狼的接触及观察，他发现，狼身上具有夫妻恩爱、邻里相助、尊老爱幼和团结友爱等人类一贯推崇的美德。“狼捕食驯鹿的数量十分有限，——毁灭驯鹿的真正元凶是人和人进行的商业贸易。”

此语一出，举世震惊！

他是地球上第一个走进狼的世界的作家，也是地球上第一个站出来为狼辩护的人。《与狼共度》的俄文版在苏联出版后，引起巨大反响。苏联出台法令，禁止捕狼。

《屠海》是一部令人伤感的报告文学作品，记述了沿加拿大的北美洲大西洋沿岸一带，陆上和海上野生动物惨遭屠戮的实况，以及人类屠杀野生动物的血泪史。几百年前，这里的野生动物曾经铺天盖地，不计其数。然而随着欧洲移民的进入和商业性捕杀的加剧，许多大型海鸟、鱼类以及野牛、白熊、狐狸和狼相继被捕杀殆尽。海象、海豹也遭受了灭顶之灾。——这是一场空前绝后的大屠杀。人类不断制造出新式武器，来对付那些与之本应共存的生命。鲜血染红了海水，海滩上堆起累累白骨，空气中弥漫着动物的尸臭，而血腥肮脏的金钱却装满了冷酷贪婪的商人的腰包。——这就是所谓的人类文明吗?

必须说一说《被捕杀的困鲸》了。

一九六七年，一头长须鲸因追逐鱼群，落潮后被困在纽芬兰西海岸的一个小海湾里。猎手、嬉皮闻讯而至，大开杀戒，或枪弹齐射，或驾船冲撞。长须鲸的命运危在旦夕。以他为首的护鲸人挺身而出，展开了一场护鲸运动。他们在小海湾的岸上搭建一个小帐篷，日夜守护在那里，为困鲸寻找食物，为困鲸治伤，并在岸边立起了警示牌，阻止一切猎杀行为。还同新闻界联系，进行报道，也同政府沟通，取得支持。然而，终因困鲸伤势太重，而死在小海湾里。救助失败。这是一场悲剧。

在长须鲸被困的日子里，大海里雄鲸也在近在咫尺的海域与之相伴，不时与海湾里的雌鲸同步浮出水面。交鸣问候，传递信息，并一次又一次将青鱼赶进海湾，为同伴提供食物，给予鼓励，鼓劲加油。读完这部作品，我泪流满面。为了那头长须鲸，也为了人类自身——那些鲜活灵动的生命将从人类身边一个一个离去——“人类将使自己成为这个星球上最后的孤独者。”

《被捕杀的困鲸》被世界反捕鲸组织奉为“圣经”。一个国际组织反对捕鲸轮船的名字，就是用他的名字命名的。他的生态伦理的核心原则就是爱、平等和公正。他用统计学的方法，用铁的事实告诉人们，应该用尊重自然的态度取代占有自然的欲念，用爱护自然的行为取代征服自然的活动。

他一生共发表了五十部作品，总销售量是一千七百万册。他一九二一年生于加拿大安大略省的贝尔维儿，一九四九年毕业于多伦多大学。围绕他的作品，一直争议不断。他于二〇一四年去世，享年九十二岁。当时，中国只有一家报纸发了一条消息。新闻界一片冷漠。

看到那条消息，我先是一惊，然后沉默不语。

一连三日，未说一句话——我的内心悲痛万分！这个世界怎么了？

他比那个专门写絮絮叨叨的女人故事的门罗影响不知大多少倍，但诺贝尔文学奖却授给一个居家的，甚至很少上街的老太太，而无视为世界自然保护运动做出了杰出贡献的伟大的作家。

一个文学奖是把荣誉给予作家，但一个文学奖也可以因一个作家而获得荣誉。这个奖项，似乎从来就跟自然没有关系，跟地球的未来没有关系。诺贝尔文学奖失去了一次让我们改变对它的看法的机会。

他是谁？

他是一位加拿大自然文学作家。他，鼻如悬胆，目光炯炯，个子敦实，蓄着乱蓬蓬的胡子。他喜欢养动物，养喜鹊，养地鼠，也养猫头鹰。在我看来，在世界自然文学史上，继梭罗、缪尔之后，除了卡尔逊，其成就和影响力，几乎无人能够超越他。

他，到底是谁？

且慢，在此，让我濯面沐手，凝神静气，并以崇高的敬意说出他的名字吧——莫厄特。

后记

山的精神

山，代表着某种高度。

忽然有一天，我意识到自己的生态文学系列写作中，竟然没有写过山。不是不想写，而是对山有一种敬畏，轻易不敢触碰。

一九八九年五月，我在北京西山生活过七天时间——当时被派到林业部绿化基地参加造林劳动（那时中央国家机关各单位，在北京西山均有造林绿化基地，承担一定的造林绿化或幼林抚育任务，新毕业的大学生分批参加这样的劳动锻炼）。每天猫腰撅腚，挖坑打穴，植树造林，幼林抚育，劳动强度之大，只有手上磨起的血泡和茧痕知道。至于植树造林多少棵，抚育幼树多少亩，我一概不记得了。然而，绿化基地角落里，三块大石头支起的一口大黑锅，木柴烧得旺旺，锅里炖腔骨飘出的肉香，令饥肠辘辘的我们馋涎横流的情景，我却印象清晰。

晚饭后，我常常一个人爬上山顶，坐在一块青石上，遥望喧嚣笼罩的北京城，然后瞥一眼西山夜幕降临时那些模糊的树影及其森林的轮廓，试图找出西山与北京城是一种怎样的关系，西山的森林与北京生态系统是一种怎样的关系，然而，终究是茫茫然没有答案。

从来没有一座孤立的山，它连着一切呢。有的我们能看见，更多的我们则看不见。

地球生态正在发生改变，不仅仅局限于气候。它的许多方面可能变得更糟。在所有影响地球未来的各种因素中，最关键的因素还是人类。我们的思维和观念，我们的行为和习惯，我们的生活方式无不对地球产生重要的影响。地球的事情并不广大而遥远——山的事情就是地球的事情，我们脚下的事情就是地球的事情。

那七天，是我在北京西山仅有的生活经历，也是北京西山置入我心里的开始。北京西山并不奇崛，并不雄伟，但却让我感受到了它的精神和灵魂的存在。

利奥波德说："应该像山那样思考。"

其实，就我本人而言，特别喜欢山，骨子里具有山民的性格。在我看来，至少有这样一些词汇是属于山的——可靠、沉稳、宽容、安静和不可动摇。每天清晨上班，我走进办公室的第一件事就是——打开窗子，望一望——西山，还在那里吗？

山，永远让我清醒。

山，让我知道——山的后面一定还有更高的山。

二〇二一年八月十二日 写于北京